RECHERCHES

HISTORIQUES

SUR LE CARDINAL DE RETZ.

RECHERCHES

HISTORIQUES

SUR LE CARDINAL DE RETZ;

SUIVIES

DES PORTRAITS, PENSÉES ET MAXIMES

Extraits de ses Ouvrages.

PAR V.-D. MUSSET-PATHAY.

A PARIS,

CHEZ D. COLAS, IMPRIMEUR-LIBRAIRE,
Rue du Vieux-Colombier, N° 26, près la Croix-Rouge, faubourg
Saint-Germain ;
ARTHUS BERTRAND, Libraire, rue Hautefeuille, N° 23 ;
DELAUNAY, Libraire, Palais du Tribunat.

1807.

PRÉFACE.

Nous nous sommes occupés un moment d'une époque singulière de l'histoire de France, des troubles de la Fronde, et d'un Personnage fameux qui y joua un des principaux rôles.

Pendant la guerre de la minorité de *Louis XIV*, on vit à la tête du gouvernement un ministre étranger, qui régnait sous le nom de la Régente. *Louis XIII* avait, en mourant, déclaré *Anne d'Autriche* tutrice de ses enfans et régente du royaume : mais les préventions, fausses ou légitimes de ce monarque contre sa femme, lui firent ajouter à son testament une clause qui ne laissait qu'un vain titre à cette princesse. Il établit un Conseil de régence qui pouvait mettre des bornes à l'autorité d'*Anne d'Autriche*, dont le premier soin fut de faire casser le testament. Il n'en fallait pas tant, à cette époque, pour occasionner des troubles. Ils augmentèrent lorsqu'on vit, près du trône, un Italien partager le pouvoir de la Régente.

Un grand homme règne par lui-même. Il ne rend point un ministre dépositaire de son autorité : ce serait la compromettre, ce serait l'affaiblir. Ce dépôt sert de prétexte aux mécontens, qui, prétendant que ce n'est point au roi, mais au ministre, qu'ils font la guerre, lèvent l'étendard de la révolte. Si *Louis XIII*, loin d'investir *Richelieu* du pouvoir suprême, eût eu sa fermeté, on aurait vu moins de dissentions ; *Gaston* n'eût pas donné un exemple funeste ; et *Montmorency*, bon capitaine, serait resté sujet fidèle, et eût conservé sa tête.

On peut conclure que, là où une sédition naît, s'organise et se fait craindre, là ne se trouve pas sur le trône un prince actif, qui, d'un coup d'œil, saisissant le moment de la possibilité, prévoyant l'heure où des menaces qu'il a méprisées peuvent acquérir quelqu'importance, les a déjà prévenues par une expédition hardie ; un prince qui abrége les distances, donne à sa course la rapidité de l'éclair, et, faisant marcher de pair la conception et le projet, la pensée et l'action, enlève à ses ennemis les armes

qu'à peine ils avaient eu le tems de prendre.........

Les gouvernemens démocratiques ont
été, plus que les autres, agités par des dissentions : d'où est né ce principe incontestable : *Non aliud patriæ discordantis reme-
dium quàm ut ab* UNO *regatur* (1).

La première cause des guerres civiles est
dans la faiblesse des gouvernemens (2); ce
qui a fait conclure que, pour le bonheur
des peuples et le maintien de l'ordre social,
il était nécessaire que les gouvernemens fus-
sent investis d'une grande puissance, afin
d'empêcher le retour des guerres intestines,
le plus désastreux de tous les fléaux.

Toute guerre civile, en général, est
souillée d'attentats et de meurtres. Le fanatisme politique et le fanatisme religieux ne
marchandent pas la vie des hommes, et les
pages que tous deux occupent dans les

---

(1) Tacit. Annal., liv. 1.

(2) La vérité de cette assertion est démontrée, par
des faits incontestables, dans un ouvrage presque terminé, et qui doit paraître sous ce titre : *Tableau des
guerres civiles de la France, depuis* CLOVIS *jusqu'à*
NAPOLÉON.

fastes de l'histoire, sont écrites avec du sang.

La Ligue présente une foule d'actions cruelles. La Fronde n'offre pas autant de crimes (3). On n'égorge pas, comme à la St.-Barthélemy, au nom du roi,.... ou sans

(3) Le massacre de l'Hôtel-de-Ville, ou *Journée de la paille* (1ᵉʳ juillet 1652), est la seule qui déshonore cette guerre ; sans cet événement elle n'eût été que ridicule. Mais la cause et les auteurs de ce massacre sont ignorés. Le Coadjuteur y était étranger : le prince *de Condé* avait résolu de *se défaire* de lui. L'historien de la Fronde (voyez *Esprit de la Fronde*, tom. V, pag. 412.) attribue le massacre à des paroles imprudentes de *Gaston* et de *Condé*. M. *de Retz* avait le chapeau de cardinal, objet de son ambition. Voyant *Condé* maître de Paris, connaissant par expérience l'instabilité de la populace, il ne sortit pas de l'Archevêché, et n'eut aucune part aux événemens de ce jour. Les trente plus déterminés d'entre les Frondeurs furent massacrés. Si l'on jugeait par ce résultat, on pourrait croire que le mouvement était fait contre la Fronde. *Gaston* et *Condé* ayant dit, en se retirant de l'Hôtel-de-Ville, qu'il n'y *avait que des Mazarinistes*, furent cause des excès auxquels on se porta. Tout ce que l'homme impartial et sensé peut conclure, en lisant des faits de ce genre, soit dans les siècles passés, soit de nos jours, c'est que l'événement n'ayant pas répondu à l'attente des factieux (si réellement ils avaient eu un projet), et le résultat étant inattendu et sans liaison avec les complots formés, il est impossible de savoir la vérité.

ordre bien connu, comme aux sanglantes journées de Septembre plus rapprochées de nous. Le peuple s'émeut, prend les armes, crie, se rassemble, et tout l'effet de ce mouvement, dont on était justement alarmé, est d'empêcher les gens de *passer dans la rue......* Pourquoi des résultats si différens? Pourquoi cette populace, qui massacre en 1572 et en 1792, se contente-t-elle, en 1648, de se barricader? Imputer ces excès, comme on l'a fait, à la religion ou à la philosophie; c'est être injuste. Se prescrire un choix entre l'une ou l'autre cause, c'est manquer de bonne foi. La populace n'est qu'un instrument mobile, entièrement à la disposition des plus adroits et des plus hardis.

La Fronde est, de toutes les guerres civiles, celle où le sang a le moins coulé. Il est rare qu'une sédition se forme sans chef, et la Fronde n'en avait pas, parce qu'elle en avait trop. C'étaient, si l'on peut s'exprimer ainsi, autant de marionnettes mues par des mains invisibles. Le cardinal *de Retz* fit agir souvent les ressorts qui les mettaient en jeu. Le prince *de Conti,* que son rang appelait au commandement, manquait de capacité, ainsi que les ducs *de Beaufort, d'Elbeuf, de Longueville,* etc. Les meilleurs généraux que la Régente et *Mazarin* auraient pu appeler à leur défense, étaient sur nos frontières. *Condé* parut un moment, mais le ministre, qui savait en être haï et qui le craignait, aima mieux le mettre en prison que s'en servir. Cette absence de bons généraux fit changer de nature à la guerre intérieure. Les pamphlets, les quolibets, les chansons, les épigrammes remplacèrent des armes plus meurtrières. La paix se fit, et le seul cardinal *de Retz* paya de sa liberté les sottises de la Fronde et les siennes. C'était bien incontestablement celui que *Mazarin* devait le plus redouter, parce que c'était celui qui avait le plus de talens et d'adresse.

L'époque de la naissance du Coadjuteur, la licence des tems, les circonstances dans lesquelles il vécut, le mécontentement général, peuvent expliquer, sinon excuser, la conduite qu'il tint et le penchant qu'il eut à lutter contre l'autorité ministérielle. Elevé au milieu des troubles, sous un roi faible qui avait remis son autorité entre les mains d'un ministre despote devant qui les grands fléchissaient le genou, il ne voulut point imiter leur exemple, et en donna un plus pernicieux. De tous côtés on conspirait contre *Richelieu* ; le jeune *de Retz* entra dans l'une de ces conspirations ; action qu'il se reproche avec amertume, mais pour la justification de laquelle il a soin de faire, entre le roi et son ministre, une distinction qu'il répète plus d'une fois. Souvent ses réflexions ont pour objet l'abus que faisaient les ministres du pouvoir qui leur était confié.

On peut dire, à la lettre, que, pendant la moitié de sa vie, le cardinal *de Retz* a plutôt vécu sous un ministre que sous un roi.

On s'est trompé en prétendant qu'il fut *l'auteur* des troubles (4) : mais on doit con-

---

(4) Pour tranquilliser quelques ames timorées, et calmer leurs scrupules, nous devons faire observer que soutenir que le cardinal *de Retz* n'était point *l'auteur* des troubles, comme l'ont dit plusieurs historiens, mais qu'il avait été forcé par la Reine et *Mazarin* de se jeter dans le parti de la Fronde : ce n'est point justifier sa conduite, c'est encore moins approuver les conspirateurs ou les factieux.

venir que quand il y prit part il en devint le plus ferme appui, et que sans le Coadjuteur ils n'eussent eu qu'une courte durée.

En confrontant le récit des troubles de la minorité, fait par les écrivains postérieurs à cette époque, avec les Mémoires des contemporains du Coadjuteur, nous nous sommes convaincus qu'il avait été mal jugé, et nous sommes encore étonnés de voir que le témoignage de ces historiens n'était pas conforme à celui des contemporains du Cardinal. On pourrait comparer l'opinion formée plus tard sur le Coadjuteur, au plaidoyer d'un avocat qui serait en contradiction avec ses preuves. Nous avons pensé que pour découvrir la vérité, il fallait recourir aux preuves originales : c'est ce que nous avons essayé de faire ; et voici le résultat de nos recherches.

RECHERCHES

HISTORIQUES

SUR LE CARDINAL DE RETZ.

~~~~~~~~~~~~~~~~~~~~~~~~~~~~~~~~~~~~~~

§. I.

RÉFLEXIONS GÉNÉRALES.

MOTIF ET BUT DE CET OUVRAGE.

L'ÉTUDE de l'histoire, si elle se bornait à surcharger la mémoire d'un certain nombre de faits, n'offrirait que peu d'avantages. Mais lorsque le jugement l'accompagne, l'histoire marche de pair avec les autres sciences ; elle n'est plus uniquement du domaine de la mémoire : la raison s'en empare ; elle en forme l'école de l'expérience : le sage y puise d'utiles leçons. Le spectacle de tant d'hommes agités par des passions, devient intéressant : en le considé-

1
~~~~~~~~~~~~~~~~~~~~~~~~~~~~~~~~~~~~~~

rant, les idées s'agrandissent ; on croit avoir vécu dans les siècles passés ; on croit avoir acquis le don de prévoir l'avenir.

L'histoire des Nations se compose de faits généraux plus ou moins instructifs, de révolutions, du progrès des arts, de catastrophes qui en marquent la fin : car, on ne peut se le dissimuler, un peuple, quelque grande que soit sa destinée, ressemble à un individu : il naît, il croît, il augmente, il s'étend, il conquiert (et je parle des destinées les plus brillantes) ; il s'affaiblit, il vieillit, il passe, il disparaît, à moins qu'au moment de sa décadence, un homme de génie ne le rende à la vie, et ne lui ouvre une nouvelle carrière. Mais il est peu d'exceptions, et l'étude des annales d'Athènes, de Carthage, de Rome, et de tant d'autres Etats illustres, ne laisse aucun doute sur cette vérité.

Si l'histoire des Nations est intéressante, celle des Particuliers qui ont joué un grand rôle l'est peut-être encore plus. On s'identifie avec un homme célèbre : il semble qu'on soit vertueux ou criminel avec lui : cette remarque est si vraie, qu'en lisant

les fastes d'un peuple, on isole presqu'in-
volontairement son chef, ou celui par lequel il est illustré ; on s'intéresse à son sort,
on combat à ses côtés ; on tremble pour ses
jours ; on semble l'arrêter quand il se hasar-
de, et le précipiter quand il s'arrête au moment où l'on croit qu'il devrait avancer. On
ne pourrait jouir de cette illusion en lisant
l'histoire d'un peuple, si elle n'était le résultat de celle de plusieurs individus.

Pourquoi *Plutarque* a-t-il tant de charmes ? c'est qu'il fait connaître des hommes
célèbres dont on épouse la destinée. On est
tour-à-tour, en le lisant, *Numa, Lycurgue,
Alcibiade, Epaminondas, Philopemen, So-
crate* ; tour-à-tour demi-dieu, législateur,
guerrier, citoyen, philosophe. Auprès de
ces dons célestes par lesquels un homme
s'élève au-dessus de ses semblables, se
trouve la fragile humanité qui remet sur la
ligne commune celui dont on lit la vie. Il
paraît toujours à nos yeux un côté qui
console notre amour-propre humilié de
voir un homme comme nous remplir une
carrière aussi brillante. Voilà le succès de
Plutarque. Son héritage n'a point été

recueilli. On n'a point, depuis cet historien, représenté le guerrier, tantôt dans
les champs de la gloire, tantôt auprès de
son foyer, entre sa femme et ses enfans.
Les grands hommes jetés dans les grandes
masses, et presque confondus avec elles,
n'ont point trouvé de *Plutarque*. La majesté de l'histoire permet peu de détails,
et cependant il en est un grand nombre qui
excitent la curiosité et l'intérêt. *La vie* d'un
grand homme peut offrir ce qui ne doit
point entrer dans son *histoire :* la première
nous instruit comme l'autre ; mais elle
ajoute le plaisir à l'instruction. *Ossian,* dans
ses nuages, fatiguerait à la longue : en lisant son histoire, si l'on pouvait faire cette
supposition, nous serions dans une sphère
éloignée de la nôtre ; et ne trouvant autour
de nous aucun objet de comparaison, nous
ne pourrions retirer aucun fruit de cette
lecture, s'il était possible de la faire sans
ennui.

Je regrette que dans le siècle de *Louis
XIV ,* parmi les bons écrivains qui contri-
buèrent à son lustre, il ne s'en soit pas
trouvé qui ait eu la noble ambition d'imiter

Plutarque, et d'écrire *la vie* et non *l'histoire* des grands hommes de ce siècle mémorable.

Je viens fixer l'attention sur un homme qu'on n'apprécie point assez, et à qui l'on n'a pas rendu toute la justice qu'il méritait. C'est le cardinal *de Retz*. Il vaut mieux que sa réputation. On éprouve un étonnement réel, quand on réfléchit attentivement sur la bizarrerie des réputations. Elles sont, le plus souvent, composées d'élémens hétérogènes. Il n'en est presque pas qui ne soit plus ou moins usurpée. Je m'explique : je veux dire que les faits sur lesquels elles reposent, ne devaient point produire l'effet qu'ils ont causé. La réputation dépend quelquefois d'un indiscret ou d'un menteur. La malveillance accueillant avec avidité des bruits propres à la consoler, en diminuant un mérite qui l'importune, ternit de son souffle impur la renommée la plus intacte (1). Par une disposition toute contraire et

(1) Nous citerons, à cette occasion, Mme *de Sévigné*. Depuis un demi-siècle on a prétendu que la mère et la fille ne s'aimaient pas. Si cette assertion était vraie, il faudrait ne plus rien croire, jeter beaucoup de livres au feu, à commencer par les charmantes lettres de la

cependant tout aussi naturelle, les bonnes
réputations se forment quelquefois sans
une base solide. Des partisans vous prô-
nent, des amis officieux vous vantent ; des
curieux oisifs, dont le premier besoin est
de parler, accueillent avec empressement
un nom obscur qui, lorsqu'il cessera de
l'être, les offusquera bientôt. J'ai connu

---

mère de Mad^me *de Grignan*. M. *Grouvelle*, celui qui
a fait de ces lettres l'édition la plus complète et la plus
satisfaisante, justifie Mme *de Sévigné* de ce reproche ;
il a remarqué que pendant 27 ans, qui s'écoulèrent depuis le mariage de la fille jusqu'a la mort de la mère,
elles ne furent séparées que six ans, quoique chacune
d'elles, jouissant d'un sort très-indépendant, fût
bien libre de ne pas se réunir à l'autre. J'ai tâché de
connaitre l'origine d'un bruit qui me paraissait aussi
dénué de vraisemblance. Enfin j'ai cru remonter à la
source, et j'ai découvert que le bon homme *Caraccioli*,
mort depuis peu, était celui qui le premier avait dit
que la mère et la fille ne pouvaient vivre ensemble,
sans en donner aucune preuve. Journalistes, compilateurs, faiseurs d'*ana*, conteurs d'anecdotes, de répéter à l'envi : « la mère et la fille ne pouvaient vivre
ensemble » (quoiqu'elles y aient vécu 21 ans sur 27) :
et voilà comme un bruit ridicule s'accrédite ! *Bussy*,
cousin-germain de Mad^e *de Sévigné*, reprochait à cette
veuve, jeune et jolie, de se *trop amuser après la vertu.
Pourquoi*, lui écrivait-il, *vous donner tant de peines
pour une réputation qu'un médisant peut vous enlever ?*
S'étant ensuite brouillé avec sa cousine, il attaqua

des gens d'un mérite réel, d'un savoir modeste, et dont la réputation due au hasard n'était point formée comme elle aurait dû l'être. Ils convenaient eux-mêmes de la singularité qu'il y avait dans leur renommée, et avouaient de bonne foi que ce qui, à leurs yeux, aurait dû leur en donner une, était inconnu, tandis que la célébrité dont ils jouissaient leur venait de ce dont ils faisaient le moins de cas. On n'a point assez réfléchi sur cette bizarrerie ; elle est un des résultats des mille et mille travers de l'esprit humain, et pourrait donner lieu à des ob-

---

lui-même cette réputation, mais sans aucun succès. Un homme qui a fait causer ensemble les morts pour amuser les vivans, a obtenu, quoiqu'avec bien moins de titres, plus de confiance que *Bussy*, sur un article plus intéressant, sur l'amour de la mère pour sa fille. Son opinion était bizarre ; elle avait quelque chose de piquant : elle ajoutait aux singularités inexplicables du cœur humain ; il n'en fallait pas tant pour plaire, être répétée, et passer à la fin pour incontestable. Aussi aujourd'hui, grâces à *Caraccioli*, un grand nombre de lecteurs croient au peu d'union qui régnait entre mesdames *de Sévigné* et *de Grignan*. Je me borne à cet exemple. Il est loin de nous et ne peut choquer personne. Si je le prends dans le siècle passé, ce n'est pas que le nôtre ne puisse m'en offrir de plus frappans.

servations piquantes. Comme elles seraient déplacées ici, nous n'en parlons qu'en passant et à l'occasion de la réputation du cardinal *de Retz* (2).

Avant que de décrire à grands traits sa vie, disons un mot de sa destinée *singulière en tout*, soit que l'on considère le rôle qu'il a joué, soit que l'on réfléchisse sur sa réputation.

Paul de Gondi, cadet de famille, fut destiné, dès son enfance, à l'archevêché de

---

(2) Je tâcherai de me garantir de la prévention qui s'empare ordinairement des écrivains quand ils font l'histoire d'un personnage célèbre. Ils *l'adoptent*, pour ainsi dire, et leur notice est un plaidoyer ou un panégyrique. Je veux faire mieux connaître *le Coadjuteur*, qui ne me paraît pas mériter tout le mal qu'on a dit de lui; et pour y parvenir, je citerai des faits et des témoignages. Les faits parlent; et si je me trompe, ce ne peut être que dans les conclusions que j'en tire. Il est impossible de nier les actions. On voudra peut-être en interpréter les motifs : à de beaux traits de vertu on objectera qu'ils sont le résultat de la vanité. Mais alors il n'est rien de beau qu'on ne puisse altérer, et la vertu même ne serait plus qu'une chimère, puisqu'on pourrait douter si ce n'est point la vanité qui l'a mise en action. N'a-t-on pas attribué à la vanité l'établissement des Invalides, la défense des *Calas*, la construction de Ferney, etc. ?

Paris, que ses oncles venaient d'occuper, et dont le dernier était titulaire. C'était une sorte d'héritage. Si jamais la nature, que l'on devrait toujours consulter avant de faire ces arrangemens, contraria les convenances sociales ou l'ambition des familles, ce fut dans cette occasion. Le jeune *de Retz*, jeté, malgré lui, dans l'état ecclésiastique, n'avait aucun des élémens que sa prétendue vocation supposait. Sentant pour cet état une invincible répugnance, il saisit plusieurs fois, mais toujours en vain, l'occasion d'en sortir. Un duel était la manière la plus ostensible. Il se battit souvent, et, comme il le dit lui-même, il resta toujours avec un *duel de plus et sa soutane.*

Des troubles qu'il n'a pu prévoir, ni prévenir, ni causer, se manifestent dans la capitale. L'oncle de *Paul de Gondi* était archevêque de Paris, et lui-même coadjuteur à cette époque. Le premier a été présenté comme un homme nul, cagot et presque imbécille ; le second n'était rien de tout cela. Alors, bien plus que dans le dernier siècle, l'archevêque de Paris était un des personnages les plus importans de

cette immense capitale ; son influence semblait être sans bornes. Alors encore on
avait le souvenir d'événemens qui appre-
naient que la crosse et l'épée ne paraissaient
point incompatibles (3). Le Coadjuteur
sentit qu'il pouvait jouer un rôle brillant.
S'étant instruit dans le silence, il n'ignorait
point le parti qu'il pouvait tirer des circonstances ; mais il sacrifia son ambition à son
devoir et à sa reconnaissance. *Anne d'Autriche* l'avait fait coadjuteur. Il emploie son
zèle et tous ses moyens, il expose même
sa vie pour apaiser une révolte dont
Anne d'Autriche pouvait être la victime.
Des sarcasmes amers sont le fruit de ce
service important. La Reine et *Mazarin*,
son conseil et son ami, tournent le Coadjuteur en ridicule devant toute la cour. La
première ne l'aimait pas, le second le croyait

---

(3) *Richelieu* venait de mourir ; il avait commandé
des armées : peu d'années auparavant l'époque dont je
parle, le cardinal *de la Vallette* (que le duc d'*Epernon*
appelait *le cardinal valet*, à cause de son dévouement
sans bornes au ministre), *d'Escoubleau de Sourdis*,
archevêque de Bordeaux, et le cardinal *Sainte-Cécile*,
frère de *Mazarin*, avaient pareillement commandé des
troupes.

un rival dangereux et redoutable. L'un et l'autre en firent un factieux *malgré lui*, puisqu'il refusa de suivre ce parti jusqu'au bout. Il parut reculer et n'eut plus dès-lors, en perdant son crédit, qu'une équivoque célébrité. Il brilla comme un phosphore, et son éclat fut éphémère. Il fit trembler ; on le craignit. Trop confiant dans un crédit dont la base reposait sur la populace, il sortit de cette sphère, parut au milieu de la cour, fut arrêté, et dès-lors perdu. Se sauvant comme un criminel, il erra dans l'Espagne, dans l'Italie, dans les Pays-Bas, dans la France, et survécut à sa puissance, à son bonheur, à sa gloire. Le cardinal *de Retz* était mort bien avant d'avoir cessé de vivre. Il passa ses dernières années dans une retraite qui fut glorieuse et belle, si l'on en croit un grand nombre de témoignages ; mais que plusieurs de ses contemporains calomnièrent, parce qu'ils ne purent croire à la sincérité de ce sacrifice (4).

----

(4) Voici ce qu'on lit dans les Œuvres de *Saint-Evremont*, édit. de 1740, tom. IV, pag. 277 :

« Quittons-nous Dieu pour le monde, nous sommes » traités d'impies : quittons-nous le monde pour Dieu,

Telle est son histoire. Nous dirons un mot de sa vie. Voyons ce qui peut le justifier.

De Retz avait reçu (à l'exception de l'extérieur) tous les dons de la nature qui pouvaient en faire un homme célèbre. D'une grande pénétration, il voyait toujours le meilleur côté dans une discussion : d'un caractère prompt à se décider, il avait la fermeté nécessaire pour agir sans commettre de faute : d'une finesse extrême, il devinait, ménageait, flattait, et savait concilier : enfin d'une instruction profonde, d'une mémoire heureuse et ornée, et d'un jugement sain, il avait réfléchi sur le passé, et les leçons de l'expérience n'étaient point perdues pour lui. Ajoutons que joignant à

» nous sommes traités d'imbécilles, et on nous par-
» donne aussi peu de sacrifier la religion à la fortune,
» que la fortune à la religion. L'exemple du cardinal
» *de Retz* suffira seul à justifier ce que je dis. Quand
» il s'est fait cardinal, on a crié contre un ambitieux,
» qui sacrifiait, disait-on, le public, la conscience, la
» religion à la fortune. Quand il quitte les soins de la
» terre pour ceux du ciel, on dit que la tête lui tourne,
» et on lui fait une faiblesse honteuse de ce qui nous
» est proposé pour la plus grande vertu. »

une grande connaissance du cœur humain
une présence d'esprit admirable et une
éloquence naturelle, il profitait de toutes
les circonstances, trouvait des ressources
là où il n'en paraissait aucune, et éton-
nait par la sagesse de ses observations.
Nous citerons, pour prouver sa présence
d'esprit, le moment où, gravement inculpé
et sentant qu'une justification, même complète, affaiblissait sa cause, parce qu'il
est un genre d'accusation qui ne mérite
aucune réponse, il composa sur le champ
un passage latin, qu'il attribua à Cicéron,
qu'il s'appliqua, et qui fit taire ses envieux (5).

Avec ces dons, avec ces talens, avec
cette instruction, pourquoi le sort du cardinal *de Retz* n'a-t-il pas été plus brillant?
Nous croyons pouvoir répondre à cette
question d'une manière satisfaisante. Il
avait à un degré éminent le sentiment des
convenances. Il jugeait que l'état dans lequel on l'avait fait entrer malgré lui, la
dignité qu'il occupait et qui devait le rendre

---

(5) Nous rapportons ce trait dans sa *vie.*

un ministre de paix et de concorde, étaient incompatibles avec le rôle qu'on le forçait de jouer. Ses goûts, ses desirs, les circonstances où il se trouva, furent sans cesse en contradiction avec son devoir. Il finit par tout sacrifier à ce devoir, et fut la victime de ce sacrifice. De cette étrange et malheureuse position il résulta une espèce d'hésitation qui le perdit ; et il se perdit parce qu'il fut honnête homme ! destinée d'autant plus bizarre, qu'on l'a blâmé de n'avoir pas lutté avec plus de force contre *Mazarin,* qui ne fut aimé ni de ses contemporains, ni de la postérité. Les succès du Coadjuteur n'eussent point influé sur le sort de notre patrie, puisqu'il ne s'agissait que de bannir à jamais *Mazarin* qui n'ajouta rien à la gloire ni au bonheur de la France. Le génie du cardinal *de Retz* égalait au moins celui de son rival : le résultat était d'avoir pour premier ministre le Coadjuteur au lieu du Sicilien.

Nous observons encore que le cardinal *de Retz* refusa les propositions de *Cromwel* qui se connaissait en hommes ; qu'il rejeta les offres plus brillantes que lui firent les Espagnols dans le tems de sa puissance, qui en eût été augmentée, et les secours qu'ils lui présentèrent dans sa détresse. Il ne voulut puiser que dans la bourse de ses amis ; et ayant contracté des dettes immenses, il prit, pour les payer, le parti de la retraite ; il les acquitta toutes et solda onze cent mille écus : *Il n'a reçu cet exemple de personne*, dit à cette occasion Mad^e *de Sévigné, et personne ne le suivra.*

Nous ferons voir que le Cardinal avait dans l'ame beaucoup de grandeur et de générosité : nous en rapporterons plusieurs traits dans sa vie.

Passons au but de ce recueil, et aux moyens que nous avons employés pour l'atteindre.

On a oublié de considérer le Cardinal sous certains rapports qui serviraient à adoucir la rigueur des jugemens portés contre lui. Il nous semble que la justice exige de réparer cette omission. Ce n'est point un panégyrique que nous présentons : notre opinion se fonde sur des faits, et nous n'énoncerons rien qui n'ait une preuve à l'appui.

Il est plusieurs points de vue sous lesquels on a dédaigné d'envisager le cardinal *de Retz*. 1°. On a tâché de calomnier son caractère. Le Coadjuteur, quoique factieux, n'était point méchant. Il était bon ami, libéral jusqu'à la prodigalité. A la honte de la cour de France il donna des secours à la reine d'Angleterre délaissée par elle. Il était désintéressé et refusa, à différentes fois, les sommes considérables qu'on lui offrit. On ne peut révoquer en doute sa véracité. Ses ennemis, ses envieux et ses critiques conviennent qu'il a dit plus de mal de lui-même que n'eût fait son plus mortel ennemi. Il serait absurde de ne le croire que lorsqu'il s'accuse.

2°. Sous le rapport d'écrivain, sa part a été mal faite. *De Retz* a des pages inimitables d'éloquence, de justesse dans les réflexions, de profondeur dans les pensées, et de laconisme dans les expressions. Elles doivent paraître d'autant plus étonnantes, qu'il faut se reporter aux tems où il commença d'écrire ; c'est-à-dire à l'époque où les bons écrivains du siècle de *Louis XIV* n'avaient point encore paru. On peut donc dire qu'il les a devancés (6). Plusieurs pages de ses écrits sont dignes du meilleur tems ; il en est même, et nous les indiquerons, dans lesquelles il n'a eu ni modèles ni imitateurs. A 17 ans il écrivit la *Conjuration de Fiesque*, et l'écrivit avec soin, parce que dans cette jeune tête germaient déjà des idées ambitieuses. Il trouvait plus d'un rapport entre son héros et lui. L'autorité royale n'était rien dans les mains de *Louis XIII*, trop faible pour porter un sceptre avec lequel *Richelieu* frappait des coups certains. A Gênes le gouvernement aristocratique était nul. *Doria* en faisait un instrument dont il se servait. *Fiesque* voulut rendre au gouvernement l'énergie qu'il devait avoir, et culbuter *Doria*. *De Retz* eut peut-être l'idée de renverser le ministre et de se mettre à sa place.

On convient bien du mérite du cardinal *de Retz* comme auteur, et cependant s'il se trouve dans la masse des écrivains du siècle de *Louis XIV*, il n'a encore été

____

(6) La conjuration de *Fiesque* est de 1631.

rangé dans aucune classe ; son nom est bien dans la nomenclature générale ; mais dans le choix qu'ont fait tous les compilateurs et les professeurs de littérature, des morceaux qu'ils transcrivent et des écrivains qu'ils citent, le nom de *de Retz* est souvent oublié (7).

3°. Sous le rapport politique on l'a jugé avec trop de rigueur. *Voltaire*, et tous ceux qui l'ont copié, l'ont représenté comme l'*auteur* des troubles de la régence ; or il est faux, comme nous l'avons dit et comme nous le prouverons, qu'il les ait fait naître, puisque d'abord il s'y était opposé. Il est vrai qu'il les fomenta ensuite de son mieux, quand on le força de se jeter dans ce parti, ainsi qu'il le raconte lui-même ; et on doit le croire sur cet article comme sur tout le mal qu'il dit de lui.

Les pensées du cardinal *de Retz*, tantôt énergiques, quelquefois sublimes, presque toujours justes, souvent profondes, sont répandues dans ses Mémoi-

---

(7) Il n'est cité que dans l'Encyclopédie par ordre de matières, livraison intitulée : *Grammaire et Littérature*, par *Beauzée* et *Marmontel*, article *Portrait*.

res. Elles y brillent malgré le charme et l'intérêt de l'ouvrage au milieu duquel elles se trouvent. Il nous a paru qu'extraites et recueillies, elles frapperaient encore davantage. Là où elles sont on les oublie. L'idée d'en faire un recueil est venue au lord *Chesterfield*, et depuis peu à M. *Adrien de Lezai*. Le premier en réunit pour son fils soixante-sept, qui se trouvent dans le 4me volume des Lettres du Lord. Le second en a choisi cent dix-neuf, qu'il a publiées, en 1797, dans un très-petit volume qui est devenu extrêmement rare. Nous croyons que les Mémoires du Cardinal offrent un bien plus grand nombre de pensées que celles qui ont été recueillies par ces deux écrivains. Dans le discours que M. *de Lezai* a mis au commencement de son recueil, il n'est nullement question du Cardinal (8).

---

(8) Ce discours, très-bien fait et très-bien pensé, est étranger au recueil, à l'exception des deux premières pages ainsi conçues : « Lorsque je lus, pour la
» première fois, les Mémoires du cardinal *de Retz*, je
» fus d'abord frappé de la justesse de ses maximes.
» Mais ensuite réfléchissant que des maximes ne sont
» pas justes si elles ne le sont en général aussi-bien

Quand bien même quelques lecteurs ne partageraient pas notre opinion sur *Paul de Gondi*, ce recueil aurait toujours le mérite d'offrir un grand nombre de pensées qui sont confondues, avec le texte, dans trois volumes. Si les Maximes de *La Rochefoucault* avaient été éparses dans ses Mémoires, elles seraient peut-être bien moins familières, et celui qui aurait pris la peine de les recueillir eût rendu un service réel, sans rien ôter à l'intérêt du livre d'où il les aurait extraites. Il en sera de même des Mémoires du Cardinal. On aimera à y retrouver ses pensées ; le re-

---

» qu'en particulier, et que de fausses maximes peuvent
» paraître vraies, lorsqu'on les voit placées auprès des
» cas auxquels l'écrivain les applique, parce qu'étant
» faites à leur mesure, elles ne sauraient manquer de
» leur aller fort juste, je voulus éprouver si celles qui
» m'avaient tant frappé tiraient de leur propre fonds
» leur justesse ; et pour m'en assurer, je les retirai
» de leurs places. C'est là ce qui a donné lieu au
» recueil que j'en ai fait, et qui m'a prouvé qu'elles
» étaient solides, puisqu'elles résistaient à l'épreuve
» du déplacement. » — Il n'est plus question du cardinal ; M. *de Lezai* prouve dans le reste du discours
que le travail qu'il a fait sur les Mémoires de Gondi,
devrait être fait sur tous les livres.

cueil que nous en avons fait ne dispense pas de lire l'ouvrage d'où elles sont tirées, et n'altère en rien l'attrait de cette lecture.

Voici l'ordre dans lequel nous avons composé ce volume.

Nous entrerons dans quelques détails sur la vie du Cardinal. Il nous servira souvent de guide, et nous citerons plusieurs morceaux qui donneront une idée de cet homme, de son style, de ses talens, et de ses ressources dans la scène comitragique (9) où il joue un des premiers rôles. S'il arrive que son récit soit affaibli ou démenti par un de ses contemporains, ou par un écrivain postérieur, l'impartialité nous fait un devoir d'en avertir, comme de faire remarquer la conformité, lorsqu'elle aura lieu.

A sa vie nous ferons succéder un tableau des jugemens portés sur le Cardinal ou sur ses Mémoires. Il en est de contradictoires ; beaucoup de trop rigoureux ; quelques-uns de raisonnables ; l'un est d'une

____

(9) Les troubles ridicules de la Fronde peuvent mériter cette épithète.

absurdité choquante (celui de *Sénécé*). Ce rapprochement d'opinions de personnes qui toutes ont joui de quelque célébrité, ne sera pas dénué d'intérêt, et peut faire naître des réflexions utiles sur la manière de voir et sur ce qui sert, le plus souvent, de base aux jugemens des hommes. Chaque opinion sera accompagnée d'une très-courte notice relative à l'auteur que l'on cite. Il est bon de rappeler les circonstances qui ont pu influer sur le langage qu'il tient et jeter quelque jour sur le jugement qu'il porte.

Enfin nous présenterons les portraits des principaux acteurs de la Fronde, tracés par *de Retz*, et nous terminerons par les Pensées extraites de ses ouvrages.

§. II.

VIE DU CARDINAL DE RETZ (1).

Jᴇᴀɴ-Fʀᴀɴçᴏɪs-Pᴀᴜʟ ᴅᴇ Gᴏɴᴅɪ naquit au mois d'Octobre 1614, à Montmirel en Brie. Son père était général des Galères ; son aïeul avait été maréchal de France et grand-chambellan

(1) Le pays ou duché de *Retz*. C'était la partie du diocèse de Nantes située au midi de la Loire. Ce pays a 15 lieues du levant au couchant, et 9 du midi au nord. Il est arrosé par la Sèvre dans le levant : au couchant il n'y a que quelques ruisseaux. Au centre est un grand lac appelé *Grand-lieu*. Jadis le pays de Retz faisait partie du Poitou ; il s'étendait jusqu'à Saint-Maixent. On le démembra de cette province pour l'unir au diocèse de Nantes : il a eu ses seigneurs particuliers. De l'ancienne maison de *Chabot* il passa successivement dans celles de *Laval* et de *Chauvigni :* puis il fut possédé par la maison de *Gondi* avec le titre de comté. Il fut érigé en duché en 1532, en faveur de la même maison, d'où il a passé dans celle de *Villeroy*. Les uns prétendent que ce pays s'appelait jadis *Portense Solum*, à cause de la multitude de ses ports ou rades, et ensuite *Pagus Ratia-tensis*, de *Ratis* (mot qui signifie vaisseau), à cause du grand nombre de vaisseaux qui abordaient sur les côtes. Les autres, au nombre desquels sont *Baillet* et *Sainte-Marthe*, pensent que le nom de *Retz* vient de *Ratiate*, aujourd'hui *Saint-Viau*. On est très-libre d'adopter ou de rejeter ces étymologies, qui ne nous paraissent à nous-même que conjecturales. *Machecoul* était la ville principale du duché de Retz. (Voyez *Robert de Hesseln*, dans son *Dictionnaire de la France*.)

des rois Charles IX et Henri III. Enfin son bisaïeul était venu en France avec *Catherine de Médicis;* et avait épousé à Lyon, en 1516, *Catherine de Pierre-vive,* gouvernante des enfans de France.

On a accusé le maréchal *de Retz* d'avoir conseillé le massacre de la Saint-Barthélemi. Nous ignorons jusqu'à quel point ce reproche odieux peut être fondé.

Le frère du maréchal fut évêque de Paris et cardinal, ainsi que ses deux neveux. C'est sous le dernier que le siége de Paris fut érigé en archevêché. Nous rappelons ces circonstances parce qu'elles influèrent sur la destinée de *Jean-François-Paul,* qui eut, à son tour, et la pourpre et l'archevêché. Le siége de Paris fut occupé successivement par quatre individus de la maison de Gondi, dont les deux premiers et le quatrième eurent le chapeau de cardinal.

D'après toutes les recherches faites avec impartialité sur la famille du cardinal *de Retz,* il paraît qu'elle était une des plus anciennes de Florence avant l'époque où le maréchal *de Retz,* auteur de la fortune de sa maison, profita de sa faveur pour attirer à Paris *Pierre de Gondi,* à qui il fit avoir l'évêché de cette ville.

Le père de *Jean-François-Paul* le *força* d'embrasser l'état ecclésiastique, parce que, suivant toutes les probabilités, il devait en occuper les premières dignités, puisque l'archevêché le plus important de France par le voisinage des rois et le séjour des principales autorités et des cours supérieures, lui était réservé. Il ne se trompa point sous ce rapport, et son fils fut archevêque et cardinal. Mais sa postérité s'étant éteinte, par un de ces événemens assez communs, qui prouvent combien peu il faut compter sur les calculs de la prudence humaine (2), il est vraisemblable que le père du Cardinal, s'il eût prévu l'avenir, eût été loin de condamner son fils au célibat.

Paul de Gondi eut pour précepteur *Vincent*

---

(2) La postérité du père du cardinal *de Retz* finit dans sa petite-fille qui épousa le duc *de Lesdiguières*, dont elle resta veuve en 1681. Elle mourut en 1716 à 61 ans. Son fils unique était mort en 1703, sans postérité. Les biens de la maison de *Retz* sont passés dans celle de *Villeroy*. La maréchale *de Villeroy* était fille du duc *de Brissac* et de la sœur de Mme *de Lesdiguières*.

Je n'assure point que la famille *Gondi de Retz* soit éteinte; je dis seulement que le père du Coadjuteur n'a point eu de petits enfans de son nom. M. *de Pradt*, dont le frère, évêque de Poitiers, aumônier de l'Empereur, est connu avantageusement dans la littérature (*); M. *de Pradt*, d'une ancienne famille d'Auvergne, s'est marié à une demoiselle *de Retz*. Les circonstances ne m'ont pas permis de vérifier si le nom de famille de Mad^e *de Pradt* était *Gondi-de-Retz.*

(*) M. *de Pradt* a fait l'*Antidote au Congrès de Rastadt : la Prusse et sa neutralité : les trois âges des Colonies : Voyage agronomique en Auvergne,* etc. Tous ces ouvrages sont écrits avec élégance, et font souhaiter que l'auteur n'oublie pas que le savant *Huet*, l'éloquent *Fénélon*, le sublime *Bossuet*, surent concilier l'amour des lettres avec les devoirs de l'épiscopat.

de Paule, depuis aumônier de la reine *Anne d'Autriche*, instituteur des Prêtres de la Mission de Saint-Lazare, célèbre par sa piété et ses bonnes œuvres. Si le disciple ne profita point des leçons exemplaires et de la vie sage du maître, au moins lui dut-il de l'instruction et du goût pour l'étude. Après avoir paru avec succès en public, il fut reçu docteur de Sorbonne.

On n'a d'autres détails sur la jeunesse de *Gondi* que ceux qu'il donne lui-même ; nous en offrirons plusieurs que nous ne nous permettrons pas d'altérer. Ils ne sont pas tous à son avantage ; mais l'impartialité nous fait un devoir de les rapporter.

Il paraît qu'il s'occupait, en particulier, d'objets et de lectures sur lesquels il ne consultait pas *Vincent de Paule* ; car on voit que, dès son enfance, il prit, par une singulière fatalité, un goût décidé pour les conjurations. L'histoire d'un événement de ce genre avait pour lui les plus grands charmes. Par un penchant naturel il s'intéressait au conjuré, s'identifiait avec lui : il avait, si l'on peut s'exprimer ainsi, une vocation décidée pour jouer un rôle dans une conspiration. Deux personnages illustres fixèrent son attention. Le premier, le plus célèbre, celui dont les succès et les belles qualités qu'il eut dans l'âge mûr firent oublier les

écarts de sa jeunesse et légitimèrent sa rébellion, avait vécu seize siècles avant *Paul de
Gondi* : c'était *César*. Il s'instruisit à son école,
lut ses Commentaires immortels et écrivit sa
vie (3). Le second, plus rapproché de lui, n'eut
ni le même bonheur, ni le même génie, et périt
au moment où ses projets allaient réussir : c'est
le comte *de Fiesque*. M. *de Retz* a fait l'histoire
de la Conjuration dont *Louis de Fiesque* était
l'ame. Il n'avait que 18 ans lorsqu'il la publia.
Nous parlerons de cet ouvrage dans un autre
article (4). Remarquons seulement que le cardinal *de Richelieu*, après l'avoir lu, dit, en
présence de plusieurs personnes de marque :
« Voilà un dangereux esprit. »

Se sentant une aversion décidée pour l'état
ecclésiastique, le jeune *de Retz* fit, pour en
sortir, tout ce qui était en son pouvoir. Le
lecteur nous permettra de rapporter plusieurs

---

(3) Le cardinal *de Retz* parle de cette vie plusieurs fois dans
ses Mémoires ; mais il ne paraît pas qu'elle ait été imprimée.

(4) Voyez ci-après l'extrait des Mémoires de M. *d'Argenson*.
La conjuration de *Fiesque* parut en 1631. Nous dirons, à cette
occasion, que M. *de Mersan*, dans les Considérations prélimi-
naires qu'il a mises en tête de l'*Esprit de Balsac*, parlant des
auteurs en prose qui avaient paru avant 1654, oublie (page 36)
le cardinal *de Retz*, quoique celui-ci eût publié, 23 ans avant
cette époque, la Conjuration de *Fiesque*, qui dut produire alors
d'autant plus de sensation que l'auteur avait peu de rivaux. On
la lit encore avec plaisir aujourd'hui.

aventures de sa jeunesse, et de le laisser parler lui-même (5).

« Je priai *Attichi* de se servir de moi la pre-
» mière fois qu'il tirerait l'épée. Il la tirait sou-
» vent, et je n'attendis pas long-tems.... Nous
» nous battîmes à l'épée et au pistolet, derrière
» les Minimes du bois de Vincennes. Je blessai
» *Bassompierre* dans la cuisse et au bras. Ce
» combat fit assez de bruit; mais il ne produisit
» pas l'effet que j'en attendais. Le procureur-
» général commença des poursuites. Il les dis-
» continua à la prière de nos proches; et ainsi
» je demeurai là avec ma soutane et un duel.

» Mad^me *du Châtelet*, attachée au comte
» *d'Harcourt*, me traita d'écolier, et me joua
» même assez publiquement en présence du
» comte. Je m'en pris à lui : je lui fis un appel
» à la comédie. Nous nous battîmes, le lende-
» main au matin, au-delà du faubourg Saint-
» Marcel.... Nous convînmes de tenir ce duel
» secret à la considération de Mad^e *du Châ-*
» *telet*. Ce n'était pas mon compte; mais quel

---

(5) Nous citons souvent le Coadjuteur : ces morceaux contri-
bueront, avec les Portraits et les Pensées que nous extrairons
de ses ouvrages, à donner une idée juste de son talent comme
écrivain. C'est à ce motif que nous avons sacrifié toute autre
considération, car nous ne nous dissimulons pas les inconvéniens qu'il y a dans cette manière d'*écrire la vie* d'un personnage
illustre; et nous souhaitons que le lecteur approuve la raison
qui nous a déterminé à l'employer.

» moyen honnête de le refuser ? Il n'y eut point
» de procédures, et je demeurai encore là
» avec ma soutane et deux duels.

» Permettez-moi de faire un peu de réflexion
» sur la nature de l'esprit de l'homme. Je ne
» crois pas qu'il y eût au monde un meilleur
» cœur que celui de mon père, et je puis dire
» que sa trempe était celle de la vertu ; cepen-
» dant et ces duels et ces galanteries ne l'em-
» pêchèrent pas de faire tous ses efforts pour
» attacher à l'église l'ame peut-être la moins
» ecclésiastique qui fût dans l'univers. La pré-
» dilection pour son aîné, et la vue de l'arche-
» vêché de Paris, qui était dans sa maison,
» produisirent cet effet. Il ne le crut pas et ne
» le sentit pas lui-même. Je jurerais même qu'il
» eût lui-même juré dans le plus intérieur de
» son cœur, qu'il n'avait en cela d'autre mou-
» vement que celui qui lui était inspiré par
» l'appréhension des périls auxquels la pro-
» fession contraire exposerait mon ame : tant
» il est vrai qu'il n'y a rien qui soit si sujet à
» l'illusion que la piété. Toutes sortes d'erreurs
» se glissent et se cachent sous son voile. Elle
» consacre toutes sortes d'imaginations, et la
» meilleure intention ne suffit pas pour y faire
» éviter les travers. Enfin, après tout ce que
» je viens de vous raconter, je demeurai homme
» d'église.

» Je querellai *Praslin* à propos de rien.
» Nous nous battîmes dans le bois de Boulogne,
» après avoir eu des peines incroyables à nous
» échapper de ceux qui nous voulaient arrêter.
» Il me donna un fort grand coup d'épée dans
» la gorge ; je lui en donnai un, qui n'était pas
» moindre, dans le bras. Je n'oubliai rien pour
» faire éclater ce combat, jusqu'au point d'avoir
» aposté des témoins : mais l'on ne peut forcer
» le destin, et l'on ne songea pas même à en
» informer. »

L'inutilité de ces tentatives fit prendre au jeune *Gondi* la résolution de se remettre à l'étude : les succès qu'il eut dans les actes de la Sorbonne, lui donnèrent du goût pour ce genre de réputation. Il prêcha devant la reine et toute la cour, au lieu de commencer par les couvens. A cette occasion le cardinal *de Richelieu* dit que *c'était un téméraire*.

Peu de tems après, il disputa la première place de la licence à l'abbé *de la Mothe-Hou-dancourt*, parent et protégé de *Richelieu*, qui voulant *être maître par-tout et en toutes choses* (6), s'emporta jusqu'à la puérilité contre les docteurs de Sorbonne, parce qu'ils donnèrent gain de cause au jeune *de Retz*. Sa famille alarmée l'envoya en Italie. Il passa quel-

______

(6) Paroles du Coadjuteur, ainsi que toutes celles en caractère italique.

que tems à Venise, parcourut la Lombardie, et se rendit à Rome. Comme il jouait un jour au ballon dans les Thermes de l'empereur *Antonin*, on vint lui dire de la part du prince *de Schemberg*, ambassadeur de l'Empire, de céder la place. *De Retz* répondit qu'il n'avait d'ordre à recevoir que de l'ambassadeur du roi de France. Le prince ayant insisté, le jeune abbé se mit sur la défensive ; mais on n'osa l'attaquer. Ce coup porté par un abbé tout modeste à un ambassadeur qui marchait toujours avec cent mousquetaires, fit un très-grand éclat dans Rome, et causa des alarmes au cardinal *Mazarin* lorsqu'il en sut les détails.

De retour à Paris il devint le rival de *Richelieu*, qui *n'étant pédant en rien, l'était tout à fait en galanterie*. Ce n'était pas le moyen de reconquérir la bienveillance du ministre. Il fit plus ; il entra dans une conspiration contre cet homme tout-puissant. L'idée de l'assassinat d'un prêtre le fit hésiter ; mais *La Rochepot*, son parent, lui ayant dit que *quand il serait à la guerre il n'enlèverait point de quartiers, de peur d'assassiner des gens endormis*, ce sarcasme le décida. Il embrassa le crime qui lui parut *consacré par de grands exemples, justifié et honoré par de grands périls*. Très-heureusement la cérémonie où ce crime devait se consommer, n'eut pas lieu. Il observe que si l'entreprise eût réussi, elle l'eût comblé de gloire lui et ses partisans, et avoue en même tems qu'il voudrait n'avoir jamais participé à ce projet. Remarquons en passant que ce fait ne se trouve que dans les Mémoires du cardinal, et qu'il eût été ignoré s'il n'en eût jamais parlé. Il en est de même d'un second projet du même genre, fait encore avec le comte *de Soissons*, et qui n'eut pas plus de succès que le premier.

Comme il fallait qu'il acquît de la popularité, il mit beaucoup d'adresse dans sa conduite : il voulut concilier avec l'exécution de ses vues secrètes, l'état ecclésiastique qui le gênait, et faire même concourir cet état à ses projets. C'était tirer parti de tout, même des obstacles. Sachons de lui-même la manière dont il s'y prit.

« M. le comte *de Soissons*, dit-il, m'avait
» fait toucher douze mille écus ; je les portai à
» ma tante *de Meignelai* (7), en lui disant que
» c'était une restitution qui m'avait été confiée
» par un de mes amis à sa mort, à condition
» de l'employer moi-même au soulagement des
» pauvres qui ne mendiaient pas ; que comme
» j'avais fait serment sur l'évangile de distribuer
» moi-même cette somme, je m'en trouvais
» extrêmement embarrassé, parce que je ne

______

(7) Madame *de Meignelai* était sœur de l'évêque de Paris.

» connaissais pas les gens, et que je la suppliais
» de vouloir bien en prendre soin. Elle en fut
» ravie : elle me disait qu'elle le ferait très-
» volontiers; mais que comme j'avais promis de
» faire moi-même cette distribution, elle vou-
» lait absolument que j'y fusse présent, et pour
» demeurer fidellement dans ma parole, et
» pour m'accoutumer moi-même aux œuvres de
» charité; c'était justement ce que je demandais
» pour avoir lieu de me faire connaître à tous
» les nécessiteux de Paris : ainsi je me laissai
» tous les jours comme traîner par ma tante
» dans les faubourgs, dans les greniers, et je
» voyais très-souvent chez elle des gens bien
» vêtus et connus même quelquefois, qui ve-
» naient à l'aumône secrète. La bonne femme
» ne manquait presque jamais de leur dire :
» *Priez Dieu pour mon neveu ; c'est lui de qui*
» *il lui a plu de se servir pour cette bonne*
» *œuvre.* Jugez de l'état où cela me mettait
» parmi des gens qui sont sans comparaison
» plus considérables que tous les autres dans
» les émotions populaires ! Les riches n'y vien-
» nent que par force ; les mendians y nuisent
» plus qu'ils n'y servent, parce que la crainte
» du pillage les fait appréhender. Ceux qui y
» peuvent le plus sont les gens qui sont assez
» pressés dans leurs affaires, pour desirer du
» changement dans le public, et dont la pau-

» vreté ne passe toutefois pas jusqu'à la men-
» dicité publique. Je me fis donc connaître à
» cette sorte de gens , trois ou quatre mois
» durant , avec une attention toute particu-
» lière , et il n'y avait point d'enfans au coin
» de leur feu à qui je ne donnasse toujours ,
» en mon particulier , quelques bagatelles. Je
» connaissais Nanon et Babet. Le voile de
» Mad^{me} *de Meignelai,* qui n'avait jamais fait
» d'autre vie , couvrait toutes choses. Je faisais
» même un peu le dévot, et j'allais aux confé-
» rences de Saint-Lazare. »

Ce qui peut excuser un peu *de Retz* d'avoir
conjuré avec le comte *de Soissons,* c'est l'espoir
qu'il eut de sortir de l'état ecclésiastique, en prenant ce parti coupable , et en s'associant à un
prince dont le mécontentement était connu.
Mais cette tentative échoua comme les autres.
Le comte *de Soissons* fut tué dans une bataille
qu'il gagna : *Il fut tué au milieu des siens ,
sans qu'il y en ait jamais eu un seul qui ait
pu dire comment la chose est arrivée. Cela
est incroyable,* ajoute de Retz, *et cela est
pourtant vrai* (8).

____

(8) On s'accorde à dire que le comte *de Soissons* fut tué d'un
coup de pistolet; les uns veulent que ce soit accidentellement et
par lui-même en ôtant son casque; les autres disent que le comte
s'étant retiré à l'écart après la victoire qu'il venait de remporter,
et s'étant découvert, fut tué sur le champ d'un coup de pistolet

Cet événement le priva de toute espérance.

« Cette mort, dit-il, me fixa dans ma pro-
» fession, parce que je crus qu'il n'y avait plus
» rien de considérable à faire, et que je me
» croyais trop âgé pour en sortir par quelque
» chose qui ne fût pas considérable. D'ailleurs
» la santé du cardinal *de Richelieu* s'affaiblis-
» sait, et l'archevêché de Paris commençait à
» flatter mon ambition. Je me résolus donc,
» non pas seulement à suivre, mais encore à
» faire ma profession. Mad*e de Guiméné* s'était
» retirée à Port-Royal ; M. *d'Andilly* me l'avait
» enlevée. Elle ne mettait plus de poudre ; elle
» ne se frisait plus, et elle m'avait donné mon
» congé dans la forme la plus authentique que
» l'ordre de la pénitence pouvait demander.
» Si Dieu m'avait ôté la Place-Royale, le diable
» ne m'avait pas laissé l'Arsenal, où j'avais dé-
» couvert qu'un capitaine des Gardes du maré-
» chal était pour le moins aussi-bien que moi
» avec la maréchale *de la Meilleraye*. Voilà
» de quoi devenir un saint. La vérité est que
» j'en devins beaucoup plus réglé, au moins

---

tiré à bout portant. Chacun sait que lorsque l'on vint dire à
Richelieu que la bataille était perdue, il laissa échapper ces mots :
pas si perdue ! .... et s'arrêta tout aussitôt. Le comte *de Soissons*
était mécontent et détesté d'un ministre puissant qui, si l'on
en croit quelques traditions, presque toujours exagérées par la
haine, n'employait pas les moyens les plus légitimes pour se
défaire d'un ennemi.

» pour l'apparence. Je vécus fort retiré ; je ne
» laissai plus rien de problématique pour le
» choix de ma profession. J'étudiai beaucoup ;
» je pris habitude avec tout ce qu'il y avait de
» gens de science et de piété. Je fis presque de
» mon logis une académie ; j'observai avec
» application de ne pas ériger l'académie en
» tribunal. Je ne faisais pas le dévot, parce
» que je ne me pouvais pas assurer que je pusse
» durer à le contrefaire ; mais j'estimais beau-
» coup les dévots ; et, à leur égard, c'est un des
» plus grands points de la piété. J'accommo-
» dais même mes plaisirs au reste de ma pra-
» tique. Je ne me pouvais passer de galanterie,
» mais je la fis avec Mad^e *de Pommereux*,
» jeune et coquette, de la manière qui me con-
» venait, parce qu'ayant toute la jeunesse non-
» seulement chez elle, mais à ses oreilles, les
» apparentes affaires des autres couvraient la
» mienne. Enfin ma conduite me réussit, et au
» point qu'en vérité je fus fort à la mode parmi
» les gens de ma profession, et que les dévots
» mêmes disaient, après M. *Vincent,* qui m'a-
» vait appliqué ce mot : *que je n'avais pas*
» *assez de piété, mais que je n'étais pas trop*
» *éloigné du royaume de Dieu.* »

De Retz, Mad^{me} et Mad^{lle} *de Vendôme* pro-
posèrent à l'évêque de Lisieux de lui donner la
comédie. Le bon évêque, qui aimait *Corneille,*

accepta, pourvu que ce fût à la campagne et qu'il y eût peu de monde. On convint d'aller à Saint-Cloud. *Turenne* fut de la partie, ainsi que le comte *de Brion*, qui ayant été deux fois capucin, faisait *un salmigondis perpétuel de dévotion et de péchés, et avait fort peu d'esprit, mais beaucoup de routine, qui, en beaucoup de choses, supplée à l'esprit.* Au retour il leur arriva une aventure que rapporte le Coadjuteur, et que nous allons lui laisser conter, parce que, outre sa singularité, le maréchal *de Turenne* y joue un rôle qui fournit au cardinal *de Retz* l'occasion de faire des remarques extrêmement justes.

« Nous allâmes à St-Cloud chez M. l'Arche-
» vêque : on s'amusa tant que la petite pointe
» du jour commençait à paraître. Quand on
» fut au bas de la descente des *Bons-hommes,*
» justement au pied, le carrosse s'arrêta tout
» court. Comme j'étais à l'une des portières
» je demandai au cocher pourquoi il arrê-
» tait, et il me répondit avec une voix fort
» étonnée : *voulez-vous que je passe par-des-*
» *sus tous ces diables qui sont là devant moi?*
» Je mis la tête hors de la portière ; et comme
» j'ai toujours eu la vue fort basse, je ne vis
» rien. Cinq ou six laquais qui étaient derrière
» criaient *Jesus Maria,* et tremblaient de peur.
» M. *de Turenne* se jeta en bas du carrosse.

» Je crus que c'étaient des voleurs, je sautai
» aussi-tôt hors du carrosse ; je pris l'épée d'un
» laquais, je la tirai et j'allai joindre de l'au-
» tre côté M. *de Turenne*, que je trouvai regar-
» dant fixement quelque chose que je ne voyais
» point. Je lui demandai ce qu'il regardait, et
» il me répondit, en me poussant du bras et
» assez bas : *je vous le dirai, mais il ne faut*
» *pas épouvanter ces Dames*. Dans la vérité
» elles hurlaient plutôt qu'elles ne criaient.
» *Voiture* commença un *oremus*. Mme *de Choisi*
» poussait des cris aigus. Mad^lle *de Vendôme*
» disait son chapelet : Mme *de Vendôme* voulait
» se confesser à M. l'évêque de Lisieux, qui lui
» disait : *ma fille, ne craignez rien, vous étes*
» *entre les mains de Dieu*. Le comte *de Brion*
» avait entonné, à genoux avec tous nos laquais,
» les litanies de la Vierge. Tout cela se passa,
» comme vous pouvez vous imaginer, en mê-
» me tems et en moins de rien. M. *de Turenne*,
» qui avait une petite épée à son côté, l'avait
» aussi tirée, et après avoir regardé un peu, il
» se tourna vers moi de l'air dont il eût de-
» mandé son dîner, et me dit : *allons voir ces*
» *gens-là.* — *Quelles gens ?* lui répartis-je ;
» et dans la vérité je croyais que tout le monde
» avait perdu le sens. Il me répondit : *effecti-*
» *vement, je crois que ce pourrait bien être*
» *des diables*. Comme nous avions déjà fait

» cinq ou six pas du côté *de la Savonnerie*, et
» que nous étions par conséquent plus proche
» du spectacle, je commençai à entrevoir quel-
» que chose ; et ce qui m'en parut fut une lon-
» gue procession de fantômes noirs qui me
» donna d'abord plus d'émotion qu'elle n'en
» avait donné à M. *de Turenne*, mais qui, par
» la réflexion que je fis que j'avais long-tems
» cherché des esprits, et qu'apparemment j'en
» trouvais en ce lieu, me fit faire un mouve-
» ment plus vif que ses manières ne lui per-
» mettaient de faire : je fis deux ou trois sauts
» vers la procession. Les gens du carrosse qui
» croyaient que nous étions aux mains avec tous
» les diables, firent un grand cri, et ce ne furent
» pourtant pas eux qui eurent le plus de peur ;
» les pauvres Augustins réformés et déchaussés,
» que l'on appelle Capucins noirs, qui étaient
» nos diables d'imagination, voyant venir à eux
» deux hommes ayant l'épée à la main, eurent
» très-grand' peur ; et l'un d'eux se détachant
» de la troupe, nous cria : *Messieurs, nous*
» *sommes de pauvres religieux qui ne faisons*
» *de mal à personne, et qui venons nous ra-*
» *fraîchir un peu dans la rivière pour notre*
» *santé.* Nous retournâmes au carrosse, M. *de*
» *Turenne* et moi, avec de grands éclats de
» rire que vous vous pouvez imaginer, et nous
» fîmes, lui et moi, dans le moment même,

» deux réflexions que nous nous communiquâ-
» mes dès le lendemain au matin. Il me jura
» que la première apparition de ces fantômes
» imaginaires lui avait donné de la joie, quoi-
» qu'il eût toujours cru auparavant qu'il aurait
» peur s'il voyait jamais quelque chose d'extra-
» ordinaire ; et je lui avouai que la première
» vue m'avait ému, quoique j'eusse souhaité
» toute ma vie de voir des esprits. La seconde
» observation que nous nous fîmes fut, que
» tout ce que nous lisons dans la vie de la
» plupart des hommes est faux. M. *de Turenne*
» me jura qu'il n'avait pas senti la moindre
» émotion, et il convint que j'avais eu sujet de
» croire, par son regard fixe et son mouvement
» si lent, qu'il en avait eu beaucoup. Je lui
» confessai que j'en avais eu d'abord, et il me
» protesta qu'il aurait juré sur son salut que je
» n'avais eu que du courage et de la gaieté.
» Qui peut donc écrire la vérité que ceux qui
» l'ont sentie ? Le président *de Thou* a eu raison
» de dire qu'il n'y a de véritables histoires que
» celles qui ont été écrites par des hommes
» assez sincères pour parler d'eux-mêmes avec
» vérité. Mad^lle *de Vendôme* conçut un mépris
» inconcevable pour le pauvre *Brion*, qui en
» effet avait fait voir aussi de son côté, dans
» cette ridicule aventure, une faiblesse inima-
» ginable. Elle s'en moqua avec moi dès que

» nous fûmes rentrés en carrosse, et me dit :
» *Je sens, à l'estime que je fais de la valeur,*
» *que je suis petite-fille de Henri-le-Grand.*
» *Il faut que vous ne craigniez rien, puisque*
» *vous n'avez pas eu peur en cette occasion.*
» *—J'ai eu peur,* lui répondis-je, *mais comme*
» *je ne suis pas si dévot que* Brion, *ma peur*
» *n'a pas tourné du côté des litanies.* »

Un propos imprudent lui aliéna encore l'esprit du cardinal *de Richelieu*. Il dit au président *de Mesmes* que *Richelieu* n'avait aucune grande qualité qui ne fût l'effet ou la cause de quelque grand défaut. Ce propos fut redit au cardinal. *Richelieu* étant mort, *de Retz* craignit d'être dans la foule des gens mal notés ; mais lorsqu'il fut présenté au roi par son oncle, archevêque de Paris, il se vit reçu avec une distinction qui le surprit et étonna tout le monde. Il trouva une affabilité qui serait encore inexplicable aujourd'hui, si *Louis XIII* n'eût dit, la veille de sa mort à la reine, les motifs de l'amitié qu'il avait pour *Paul de Gondi*. Ces motifs reposaient sur deux aventures qui avaient donné au roi une grande idée de la chaste retenue du Coadjuteur, ainsi que de son courage. Si *Louis XIII* eût vécu plus long-tems, il eût changé d'opinion sur le premier article. *De Retz* va nous conter lui-même ces deux aventures.

« Un peu après que je fus sorti du collége,
» le valet-de-chambre de mon gouverneur, qui
» était *Montercero*, trouva chez une misérable
» épinglière une nièce de 14 ans d'une beauté
» surprenante. Il l'acheta pour moi 150 pisto-
» les, après me l'avoir fait voir : il lui loua une
» petite maison à Issy : il mit sa sœur auprès
» d'elle, et j'y allai dès qu'elle y fut logée. Je
» la trouvai dans un abattement extrême, et je
» n'en fus pas surpris, parce que je l'attribuai
» à sa pudeur. J'y trouvai quelque chose de
» plus le lendemain ; ce qui fut une raison en-
» core plus surprenante et plus extraordinaire
» que sa beauté, et c'était beaucoup dire. Elle
» me parla sagement, saintement, et toutefois
» sans emportement. Elle ne pleura qu'autant
» qu'elle ne put s'en empêcher. Elle craignait
» sa tante à un point qui me fit pitié. J'admirai
» son esprit, et après cela j'admirai sa vertu.
» Je la pressai autant qu'il le fallut pour l'é-
» prouver. J'eus honte pour moi-même. J'at-
» tendis la nuit pour la mettre dans mon car-
» rosse ; je la menai à ma tante *de Meignelai,*
» qui la mit dans une religion où elle mourut
» huit ou dix ans après.

» Un an avant cette première aventure, j'é-
» tais allé courre le cerf à Fontainebleau avec
» la meute de M. *de Souvré ;* et comme mes
» chevaux étaient fort las, je pris la poste pour

» revenir à Paris. Comme j'étais mieux monté
» que mon gouverneur et qu'un valet-de-cham-
» bre qui courait avec moi, j'arrivai le premier
» à Juvisy, et je fis mettre ma selle sur le meil-
» leur cheval que j'y trouvai. *Coutenau*, capi-
» taine de la petite compagnie des chevau-
» légers du roi, brave, mais extravagant, qui
» venait de Paris aussi en poste, commanda à
» un palefrenier d'ôter ma selle et d'y mettre
» la sienne. Je m'avançai en lui disant que j'a-
» vais retenu le cheval ; et comme il me voyait
» avec un petit collet uni et un habit noir tout
» simple, il me prit pour ce que j'étais en effet,
» c'est-à-dire, pour un écolier, et il ne me ré-
» pondit que par un soufflet qu'il me donna à
» tour de bras, et qui me mit tout en sang. Je
» mis l'épée à la main, et lui aussitôt. Dès le
» premier coup que nous nous portâmes il
» tomba, le pied lui ayant glissé ; et comme il
» donna de la main, en voulant se soutenir,
» contre un morceau de bois un peu pointu,
» son épée s'en alla aussi d'un autre côté. Je
» me reculai de deux pas, et lui dis de repren-
» dre son épée. Il le fit, mais ce fut par la
» pointe, car il m'en présenta la garde, en me
» demandant un million de pardons. Il les re-
» doubla bien quand mon gouverneur étant
» arrivé, lui dit qui j'étais. Il retourna sur ses
» pas, et alla conter au roi, avec lequel il avait

» une très-grande liberté, toute cette petite
» histoire. L'évêque de Lisieux lui avait conté
» la précédente. »

Ces deux aventures furent cause de la nomination du jeune *de Retz* à la coadjutorerie de Paris. *Quel rapport*, dit à cette occasion le nouveau Coadjuteur, *de ces deux bagatelles à l'archevêché de Paris ? et voilà toutefois comme la plupart des choses se font !*

En terminant le récit des aventures de sa jeunesse, *de Retz*, avant de passer à l'époque où il commença à jouer un rôle plus important, dit : *Il me semble que je n'ai été jusqu'ici que dans le parterre, ou tout au plus dans l'orchestre, à jouer et à badiner avec les violons. Je vais monter sur le théâtre.*

Nous allons le suivre sur ce théâtre, et examiner avec impartialité le rôle qu'il y a joué. Nous continuerons de le citer souvent. Voyons d'abord ce qu'il fit pour bien disposer le public.

A peine nommé Coadjuteur, il commença ses sermons de l'Avent dans St.-Jean en Grève, le jour de la Toussaint. « Ce fut, dit-il, avec » le concours naturel à une ville aussi peu » accoutumée que l'était Paris à voir ses arche- » vêques en chaire. Le grand secret de ceux » qui entrent dans les emplois est de saisir » d'abord l'imagination des hommes par une

» action que quelques circonstances leur ren-
» dent particulière.

» Comme j'étais obligé de prendre les Ordres,
« je fis une retraite dans Saint-Lazare, où je
» donnai à l'extérieur toutes les apparences
» ordinaires. L'occupation de mon intérieur
» fut une grande et profonde réflexion sur la
» manière que je devais prendre pour ma con-
» duite ; elle était très-difficile. Je trouvais
» l'archevêché de Paris dégradé à l'égard du
» monde, par les bassesses de mon oncle, et
» désolé à l'égard de Dieu par sa négligence et
» par son incapacité. Je prévoyais des opposi-
» tions infinies à son rétablissement, et je n'é-
» tais pas si aveugle que je ne connusse que la
» plus grande et la plus insurmontable était
» dans moi-même. Je n'ignorais pas de quelle
» nécessité est la règle des mœurs à un évêque ;
» je sentais que le désordre scandaleux de celles
» de mon oncle me l'imposait encore plus
» étroite et plus indispensable qu'aux autres ;
» et je sentais en même tems que je n'en étais
» pas capable, et que tous les obstacles de
» conscience et de gloire que j'opposerais au
» déréglement, ne seraient que des digues mal
» assurées. Je pris, après six jours de réflexion,
» le parti de faire le mal par dessein, ce qui
» est sans comparaison le plus criminel devant
« Dieu, mais ce qui est sans doute le plus sage

» devant le monde ; parce qu'en le faisant ainsi,
» on y met toujours le préalable qui en couvre
» une partie , et parce qu'on évite par ce moyen
» le plus dangereux ridicule qui se puisse ren-
» contrer dans notre profession , qui est celui
» de mêler à contre-tems le péché dans la dé-
» votion. Voilà la sainte résolution avec la-
» quelle je sortis de Saint-Lazare. Elle ne fut
» pourtant pas de tout point mauvaise ; car
» j'avais pris une ferme résolution de remplir
» exactement tous les devoirs de ma profession,
» et d'être aussi homme de bien pour le salut
» des autres , que je pourrais être méchant pour
» moi-même. »

Jules Mazarin (9) , favori de la reine et son
premier ministre , paraissait , au commencement de la régence , avoir peu d'autorité : il
n'avait pas de dignité dans les manières ; il s'exprimait fort mal dans notre langue ; souvent
même son expression impropre ne rendait pas
sa pensée ; et quelquefois étant un composé de
français et d'italien , sans appartenir à aucun
des deux idiômes , elle offrait un sens absurde.
Il n'en fallait pas tant pour être singulier aux

---

(9) *Mazarin* fut premier ministre pendant 18 ans. Il avait
pris pour devise un rocher battu des vagues, avec ces mots :
quam frustra ! et murmure tanto ! La devise aurait eu plus de
justesse si le cardinal n'eût pas eu peur souvent de ce bruit , et
au point de fuir de la capitale à différentes reprises.

yeux d'une nation aussi polie, aussi clairvoyante qu'habile à saisir promptement les ridicules. Tout à coup il fit arrêter M. *de Beaufort*, chef d'une cabale peu nombreuse, formée de personnes de qualité qu'on appelait les *Importans* (10), qui tenaient cabinet mal à propos, donnaient des rendez-vous sans sujet, et mettaient même du mystère dans leurs parties de chasse.

La manière dont le cardinal *Mazarin* acquit en peu de tems une autorité portée à un degré qu'on était bien loin de prévoir, et dont on ne s'aperçut que quand on ne put plus la contester, est bien décrite par le Coadjuteur.

« La prison de M. *de Beaufort* causa de
» l'étonnement dans une Cour où l'on venait
» d'ouvrir toutes les prisons à tout le monde,
» sans exception : mais on peut, avec raison,
» être surpris de ce que personne ne s'aperçut
» des suites. Ce coup de vigueur, fait dans un
» tems où l'autorité était si douce, qu'elle était
» comme imperceptible, fit un très-grand effet.
» Il n'y avait rien de si facile par toutes les
» circonstances, mais il paraissait grand ; et
» tout ce qui est de cette nature est heureux,
» parce qu'il a de la dignité et qu'il n'a rien

---

(10) On verra, dans les Extraits qui suivront ces observations, *l'origine de la cabale des Importans.*

» d'odieux. Ce qui attire assez souvent je ne
» sais quoi d'odieux sur les actions des minis-
» tres, même les plus nécessaires, c'est que
» pour les faire ils sont presque toujours obli-
» gés de surmonter des obstacles, dont la vic-
» toire ne manque jamais de porter avec elle
» de l'envie et de la haine. Quand il se présente
» une occasion considérable, dans laquelle il
» n'y a rien à vaincre, parce qu'il n'y a rien à
» combattre, ce qui est fort rare, elle donne
» à leur autorité un éclat pur, innocent, non
» mêlangé, qui ne l'établit pas seulement,
» mais qui leur fait même tirer dans la suite
» du mérite de tout ce qu'ils ne font pas, pres-
» que également que de tout ce qu'ils font.

» Quand on vit que le Cardinal avait arrêté
» celui qui, cinq ou six semaines auparavant,
» avait ramené le roi à Paris avec un faste in-
» concevable, l'imagination de tous les hom-
» mes fut saisie d'un étonnement respectueux ;
» et je me souviens que *Chapelain*, qui enfin
» avait de l'esprit, ne pouvait se lasser d'admi-
» rer ce grand événement. On se croyait bien
» obligé au ministre de ce que toutes les se-
» maines il ne faisait pas mettre quelqu'un en
» prison, et l'on attribuait à la douceur de
» son naturel les occasions qu'il n'avait pas de
» mal faire. Il faut avouer qu'il seconda fort
» habilement son bonheur. Il donna toutes les

» apparences nécessaires pour faire croire qu'on
» l'avait forcé à cette résolution ; que les con-
» seils de Monsieur et de M. le Prince l'avaient
» emporté, dans l'esprit de la reine, sur son
» avis. Il parut encore plus modéré, plus civil,
» plus ouvert le lendemain de l'action. L'accès
» était tout à fait libre ; les audiences étaient
» aisées; on dînait avec lui comme avec un par-
» ticulier; il relâcha même beaucoup de la mor-
» gue des cardinaux les plus ordinaires ; enfin
» il fit si bien qu'il se trouva sur la tête de tout
» le monde, dans le tems que tout le monde
» croyait encore l'avoir à ses côtés. Ce qui me
» surprend, c'est que les Princes et les Grands
» du royaume qui, pour leurs intérêts, doivent
» être plus clairvoyans que le vulgaire, furent
» les plus aveugles. *Monsieur* se crut au-dessus
» de l'exemple : M. le Prince voulut aussi s'y
» croire : M. le Duc (*Condé*) était d'un âge
» à s'endormir aisément à l'ombre des lauriers:
» M. *de Longueville* ouvrit les yeux, mais ce
» ne fut que pour les refermer : M. *de Ven-*
» *dôme* était trop heureux de n'avoir été que
» chassé : M. *de Nemours* n'était qu'un enfant:
» M. *de Guise*, revenu tout nouvellement de
» Bruxelles, était gouverné par Mad^e *de Pons*,
» et croyait gouverner toute la Cour : M. *de*
» *Bouillon* croyait qu'on lui rendrait Sédan de
» jour en jour : M. *de Turenne* était plus que

» satisfait de commander les armées d'Alle-
» magne : M. *d'Espernon* était ravi d'être ren-
» tré dans sa charge : M. *de Schomberg* avait
» été toute sa vie inséparable de tout ce qui
» était bien à la Cour : M. *de Grammont* en
» était esclave, et MM. *de Retz, de Vitry* et
» *de Bassompierre* se croyaient, au pied de la
» léttre, en faveur, parce qu'ils n'étaient plus
» ni prisonniers, ni exilés. Le Parlement, déli-
» vré du cardinal *de Richelieu* qui l'avait tenu
» fort bas, s'imaginait que le siècle d'or serait
» celui d'un ministre qui leur disait tous les
» jours que la reine ne se voulait conduire que
» par leurs conseils. Le Clergé qui donne tou-
» jours l'exemple de la servitude, la prêchait
» aux autres sous le titre d'obéissance. Voilà
» comme tout le monde se trouva en un ins-
» tant *Mazarin*. »

La première discussion que le Coadjuteur
eut avec *Mazarin*, fut à l'occasion de l'assemblée du Clergé, qui se tint en 1645 ; elle char-
gea ce Prélat de demander à la reine le rappel de plusieurs évêques exilés par le cardinal
de Richelieu. *Mazarin* fit beaucoup de difficultés, et quelques mois après il prétendit,
dans une autre occasion, que le Coadjuteur
lui avait parlé *insolemment*. « Le mot est gai »,
reprit *Gondi* en souriant. Le Cardinal s'emporta, et lui dit d'un ton très-haut : *à qui*

croyez-vous parler ? je vous apprendrai à vivre. De Retz répartit qu'il savait fort bien qu'il était le Coadjuteur de Paris qui parlait à M. le cardinal *Mazarin ;* mais qu'il croyait que lui pensait être le cardinal de Lorraine parlant à un suffragant de Metz. Le lendemain *Mazarin* lui fit beaucoup d'excuses sur le mot *insolemment* dont il s'était servi, prétendant qu'il avait cru que ce mot répondait à celui d'*insolito.* Des discussions de ce genre ne s'oublient guères et laissent de l'aigreur. Cependant *de Retz* reprit son crédit momentanément, au point que *Mazarin* l'emmenait souper tête à tête avec lui. Mais, comme il le remarque lui-même, *il était trop bien à Paris pour être long-tems bien à la Cour.* « C'était là mon crime, ajoute-t-il, dans l'esprit d'un italien politique par livre. »

Bientôt il s'éleva des discussions plus importantes, et dont le résultat devait amener la guerre civile. Elles eurent lieu entre la Cour et les Parlemens.

Un édit appelé l'*Edit du Tarif,* établissait une imposition générale sur toutes les denrées qui entraient dans la ville de Paris. La cour des Aides le vérifia, le Conseil en soutint la vérification, et il fut exécuté. Le Parlement fit des difficultés ; et comme on craignit de sa part une défense, le Conseil fit une déclaration pour supprimer le tarif, afin de sauver les apparences et l'honneur de l'autorité. On vit paraître bientôt cinq édits plus onéreux que celui du tarif auquel on voulait, par ce moyen, faire revenir le Parlement. Il y revint en effet, mais en le modifiant tellement, que la Cour donna un arrêt du Conseil d'en-haut qui cassa celui du Parlement. La chambre des Vacations répondit par un autre qui ordonna que l'arrêt du Parlement serait exécuté.

Alors la Cour prétendit que, puisque le Parlement ne voulait point de nouveaux édits, il ne devait pas s'opposer à l'exécution de ceux que lui-même avait vérifiés. En conséquence on remit sur le tapis une déclaration enregistrée par surprise ou faiblesse il y avait deux ans : elle concernait l'établissement de la chambre du domaine, qui était d'une charge terrible pour le peuple, et d'une conséquence plus grande. Le peuple se mutina, alla en troupe au palais, et maltraita le fils d'*Emery*, surintendant des finances. Le Parlement fut obligé de décréter contre les séditieux; la Cour l'appuya par des régimens. Les bourgeois s'alarmèrent et étaient prêts à prendre les armes lorsqu'on fit retirer les gardes. On mena le lendemain le roi au Parlement. Il y porta cinq ou six édits ruineux qui ne furent communiqués qu'à l'audience. Le premier Président parla avec hardiesse contre cet acte d'autorité. Les Maîtres des requêtes s'assemblent, demandent à être reçus opposans à celui de ces édits qui augmentait leur nombre. On leur donne acte de leur opposition. Les chambres examinent les édits vérifiés d'autorité; la reine mande la compagnie, lui défend de continuer à prendre connaissance des édits. La cour des Aides et la chambre des Comptes s'assurent du Grand-Conseil, lui demandent de s'unir au Parlement pour la réformation de l'Etat : cette réunion fut accordée avec joie, et exécutée à l'instant même au palais, dans la salle de Saint-Louis.

L'arrêt d'union est cassé par le Conseil d'en-haut. Le Parlement résiste ; il est mandé en cour et réprimandé : on lui défend, sous peine de rébellion, de s'assembler. Il s'assemble le soir même. Le premier Président est mandé par lettre de cachet. Il parle avec force, exagère la nécessité de ne point ébranler le milieu qui est entre les peuples et les rois ; justifie, par des exemples illustres et fameux, la possession où les Compagnies avaient été depuis si long-tems et de s'unir et de s'assembler : il finit par se plaindre hautement de la cassation de l'arrêt d'union. La Cour, craignant une sédition, plia et permit l'exécution de cet arrêt. Les chambres se rassemblèrent donc, et il y eut plusieurs discussions entre elles et la Cour. Le

Coadjuteur n'y prit aucune part. Il savait qu'il
était très-mal dans l'esprit de *Mazarin*. « Je
» voyais, dit-il, la carrière ouverte, même pour
» la pratique, aux grandes choses, dont la spé-
» culation m'avait beaucoup touché dès mon
» enfance. Mon imagination me fournissait
» toutes les idées du possible : mon esprit ne
» les désavouait pas, et je me reprochais à moi-
» même la contrariété que je trouvais dans
» mon cœur à les entreprendre. Je m'en re-
» merciai, après avoir examiné à fond l'inté-
» rieur, et je connus que cette opposition ne
» venait que d'un bon principe. Je tenais la
» coadjutorerie de la reine ; je ne savais pas
» diminuer mes obligations par les circons-
» tances : je crus que je devais sacrifier à la
» reconnaissance mes ressentimens et même les
» apparences de ma gloire, et je résolus de
» m'attacher purement à mon devoir, et de
» n'entrer en rien dans tout ce qui se disait ou
» se faisait contre la Cour. » (11)

Le 26 août 1648 le roi alla au *Te Deum*

---

(11) Il faut bien remarquer ce passage pour justifier l'assertion
par laquelle nous prétendons que, sans les plaisanteries de la
reine et de *Mazarin* (plaisanteries que nous rapporterons plus
bas), le Coadjuteur n'eût pas pris parti dans les troubles. Les
scrupules du Coadjuteur sont d'autant plus étonnans, qu'il
avoue que, pendant sa jeunesse, il avait lu avec plaisir l'histoire
de plusieurs conjurés. Mais enfin il est constant que le premier
jour des troubles il agit de bonne foi et tâcha de les apaiser.

chanté pour la victoire de Lens. Ce jour, et un peu après la cérémonie, la Cour se servit des gardes qui bordaient les rues suivant la coutume, pour enlever *Pierre Broussel*, conseiller de grand'-chambre, que l'on conduisit à Saint-Germain, et *Potier de Blancménil*, président aux Enquêtes, qui fut mené à Vincennes.

Ce double enlèvement fut la cause des troubles et des barricades. Le bonhomme *Broussel* avait vieilli entre les sacs dans la poudre de la grand'-chambre, avec plus de réputation d'intégrité que de capacité.

« Je ne puis exprimer la consternation qui » parut dans Paris le premier quart-d'heure, » et le mouvement qui s'y fit le second. La » tristesse ou plutôt l'abattement saisit jus- » qu'aux enfans. L'on se regardait et l'on ne » se disait rien. On éclata tout d'un coup, on » s'émut, on courut, on cria, et l'on ferma les » boutiques. »

Le Coadjuteur, prévenu, parvint à calmer un peu cette effervescence, en faisant espérer au peuple qu'on lui rendrait *Broussel*. Il pénétra dans le cabinet, où tous ceux qu'il y trouva jouaient la comédie.

« Le Cardinal faisait l'assuré, dit-il, et il ne » l'était pas autant qu'il le paraissait. Il y eut » quelques momens où la reine contrefit la » douce, et elle ne fut jamais plus aigre. M. *de*

» *Longueville* témoignait de la tristesse, et il
» était dans une joie sensible, parce que c'était
» l'homme du monde qui aimait le plus le com-
» mencement de toutes les affaires. M. d'*Or-
» léans* faisait l'empressé en parlant à la reine,
» et je ne l'ai jamais vu siffler avec plus d'indo-
» lence en entretenant *Guerchi*. Le maréchal
» *de Villeroy* faisait le gai, pour faire sa cour
» au ministre, et il m'avouait en particulier,
» les larmes aux yeux, que l'Etat était sur le
» bord du précipice. *Beautru* et *Nogent* bouf-
» fonnaient et représentaient, pour plaire à la
» reine, la nourrice du vieux *Broussel* (remar-
» quez, je vous prie, qu'il avait 80 ans), qui
» animait le peuple à la sédition, quoiqu'ils
» connussent très-bien l'un et l'autre que la
» tragédie ne serait peut-être pas fort éloignée
» de la farce. Le seul abbé *de la Rivière* était
» convaincu que l'émotion du peuple n'était
» qu'une fumée. Je remarquai dans un même
» instant, et par la disposition de la reine qui
» était la personne du monde la plus hardie, et
» par celle de *la Rivière*, qui était le poltron
» le plus signalé de son siècle, que l'aveugle
» témérité et la peur outrée produisent les
» mêmes effets, lorsque le péril n'est pas connu.
» Afin qu'il ne manquât aucun personnage
» au théâtre, le maréchal *de la Meilleraye*,
» qui jusques-là était demeuré très-ferme avec

» moi à représenter la conséquence du tumulte,
» prit celui de Capitan. Il changea tout d'un
» coup et de ton et de sentiment. Comme il
» était pêtri de bile et de contre-tems, il se
» mit en colère jusqu'à l'emportement. Le
» chancelier entra dans ce moment ; il était si
» faible de son naturel, qu'il n'avait jamais dit,
» jusqu'à cette occasion, aucune parole de vé-
» rité ; mais en celle-là la complaisance céda à
» la peur. Il parla, et il parla selon ce que lui
» dictait ce qu'il avait vu dans les rues. J'ob-
» servai que *Mazarin* parut fort touché de la
» liberté d'un homme en qui il n'en avait jamais
» vu. Mais *Senneterre* effaça les premières
» idées, en assurant qu'on ne prenait point les
» armes. Il n'y a rien de si dangereux que la flat-
» terie dans les occasions où celui que l'on flatte
» peut avoir peur ; l'envie qu'il a de ne la pas
» prendre, fait qu'il croit tout ce qui l'empêche
» d'y remédier...... *Mazarin* dit à *Guitaut* :
» *Eh bien ! quel est votre avis ? — Mon avis*
» *est*, répondit brusquement *Guitaut* , *de*
» *rendre le vieux coquin de Broussel mort*
» *ou vif.* Je pris la parole, et je dis : *Le pre-*
» *mier ne serait ni de la piété ni de la pru-*
» *dence de la reine ; le second pourrait faire*
» *cesser le tumulte.* La reine rougit à ces
» mots, et s'écria : *Je vous entends, M. le*
» *Coadjuteur ; vous voudriez que je rendisse*

» *la liberté à Broussel; je l'étranglerais plu-*
» *tôt avec les deux mains;* et elle me les porta
» presqu'au visage, en ajoutant : *et ceux qui...*
» Le Cardinal qui ne douta point qu'elle ne
» m'allât dire tout ce que la rage peut inspirer,
» s'avança et lui parla à l'oreille. Elle se com-
» posa à un point, que si je ne l'eusse connue,
» elle m'eût paru bien radoucie. Le Lieutenant
» civil entra en ce moment dans le cabinet avec
» une pâleur mortelle sur le visage. Je n'ai
» jamais vu à la comédie italienne de peur si
» naïvement et si ridiculement représentée que
» celle qu'il fit voir à la reine en lui racontant
» des aventures de rien. Admirez la sympathie
» des ames timides : la frayeur du Lieutenant se
» glissa, je crois, par contagion, dans leur ima-
» gination, leur esprit et leur cœur. Ils me
» parurent tout à coup métamorphosés : ils ne
» me traitèrent plus de ridicule ; ils avouèrent
» que l'affaire méritait réflexion. Le Cardinal,
» après une douzaine de galimatias qui se con-
» tredisaient les uns les autres, conclut à se
» donner encore du tems jusqu'au lendemain,
» promettant d'accorder la liberté de *Broussel,*
» si le peuple se séparait. »

Le Coadjuteur, chargé d'aller apaiser le
peuple, commission fort délicate, sortit en
distribuant des bénédictions à droite et à
gauche; *occupation,* dit-il, *qui ne m'em-*

péchait pas de faire toutes les réflexions convenables à l'embarras dans lequel je me trouvais. Il suivit le maréchal *de la Meilleraye*, et le vit aux mains avec une foule de bourgeois qui tiraient sur les chevau-légers. Le Coadjuteur lui-même fut jeté à terre d'un coup de pierre qu'il reçut à la tête. A peine fut-il relevé, qu'il se vit couché en joue par quelqu'un à qui il dit, avec une présence d'esprit qui le tira d'affaire : *ah ! malheureux ! si ton père te voyait.* Cet homme s'imaginant que le Coadjuteur était le meilleur ami de son père, baissa l'arme et fit reconnaître le Coadjuteur; ce qui procura au maréchal *de la Meilleraye* la liberté de se retirer. *De Retz*, en employant les caresses, les menaces, la persuasion, dissipa la multitude. Il fut, avec le maréchal, rendre compte à la reine, qui les reçut d'une manière assez équivoque, et dit au Coadjuteur : *allez vous reposer, Monsieur, vous avez bien travaillé.*

Le Coadjuteur se retira : nous allons voir ce qui l'engagea à se ranger au nombre des ennemis de la reine qui se moquait de lui. En l'entendant parler lui-même, le lecteur jugera de la force de ses motifs, et pourra prononcer sur la bonté de sa cause.

« Je sortis du Palais-Royal, et quoique je » fusse ce qu'on appelle enragé, je ne dis pas

» un mot de-là jusqu'à mon logis, qui pût
» aigrir le peuple. J'en trouvai une foule in-
» nombrable qui m'attendait et qui me força de
» monter sur l'impériale de mon carrosse, pour
» lui rendre compte de ce que j'avais fait au
» Palais-Royal. Je leur dis que j'avais témoigné
» à la reine l'obéissance que l'on avait rendue
» à sa volonté, en posant les armes dans les
» lieux où on les avait prises, et en ne les pre-
» nant point dans ceux où l'on était sur le point
» de les prendre. J'ajoutai tout ce que je crus
» pouvoir adoucir cette commune, et je n'y
» eus pas beaucoup de peine, parce que l'heure
» du souper s'approchait. Cette circonstance
» paraîtra ridicule, mais elle est fondée, et j'ai
» observé qu'à Paris, dans les émotions popu-
» laires, les plus échauffés ne veulent pas ce
» qu'ils appellent *se desheurer.*

» J'avais fort hasardé mon crédit dans le
» peuple, en lui donnant des espérances de la
» liberté de *Broussel,* quoique j'eusse observé
» fort soigneusement de ne pas lui en donner
» ma parole : mais avais-je lieu moi-même
» d'espérer qu'un peuple pût distinguer entre
» les paroles et les espérances ? n'avais-je pas
» tout sujet d'être persuadé que la Cour ne
» manquerait pas cette occasion de me perdre
» absolument dans le public, en lui faisant
» croire que je m'étais entendu avec elle pour

» l'amuser et pour le jouer ? Ces vues que j'eus
» dans toute leur étendue, m'affligèrent ; mais
» elles ne me tentèrent point. Je ne me repentis
» pas un moment de ce que j'avais fait, parce
» que je fus persuadé que le devoir et la bonne
» conduite m'y avaient obligé. Je m'envelop-
» pai, pour ainsi dire, dans mon devoir : j'eus
» honte d'avoir fait réflexion sur l'événement.
» *Montrésor* étant entré là-dessus, et m'ayant
» dit que je me trompais si je croyais avoir
» beaucoup gagné à mon expédition, je lui
» répondis ces propres paroles : *J'y ai beau-*
» *coup gagné en ce qu'au moins je me suis*
» *épargné une apologie en explication de*
» *bienfaits, qui est toujours une chose insup-*
» *portable à un homme de bien. Si je fusse*
» *demeuré chez moi dans une conjoncture*
» *comme celle-ci, la reine, dont enfin je*
» *tiens ma dignité, aurait-elle sujet d'être*
» *contente de moi ?*—*Elle ne l'est nullement,*
» *reprit* Montrésor : *madame* de Noailles, *et*
» *madame* de Motteville, *viennent de dire au*
» *prince* de Guéméné *que l'on était persuadé,*
» *au Palais-Royal, qu'il n'avait pas tenu à*
» *vous d'émouvoir le peuple.*
   » J'avoue que je n'ajoutai aucune foi à ce
» discours de *Montrésor* : car quoique j'eusse
» vu dans le cabinet de la reine que l'on s'y
» moquait de moi, je m'étais imaginé que cette

» malignité n'allait pas à diminuer le mérite du
» service que j'avais rendu, et je ne pouvais me
» figurer que l'on fût capable de me le tourner
» à crime. *Montrésor* persistant à me tour-
» menter, et me disant que mon ami *Jean-*
» *Louis de Fiesque* n'aurait pas été de mon
» avis, je lui répondis que j'avais toute ma vie
» estimé les hommes plus par ce qu'ils ne fai-
» saient pas en de certaines occasions, que par
» ce qu'ils y eussent pu faire. J'étais sur le point
» de m'endormir sur ces pensées, lorsque
» *Laigues* arriva. Il venait du souper de la
» reine. Il me dit que l'on m'avait tourné pu-
» bliquement en ridicule ; que l'on m'y avait
» traité d'homme qui n'avait rien oublié pour
» soulever le peuple, sous prétexte de l'apai-
» ser : enfin que, j'avais été exposé deux heures
» entières à la raillerie fine de *Beautru*, à la
» bouffonnerie de *Nogent*, à l'enjouement de
» *la Rivière*, à la fausse compassion du Car-
» dinal, et aux éclats de rire de la reine. Vous
» ne doutez pas que je ne fusse un peu ému ;
» mais, à la vérité, je ne le fus pas au point
» que vous devez croire. Je me sentis plutôt de
» la tentation légère que de l'emportement.
» Tout me vint dans l'esprit, mais rien n'y
» demeura, et je sacrifiai, presque sans balan-
» cer, les idées les plus douces et les plus bril-
» lantes que les conjurations passées présen-

» tèrent en foule à mon esprit , aussitôt que le
» mauvais traitement que je voyais public et
» connu , me donna lieu de croire que je pou-
» vais entrer avec honneur dans les nouvelles.
» Je rejetai, par le principe de l'obligation que
» j'avais à la reine , toutes ces pensées, quoi-
» qu'à vous dire le vrai , je m'y fusse nourri
» dès mon enfance ; et *Laigues* et *Montrésor,*
» n'eussent certainement rien gagné dans mon
» esprit, ni par leurs exhortations , ni par leurs
» reproches , si *Argenteuil,* qui m'était fort
» attaché, ne fût venu. Il entra dans ma cham-
» bre avec un visage fort effaré , et il me dit :
» *Vous êtes perdu. Le maréchal* de la Meil-
» leraye (12) *m'a chargé de vous dire que le*
» *diable possède le Palais-Royal : qu'il leur*
» *a mis dans l'esprit que vous avez fait ce*
» *que vous avez pu, pour exciter la sédition;*
» *que lui, maréchal de la Meilleraye, n'a rien*
» *oublié pour témoigner à la Reine et au*
» *Cardinal, la vérité , mais que l'un et*
» *l'autre se sont moqués de lui ; qu'ils ont*
» *toujours dit que la nuit ferait évanouir*
» *cette fumée ; que lui, maréchal, ne l'avait*
» *pas cru ; mais que présentement il en était*
» *convaincu, parce qu'il s'était promené dans*

---

(12) Il est plaisant de voir ensuite cet officieux donneur d'avis
devenir le geolier du Cardinal pendant sa détention à Vincennes.

» *les rues, où il n'avait pas seulement trouvé*
» *un homme ; que ces feux ne se rallumaient*
» *plus quand ils s'étaient éteints aussi subi-*
» *tement que celui-là; qu'il me conjurait de*
» *penser à ma sureté; qu'il voyait la Cour*
» *très-disposée à ne pas perdre le moment;*
» *que je serais le premier sur qui l'on ferait*
» *un grand exemple; que l'on avait même*
» *déjà parlé de m'envoyer à Quimper-Coren-*
» *tin. Argenteuil* finit son discours par ces
» paroles : *Voilà ce que le maréchal* de la
» *Meilleraye vous mande. Celui de* VILLEROI
» *n'en dit pas tant, car il n'ose; mais il*
» *m'a serré la main en passant, d'une ma-*
» *nière qui me fait juger qu'il en sait peut-*
» *être encore davantage; et moi, je vous*
» *dis qu'ils ont tous deux raison, car il n'y*
» *a pas une ame dans les rues, et l'on pren-*
» *dra demain qui l'on voudra. Montrésor* qui
» est de ces gens qui veulent toujours avoir
» tout deviné , s'écria qu'il n'en doutait point
» et qu'il l'avait bien prédit. *Laigues* se mit
» sur les lamentations de ma conduite qui fai-
» sait pitié à mes amis , quoiqu'elle les perdît.
» Je leur répondis que s'il leur plaisait de me
» laisser un petit quart-d'heure en repos, je
» leur ferais voir que nous n'étions pas réduits
» à la pitié , et il était vrai. Comme ils m'eu-
» rent laissé tout seul le quart-d'heure que je

» leur avais demandé, je ne fis pas seulement
» réflexion sur ce que je pouvais, car j'en étais
» très-assuré ; je pensai seulement à ce que je
» devais, et je fus embarrassé. Comme la ma-
» nière dont j'étais poussé et celle dont le pu-
» blic était menacé, eurent dissipé mon scru-
» pule et que je crus pouvoir entreprendre
» avec honneur et sans être blâmé, je m'aban-
» donnai à toutes mes pensées ; je rappelai
» tout ce que mon imagination m'avait jamais
» fourni de plus éclatant et de plus propor-
» tionné aux vastes desseins : je permis à mes
» sens de se laisser chatouiller par le titre de
» chef de parti, que j'avais toujours honoré
» dans les *Vies de Plutarque*. Mais ce qui
» acheva d'étouffer tous mes scrupules, fut
» l'avantage que je m'imaginai à me distinguer
» de ceux de ma profession par un état de vie
» qui les confond toutes. Le dérèglement des
» mœurs très-peu convenable à la mienne, me
» faisait peur ; j'appréhendais le ridicule de
» M. de *Sens*. Je me soutenais par la Sor-
» bonne, par des sermons, par la faveur des
» peuples ; mais enfin cet appui n'a qu'un tems,
» et ce tems même n'est pas fort long, par
» mille accidens qui peuvent arriver dans le
» désordre. Les affaires brouillent les espèces ;
» elles honorent même ce qu'elles ne justi-
» fient pas, et les vices d'un archevêque peu-

» vent être, dans une infinité de rencontres,
» les vertus d'un chef de parti. J'avais eu mille
» fois cette vue, mais elle avait toujours cédé
» à ce que je croyais devoir à la reine. Le
» souper du Palais-Royal et la résolution de me
» perdre avec le public l'ayant purifiée, je la
» pris avec joie, et j'abandonnai mon destin à
» tous les mouvemens de la gloire.

» Minuit sonnant je fis rentrer dans ma
» chambre *Laigues* et *Montrésor*, et je leur
» dis : *Vous savez que je crains les apologies,*
» *mais vous allez voir que je ne crains pas*
» *les manifestes. Toute la Cour me sera té-*
» *moin de la manière dont on m'a traité de-*
» *puis plus d'un an au Palais-Royal. C'est*
» *au public à défendre mon honneur ; mais*
» *on veut perdre le public, et c'est à moi à*
» *le défendre de l'oppression. Nous ne sommes*
» *pas si mal que vous vous le persuadez,*
» *Messieurs, et je serai demain, avant qu'il*
» *soit minuit, maître de Paris.* Mes deux
» amis crurent que j'avais perdu l'esprit, et
» ceux qui m'avaient, je crois, cinquante fois
» en leur vie persécuté pour entreprendre, me
» firent en cet instant des leçons de modéra-
» tion. Je ne les écoutai pas. »

De ce moment le Coadjuteur jette le masque, fait des dispositions militaires, donne
des ordres. Le lendemain de ce jour, le peuple

poursuit le Chancelier qui marchait au Palais avec toute la pompe de la magistrature. Poussé de tous côtés, il se sauve à peine dans l'hôtel d'O, près le pont Saint-Michel. Le peuple rompt les portes, entre avec fureur, et s'amuse, de bonne fortune pour le chancelier, à piller, au lieu de le chercher. « Tout le » monde, sans exception, prit les armes. On » voyait les enfans de cinq et six ans le poignard » à la main : on voyait les mères qui les leur » apportaient elles-mêmes. Il y eut dans Paris » plus de deux cents barricades en moins de » deux heures (13), bordées de drapeaux et de » toutes les armes que la ligue avait laissées » entières. Comme je fus obligé de sortir un » moment, je vis une lance traînée plutôt que » portée, par un petit garçon de huit ans : elle » était assurément de l'ancienne guerre des » Anglais. Mais je vis encore quelque chose de » plus curieux. M. *de Brissac* me fit remar- » quer un hausse-col, sur lequel la figure du » jacobin qui tua *Henri III* était gravée. Il » était de vermeil doré, avec cette inscription : » *Saint Jacques Clément.* Je fis une répri- » mande à l'officier qui le portait, et je fis » rompre le hausse-col publiquement à coups » de marteaux sur l'enclume d'un maréchal.

____

(13) Plusieurs auteurs rapportent que ce jour il y en eut 1265.

» Tout le monde cria *vive le roi ;* mais l'écho
» répondait, *point de Mazarin.* »

Le Parlement s'assembla , rendit un arrêt
pour redemander les prisonniers. Le premier
président, *Molé ,* parla avec fermeté à la Reine
qui ne *craignant rien parce qu'elle connaissait peu ,* s'emporta et le renvoya avec un refus
à peu près formel. Le premier président forcé
de rétrograder à cause des barricades , et parce
qu'on avait voulu le tuer, revint au Palais-Royal ,
conservant la dignité de la magistrature et dans
ses paroles et dans ses démarches. « Cet homme,
» dit le Coadjuteur, avait une sorte d'éloquence
» qui lui était particulière. Il ne connaissait
» point d'interjections ; il n'était pas congru
» dans sa langue ; mais il parlait avec une
» force qui suppléait à tout cela , et il était
» naturellement si hardi , qu'il ne parlait jamais
» si bien que dans le péril. Il se passa lui-même
» dans cette occasion , et il est constant qu'il
» toucha tout le monde , à la réserve de la
» reine qui demeurait inflexible. Monsieur ,
» les princesses, *Mazarin ,* l'ayant conjurée et
» pressée , on en tira enfin , avec beaucoup de
» peine , ces mots : *Eh bien , messieurs du
» Parlement , voyez donc ce qu'il est à propos
» de faire.* On s'assemble dans la grande ga-
» lerie , l'on délibère , et l'on donna arrêt par
» lequel il fut ordonné que la reine serait

» remerciée de la liberté accordée aux prison-
» niers. On ne voulut point quitter les armes
» que *Broussel* n'eût reparu. Il revint le len-
» demain, ou plutôt il fut porté à sa place
» avec des acclamations incroyables ; l'on rom-
» pit les barricades, on ouvrit les boutiques,
» et en moins de deux heures, Paris fut plus
» tranquille que je ne l'ai jamais vu le Vendredi-
» Saint. »

La reine envoya chercher le Coadjuteur le
lendemain au matin, le traita avec bonté, le
cajola, le pria d'aller chez *Mazarin*. « Celui-
» ci, dit *de Retz*, m'embrassa avec des ten-
» dresses que je ne puis exprimer. Il n'y avait
» que moi en France qui fût homme de bien ;
» tous les autres n'étaient que des flatteurs in-
» fâmes. Il me déclara qu'il ne voulait rien faire
» que par mes avis. Il me communiqua les
» dépêches étrangères : enfin il me dit tant de
» fadaises, que le bon-homme *Broussel*, qu'il
» avait aussi mandé, et qui était entré dans sa
» chambre un peu après moi, éclata de rire en
» sortant, tout simple qu'il était, même en
» vérité, jusqu'à l'innocence, et qu'il me coula
» ces paroles dans l'oreille : *Ce n'est là qu'un*
» *pantalon.* »

Le Parlement, sous divers prétextes, continua de s'assembler, quoique le tems des vacations fût arrivé. La reine emmena le roi à

Ruel. On proposa dans le Parlement de remettre en vigueur l'arrêt de 1617, rendu à l'occasion du maréchal *d'Ancre*, et par lequel il était défendu aux étrangers de s'immiscer dans le gouvernement du royaume. La cour fit défense de délibérer sur cet arrêt, ce qui produisit l'effet de toutes les défenses, l'envie bien prononcée de passer outre. Le Parlement remit donc l'arrêt sur le tapis, et le nom de *Mazarin* fut prononcé avec des qualifications injurieuses.

Le prince *de Condé*, couvert des lauriers de Lens, était à Paris. Détestant le ministre il s'abouchait avec le Coadjuteur et paraissait prêt à se prononcer lorsque la précipitation du Parlement le fit changer.

« Le *Mazarin* ne saït ce qu'il fait, dit-il, à
» M. *de Retz*, et il perdrait l'Etat si on n'y
» prenait garde. Le Parlement va trop vîte,
» vous me l'aviez bien dit, et je le vois. Il se
» précipite, et si je me précipitais avec lui, j'y
» ferais peut-être mieux mes affaires que lui ;
» mais je m'appelle *Louis de Bourbon*, et je
» ne veux pas ébranler la couronne. Ces diables
» de bonnets carrés sont-ils enragés de m'en-
» gager ou à faire demain la guerre civile, ou
» à les étrangler eux-mêmes et à mettre sur
» leurs têtes et sur la mienne un gredin de
» Sicile (*Mazarin*) qui nous perdra tous à la
» fin ? »

Une ancienne et sage ordonnance de nos rois, obligeait à ne laisser personne en prison plus de vingt-quatre heures sans l'interroger. Le Parlement en demande l'exécution relativement à un de ses partisans qu'on venait de mettre en prison. La reine est obligée de l'accorder. Ces contestations ne faisaient que brouiller davantage la Cour et le Parlement. Ce dernier obtint encore, par une déclaration qu'il dicta et qui parut sous le nom du roi, le rétablissement des anciennes ordonnances, après quoi il promit de ne plus s'assembler. Le lendemain du jour où cette déclaration fut publiée et enregistrée (le 24 octobre 1648), le Parlement prit ses vacations, et la reine, bientôt après, ramena le roi dans Paris. La paix ne fut que momentanée. *Mazarin* n'exécuta qu'une partie de la déclaration. Le Parlement s'assembla de nouveau. Ses délibérations furent orageuses, et le 6 janvier 1649, la reine fit sortir de Paris, à 4 heures du matin, le roi et toute la cour.

Le Coadjuteur obligé d'opter entre la Cour et le Parlement, ne pouvant abandonner la ville dont il était archevêque, se déclare pour le dernier, et prend la résolution d'attaquer personnellement *Mazarin*.

Le 8 janvier 1649, parut ce fameux arrêt par lequel *Mazarin* fut déclaré ennemi du roi et de l'État, perturbateur du repos public, et il fut enjoint à tous les sujets du roi de lui courir sus.

Le parlement donne des ordres pour lever quatre mille chevaux et dix mille hommes de pied ; rend un arrêt par lequel il est défendu aux troupes d'approcher à 20 lieues de Paris, et nomme des généraux. Le masque est jeté et la révolte organisée. La Bastille se rendit après avoir essuyé, pour la forme, cinq ou six coups de canon. Ce fut, dit le Coadjuteur, un assez plaisant spectacle de voir les femmes à ce fameux siége, porter leurs chaises dans le jardin de l'Arsenal, où était la batterie, comme elles les portent au sermon.

Paris enfante en huit jours, et sans douleur, une armée complète. Le prince *de Conti,* les ducs *d'Elbeuf, de Bouillon, de Longueville* et *de Beaufort* qui venait de se sauver de Vincennes, étaient à la tête du parti. Le premier est déclaré généralissime par le Parlement.

Le Coadjuteur se lia avec *Beaufort,* que sa prison n'avait pas rendu plus sage. « Mon » union avec ce prince, dit le premier, était » nécessaire, parce que ma profession pouvant » m'embarrasser en mille rencontres, j'avais » besoin d'un homme que je pusse, dans les » conjonctures, mettre devant moi. Je ne » pouvais répondre du maréchal *de la Mothe.*

» M. *de Bouillon* n'était pas un sujet à être gou-
» verné. Il me fallait un fantôme ; mais il ne me
» fallait qu'un fantôme , et par bonheur pour
» moi il se trouva que le fantôme était petit-
» fils d'*Henri-le-Grand* , qu'il parlait comme
» on parle aux halles , ce qui n'est pas ordi-
» naire aux enfans de *Henri-le-Grand* , et qu'il
» eut de grands cheveux bien longs et bien
» blonds. Vous ne pouvez vous imaginer le
» poids de ces circonstances , ni concevoir l'effet
» qu'elles firent dans le peuple. »

Le Parlement rendit un arrêt par lequel il
ordonnait que tous les deniers royaux seraient
saisis et employés à la défense commune.

Nous n'entrerons pas dans les détails de cette
guerre civile. Le siége de Paris commença le
9 de janvier 1649 , et fut levé le 1er avril.
Pendant ces trois mois le Parlement s'assembla
réguliérement tous les jours et ne traita que de
matières légères et frivoles : ce qui fait observer
au Coadjuteur *que les compagnies établies
pour le repos, ne peuvent jamais être propres
au mouvement.*

Nous avons cru devoir ne pas interrompre
ce qui a rapport à la Fronde. Mais c'est ici le
lieu de remarquer que le Coadjuteur n'en fut
pas *l'auteur* comme l'ont dit quelques écrivains , et qu'il n'y parut comme un des principaux acteurs que lorsque la reine , au lieu de

reconnaître le service qu'il lui avait rendu, l'accusa d'avoir fait naître ces troubles, et se permit sur le Coadjuteur des plaisanteries mordantes et déplacées. Notre observation est appuyée par le témoignage d'un historien (14) que nous allons transcrire. Il ajoutera d'ailleurs quelques particularités au récit qu'on vient de lire.

« *François-Paul de Gondi* (dit l'auteur des
» *Mémoires secrets de la cour de France*),
» Coadjuteur de Paris, ayant appris l'enlève-
» ment du sieur *Broussel*, le jugea fait très-mal
» à propos. Voulant apaiser le tumulte, ce
» prélat monta sur le champ en carrosse, en
» rochet et en camail, ainsi qu'il se trouvait au
» retour de Notre-Dame. Mais un embarras
» qu'il rencontra au Marché-Neuf l'obligea de
» mettre pied à terre et d'aller à pied. En pas-
» sant sur le quai des Orfèvres, il monta sur
» une pierre et harangua le peuple, pour lui
» faire connaître la faute qu'il faisait de se sou-
» lever contre son souverain. Il poursuivit en-
» suite son chemin. Vis-à-vis Saint-Germain-
» l'Auxerrois, il monta dans un carrosse du
» duc *d'Orléans*, qui était vide, et se fit mener

---

(14) *Mémoires secrets de la Cour de France, contenant les intri-gues du cabinet pendant la minorité de Louis XIV.* 3 vol. in-12. Amsterdam, 1733. Le passage cité se trouve à la page 99 et suiv. du 1ᵉʳ volume.

» fort vîte au Palais-Royal, afin de n'y point
» donner de soupçon en y paraissant avec la
» foule qui l'avait suivi. Arrivé dans la chambre
» de la reine, il fit des représentations à cette
» princesse et lui offrit ses services. La reine
» les accepta et lui ordonna de sortir avec le
» maréchal *de la Meilleraye* pour apaiser le
» tumulte et faire retirer le peuple. Ce maré-
» chal sortit du Palais-Royal à la tête des che-
» vau - légers, et le maréchal de *l'Hôpital*
» s'avança pareillement à la tête de beaucoup
» de noblesse à cheval. Le Coadjuteur voulut
» obliger le maréchal *de la Meilleraye* à venir
» avec lui sans ses cavaliers, pour tâcher d'a-
» paiser le peuple par la douceur. Mais celui-ci
» ne l'ayant pas voulu croire, il fut d'un autre
» côté où il adoucit un peu les esprits, et en
» exhortant chacun à la tranquillité, il parvint
» où le maréchal *de la Meilleraye* était assez
» embarrassé avec ses chevau - légers, contre
» lesquels le peuple lançait des pierres et des
» pavés. Le Coadjuteur arrêta le peuple par sa
» présence et ses paroles, donna moyen au
» maréchal de se retirer au Palais-Royal, et
» rétablit les choses dans un état assez tran-
» quille. Le Coadjuteur ayant été le soir rendre
» compte à la reine de ce qu'il avait fait, sut
» que ses services avaient été tournés en ridi-
» cule dans le cercle de la reine ; qu'il y avait

» été traité de prêtre crotté , à cause qu'ayant
» tant fait de chemin à pied , il y avait de la
» boue à ses habits et à ses bas ; et que le sieur
» *Bautru* avait dit qu'à la voix d'un si bon pas-
» teur , les brebis de Paris ne devaient plus
» bêler , mais se tenir en repos. La reine même
» lui dit qu'il allât se reposer. Le cardinal
» *Mazarin* , quand le Coadjuteur fut parti ,
» rabaissa tout ce qu'il avait fait et voulut per-
» suader à la reine que c'était lui qui avait
» excité le tumulte , et qu'il s'était mêlé avec
» le peuple pour l'animer. Le Coadjuteur se
» voyant si mal récompensé de ses peines , et
» considérant le péril qu'il avait couru d'être
» assommé , ne voulut point , le lendemain ,
» quoique la reine l'y invitât , aller encore
» apaiser le peuple. Ne pouvant souffrir qu'après
» ce qu'il avait fait et les dangers auxquels il
» s'était exposé , on l'eût accusé d'avoir excité
» le tumulte , il résolut de ne point animer le
» peuple à une nouvelle sédition , pour ne
» point s'attaquer à la reine à qui il avait l'obli-
» gation de sa coadjutorerie ; mais aussi de se
» venger du cardinal *Mazarin* , et de faire son
» possible pour le faire éloigner du ministère ,
» à quoi il commença dès-lors à travailler sour-
» dement. *Mazarin* voulant l'apaiser , lui en-
» voya le maréchal *de la Meilleraye* avec un
» présent de 30 mille écus et la promesse de

» lui en donner encore bientôt 80 mille. La
» reine lui offrit aussi une pension de 20 mille
» livres ; mais il refusa toutes ses offres , sous
» prétexte de l'épuisement où étaient alors les
» finances du roi. »

En voilà assez pour mettre le lecteur en état
de juger le Cardinal *de Retz*.

L'hésitation du Parlement , la division qui
régnait entre ses membres , la contradiction
qui parut plus d'une fois dans la conduite de ce
corps , les fausses mesures prises par les principaux chefs de la Fronde , la différence de
leurs avis , causèrent souvent au Coadjuteur
un grand embarras, qui s'augmentait encore
par les tentatives que chaque parti faisait pour
engager le prince de *Condé* qui , dans le fond
du cœur, n'aimait pas les conspirations, quoique les circonstances le forçassent à y prendre
part. Il sortit de Paris sans s'être prononcé et
se rendit à Saint-Maur.

« Aussitôt qu'il y fut, il n'y eut pas un homme
» dans son parti qui ne pensât à l'accommoder
» avec la Cour, et c'est ce qui arrive toujours
» dans les affaires où le chef est connu pour ne
» pas aimer la faction.

» M. *de Bouillon ,* qui n'était nullement con-
» tent de M. le Prince et qui ne l'était pas
» davantage de la Cour, n'aida pas à fixer les
» résolutions , parce que la difficulté de s'as-

» surer des uns et des autres , brouillait à midi
» les vues qu'il avait prises à dix heures , ou
» pour la rupture ou pour l'accommodement.
» M. *de Turenne* , qui n'était pas plus satisfait
» ni des uns ni des autres que M. son frère ,
» n'était pas , à beaucoup près , si décisif dans
» les affaires que dans la guerre. M. *de Ne-*
» *mours* , amoureux de madame *de Châtillon* ,
» trouvait , dans les craintes de s'en éloigner ,
» des obstacles au mouvement que la vivacité
« de son âge , plutôt que celle de son honneur,
» lui pouvait donner pour l'action. *Chavigni* ,
» qui était rentré dans le cabinet , son unique
» élément , et qui y était rentré par le moyen
» de M. le Prince , ne pouvait souffrir qu'il
» l'abandonnât. *Viole* , qui dépendait de *Cha-*
» *vigny* , joignait aux sentimens toujours in-
» certains de son ami , sa propre timidité qui
» était très-grande , et son avidité qui n'était
» pas moindre. *Croissi* , qui avait l'esprit natu-
» rellement violent , était suspendu entre l'ex-
» trémité à laquelle son inclination le portait ,
» et la modération , dont les mesures qu'il
» avait toujours gardées très - soigneusement
» avec M. *de Châteauneuf* , l'obligeaient de
» conserver au moins les apparences. Madame
» *de Longueville* voulait , en des momens ,
» l'accommodement, parce que *la Rochefou-*
» *cault* le désirait ; en d'autres elle voulait la

» rupture , parce qu'elle l'éloignait de M. son
» mari qu'elle n'avait jamais aimé , mais qu'elle
» commençait à craindre depuis quelque tems.
» Cette constitution des esprits, auxquels M. le
» Prince avait à faire , eût embarrassé *Sertorius*.
» Jugez quel effet elle pouvait faire dans celui
» d'un prince du sang , couvert de lauriers in-
» nocens , et qui ne regardait la qualité de chef
» de parti que comme un malheur, et même un
» malheur bien au-dessous de lui ! Une de ses
» grandes peines , à ce qu'il m'a dit depuis, fut
» de se défendre des défiances qui sont natu-
» relles et infinies dans les commencemens des
» affaires , encore plus que dans leurs progrès
» et dans leurs suites. Comme rien n'y est en-
» core formé , et que tout y est vague , l'ima-
» gination qui n'y a point de bornes , se prend
» et s'étend même à tout ce qui est possible. Le
» chef est par avance responsable de tout ce
» qu'on soupçonne lui pouvoir tomber dans
» l'esprit. »

Avant que la Fronde fût totalement finie , le
Coadjuteur se réconcilia avec la reine qui étant
brouillée avec le prince *de Condé* qu'elle craignait , voulut se servir du Cardinal pour l'opposer à cet ennemi. Il eut plusieurs entrevues
avec la reine par le moyen de la fameuse Palatine qui va nous fournir les résultats.

« Le Coadjuteur remplit exactement ses pro-

» messes envers la reine. Il anima la grande
» fronde contre M. le Prince , et répandit des
» écrits , dont une partie était son ouvrage ,
» pour décrier sa conduite , en dévoiler les
» principes , en faire sentir les conséquences.
» Le parti qu'il avait dans le Parlement s'éveilla,
» et dans peu il fut en état de balancer celui de
» M. le Prince. Il sortit alors de sa retraite et
» se montra en état de guerre contre M. le
» Prince. Le parlement se trouva un jour in-
» vesti par des gens dévoués au Coadjuteur. Il
» était maître des postes : des armes étaient
» rassemblées dans divers endroits du Palais ;
» et ces préparatifs d'hostilités établis , les mots
» de ralliement donnés , le Coadjuteur se pré-
» sente au Palais. Vous figurez-vous , au milieu
» de cette soumission de tous les ordres où
» vous êtes accoutumé de vivre , ce Cardinal
» que vous voyez si simple dans ses manières,
» recherché seulement de quelques amis distin-
» gués dont la société fait les délices ; pouvez-
» vous vous le figurer à la tête d'une multitude
» de gens armés , dans ce palais où tout respire
» à présent l'ordre , la décence et la paix , don-
» nant des ordres d'attaque et de défense comme
» dans un camp ? M. le Prince se rendit au Pa-
» lais , accompagné de plus de gens de qualité,
» mais d'une suite moins nombreuse peut-être.
» Le vainqueur de Rocroy , de Lens , se trouve

» en tête , dans un lieu où il n'avait pas l'avan-
» tage des postes, de l'archevêque de Paris. Il y
» eut du trouble, il devait y avoir du carnage ;
» et la reine , à qui d'instant en instant on ve-
» nait rendre compte de l'état des choses, dit :
» *S'ils allaient être tués tous deux !* C'eût été
» effectivement un beau jour pour elle. »

Terminons l'article de la Fronde par montrer les fautes que commirent les principaux personnages de ce tems , au nombre desquels est le Cardinal. Voici le tableau qu'en fait le rédacteur des *Mémoires de la Palatine.*

« Il n'est aucun des principaux personnages
» qui ait su mettre à profit les momens décisifs.
» Aucun d'eux n'a connu ses forces ; et ni Mon-
» sieur, ni M. le Prince, n'ont jamais su préci-
» sément ce qu'ils voulaient. Il m'est facile de
» vous convaincre de cette vérité par un tableau
» en raccourci des fautes de chacun des acteurs
» qui ont rempli la scène. M. le Prince aurait
» pu aspirer à la régence ; c'était le seul objet
» digne de son ambition , et il n'en a jamais eu
» l'idée. Il a exposé sa liberté , sa vie , et la for-
» tune de sa maison pour le plaisir de ne pas se
» contraindre et par l'appât des plus faibles
» avantages. Il s'est séparé de la Cour vers la-
» quelle son penchant l'attirait, et il a fait la
» guerre civile à laquelle il répugnait par prin-
» cipe. *Monsieur* détestait le cardinal *Mazarin,*

» et il a pu dix fois le faire arrêter au Luxem-
» bourg, le livrer au Parlement, ou l'envoyer
» en Italie. Un moyen si simple n'est jamais
» venu dans son esprit. Il s'est brouillé avec
» M. le Prince. Il a pu le faire arrêter chez lui,
» on lui en a donné le conseil, et il n'a pas osé.
» Il n'a eu qu'un pas à faire pour être régent, et
» n'en a pas eu la velléité. Le cardinal *de Retz*
» a pu s'opposer à la rentrée du roi à Paris, et
» il l'a précipitée contre l'avis de tous ses amis
» et contre ses intérêts. Enfin la reine, avec
» tout le poids de l'autorité, environnée de tout
» l'éclat du trône, avec des trésors à répandre
» pour diviser les partis et gagner les chefs,
» avec des armées à ses ordres, s'est laissé
» réduire à fuir de sa capitale. *César* est le
» plus grand-homme dont puisse se vanter
» l'humanité, parce qu'il est peut-être le seul
» qui ait su remplir tout son mérite (15). »

Lorsque les troubles furent pacifiés, la Cour proposa au cardinal *de Retz*, qu'elle craignait toujours, de se charger d'une mission importante en Italie, le Coadjuteur refusa. Alors on se détermina à le faire arrêter.

Ecoutons-le lui-même rendre compte de sa prison :

.... « J'allai au Louvre le 19 décembre

---

(15) C'est en 1783 que M. *de Senac* tenait ce langage.

» 1652, et je fus arrêté dans l'antichambre de
» M. *de Villequier*, capitaine des gardes de
» quartier, qui me mena dans un appartement
» où les officiers de bouche m'apportèrent à
» dîner. On trouva très-mauvais à la Cour que
» j'eusse mangé, tant la lâcheté des courtisans
» est extrême. Je ne trouvai pas bon que l'on
» m'eût fait retourner mes poches, comme on
» fait aux coupeurs de bourse. M. *de Ville-*
» *quier* eut ordre de faire cette cérémonie qui
» n'était pas ordinaire. On n'y trouva qu'une
» lettre du roi d'Angleterre, qui me chargeait
» de tenter, du côté de Rome, si l'on ne pour-
» rait pas lui donner quelque assistance d'ar-
» gent. Ce nom de lettre du roi d'Angleterre,
» se répandit dans la basse-cour. Il fut relevé
» par un homme de qualité, au nom duquel
» je me crois obligé de faire grâce, à la consi-
» dération de l'un de ses frères qui est de mes
» amis. Il crut faire sa cour de le gloser d'une
» manière qui fut odieuse. Il sema le bruit que
» cette lettre était du Protecteur (16) : quelle

---

(16) Le lord *Clarendon*, dans son *Histoire des Guerres civiles
d'Angleterre*, rend compte du contenu de cette lettre. Elle était
relative à un projet du cardinal *de Retz*, qui voulait que le roi
d'Angleterre fit, pour remonter sur son trône, quelques tentatives du côté de l'Italie. Voyez *The history of the rebellion and
civil wars in England*, tom. III, p. 511. On y lit ces mots : *The
cardinal de Retz had always expressed great civilities, towards the
King, and a desir to serve him.* Cette lettre est curieuse par les
moyens proposés au roi. Mais comme elle est relative à un objet
étranger à ce qui nous occupe, nous ne la transcrivons pas.

» bassesse ! On me fit passer, sur les 3 heures,
» toute la grande galerie du Louvre, et l'on
» me fit descendre par le pavillon de Madame.
» Je trouvai un carrosse du roi dans lequel
» M. *de Villequier* monta avec moi , et cinq
» ou six officiers des gardes-du-corps. Le car-
» rosse fit douze ou quinze pas du côté de la
» ville ; mais il retourna tout d'un coup à la
» porte de la Conférence. Il était escorté par
» M. le maréchal *d'Albert*, à la tête des gen-
» darmes ; par M. *de la Vauguyon*, à la tête
» des chevau-légers ; et par M. *de Vennes*,
» lieutenant-colonel du régiment des gardes ,
» qui y commandait huit compagnies. Comme
» on voulait gagner la porte Saint-Antoine, il
» y en avait deux ou trois autres devant les-
» quelles il fallait passer. Il y avait à chacune
» un bataillon de Suisses , qui avaient les pi-
» ques baissées vers la ville. Voilà bien des pré-
» cautions , et des précautions bien inutiles.
» Rien ne branla dans la ville.... J'arrivai à
» Vincennes entre huit et neuf heures du soir.
» On me mena dans une grande chambre où il
« n'y avait ni tapisserie ni lit. Celui que l'on y
» apporta, sur les onze heures du soir, était
» de taffetas de la chine, peu propre pour un
» ameublement d'hiver. Je dormis très-bien ;
» ce que l'on ne doit pas attribuer à la fer-
» meté, parce que le malheur fait naturelle-

» ment cet effet en moi. J'ai éprouvé, en plus
» d'une occasion, qu'il m'éveille le jour et qu'il
» m'assoupit la nuit. Ce n'est pas force d'es-
» prit, et je l'ai connu après que je me suis
» bien examiné moi - même ; parce que j'ai
» senti que ce sommeil ne vient que de l'abat-
» tement où je suis dans les momens où la ré-
» flexion que je fais sur ce qui me chagrine,
» n'est pas divertie par les efforts que je fais
» pour m'en garantir.

» Je fus obligé de me lever le lendemain,
» sans feu, parce qu'il n'y avait point de bois
» pour en faire, et les trois exempts que l'on
» avait mis auprès de moi eurent la bonté de
» m'assurer que je n'en manquerais pas le len-
» demain. Celui qui demeura seul à ma garde,
» le prit pour lui, et je fus quinze jours, à
» Noël, dans une chambre grande comme une
» église, sans me chauffer. Cet exempt s'ap-
» pelait *Croisat*, il était gascon. Je ne crois
» pas qu'on eût pu trouver sous le ciel un autre
» homme fait commé celui-là. Il me vola mon
» linge, mes habits, mes souliers, et j'étais
» quelquefois obligé de demeurer huit ou dix
» jours dans le lit, faute d'avoir de quoi m'ha-
» biller. Je ne crus point que l'on me pût faire
» un traitement pareil sans un ordre supérieur
» et sans un dessein formé de me faire mourir
» de chagrin. Je m'armai contre ce dessein,

» et je me résolus au moins de ne point mourir
» de cette sorte de mort. Je me divertis au com-
» mencement à faire la vie de mon exempt,
» qui, sans exagération, était aussi fripon
» que *Lazarille de Tormes* et que *Buscon.*
» Enfin je l'accoutumai à ne me plus tourmen-
» ter à force de lui faire connaître que je ne me
» tourmentais de rien. Je ne lui témoignai
» jamais aucun chagrin ; je ne me plaignis de
» quoi que ce soit, et je ne lui laissai pas seu-
» lement voir que je m'aperçusse de ce qu'il
» disait pour me fâcher, quoiqu'il ne proférât
» pas un mot qui ne fût à cette intention. Il fit
» travailler à un petit jardin de deux ou trois
» toises, qui était dans la cour du Donjon ; et
» comme je lui demandais ce qu'il en prétendait
» faire, il me répondit que son dessein était
» d'y planter des asperges. Vous remarquerez
» qu'elles ne viennent qu'au bout de trois ans.
» Voilà une de ses plus grandes honnêtetés. Il
» en avait tous les jours une vingtaine de cette
» force. Je les avalais toutes avec douceur, et
» cette douceur l'effarouchait, parce qu'il disait
» que je me moquais de lui.

» Je m'occupai fort à l'étude dans tout le
» cours de ma prison à Vincennes (17), qui

____

(17) Voici ce qu'on lit dans *Guy-Patin*, lettre 71 à M. *Spon* :
« Le cardinal *de Retz* a cherché un médecin qui se voulût en-
» fermer avec lui. Enfin il a trouvé M. *Vacherot*, qui a con-

» dura quinze mois, et au point que les jours
» ne me suffisaient point, et que j'y employais
» même les nuits. Je fis une étude particulière
» de la langue latine, qui me fit connaître que
» l'on ne peut jamais trop s'y appliquer ; parce
» que c'est une étude qui comprend toutes les
» autres. Je travaillai sur la grecque et sur la
» neuvième Décade de *Tite-Live*, que j'avais
» fort aimée autrefois, et à laquelle je retrouvai
» encore un nouveau charme. Je composai, à
» l'imitation de *Boëce*, une *Consolation de*
» *Théologie*, par laquelle je prouvai que tout
» homme qui est prisonnier, doit essayer d'être
» le *vinctus in Christo* dont parle Saint Paul.
» Je ramassai dans une manière de *Sylva*,
» beaucoup de matières différentes, et entre
» autres une application à l'usage de l'église de
» Paris, de ce qui était contenu dans le livre
» des actes de celle de Milan, et j'intitulai cet
» ouvrage : *Partus Vincennarum*. Mon exempt-
» n'oubliait rien pour troubler la tranquillité
» de mes études, et pour tenter de me donner
» du chagrin. Il me dit un jour que le roi lui
» avait commandé de me faire prendre l'air et

» senti, moyennant 4000 liv. par an. Ce cardinal ne perdra pas
» tout son argent. M. *Vacherot* est savant, d'un riche entretien
» et de bonne compagnie. Il boit assez volontiers, emplit
» aussi son capuchon, et par après il dit merveille. » Ce *Vacherot* fut ensuite enfermé à Rennes pour avoir aidé le Cardinal
à sortir de Nantes.

» de me mener sur le haut du Donjon. Comme
» il crut que j'y avais du divertissement , il
» m'annonça , avec une joie qui paraissait dans
» ses yeux, qu'il avait reçu un contre-ordre. Je
» lui répondis qu'il était venu tout à propos ,
» parce que l'air qui était trop vif au-dessus du
» Donjon , m'avait fait mal à la tête. Quatre
» jours après il me proposa de descendre au
» Jeu-de-Paume, pour y voir jouer mes gardes.
» Je le priai de m'en dispenser, parce qu'il me
» semblait que l'air y devait être trop subtil ;
» mais il m'y força en me disant que le roi ,
» qui avait plus de soin de ma santé que je ne
» croyais, lui avait commandé de me faire
» faire exercice. Il me pria ensuite de l'excuser
» de ce qu'il ne m'y faisait plus descendre ,
» *pour quelques considérations ,* ajouta-t-il ,
» *que je ne puis vous dire.* A la vérité je m'é-
» tais mis au-dessus de toutes ces chicanes qui
» ne me touchaient point dans le fond et pour
» lesquelles je n'avais que du mépris. Mais
» j'avoue que je n'avais pas la même supériorité
» d'ame pour la substance de la prison , si l'on
» peut se servir de ce terme : et la vue de me
» trouver tous les matins , en me réveillant,
» entre les mains de mes ennemis, me faisait
» sentir que je n'étais rien moins que stoïque.
» Ame qui vive ne s'aperçut de mon chagrin ;
» mais il fut extrême par cette unique raison.

» C'est un effet de l'orgueil humain, et je me
» souviens que je me disais vingt fois le jour à
» moi-même, que la prison d'Etat était la plus
» sensible de toutes, sans exception. »

De Vincennes, le cardinal *de Retz* fut transféré à Nantes, d'où il se sauva. Voici les particularités de son évasion.

« J'allais me promener sur une manière de
» ravelin qui donnait sur la rivière, laquelle
» ne battait pas contre la muraille, et laissait
» un petit espace de terre jusqu'au bastion.
» J'avais aussi remarqué qu'entre le jardin qui
» était sur ce bastion et la terrasse sur laquelle
» mes gardes demeuraient quand je me prome-
» nais, il y avait une porte que *Chalucet* y
» avait fait mettre pour empêcher les gardes
» d'y aller. Je formai sur ces observations mon
» dessein, qui fut de tirer, sans faire semblant
» de rien, cette porte après moi. Comme elle
» était à jour, elle empêchait les gardes, non
» de me voir, mais de pouvoir venir jusqu'à
» moi. Je devais me faire descendre par une
» corde que mon médecin et l'abbé *Rousseau*
» tiendraient. Ils devaient faire trouver des
» chevaux au bas du ravelin, pour moi et pour
» quatre gentilshommes. Ce projet était d'une
» exécution très - difficile ; il était extraordi-
» naire, et tout ce qui l'est ne paraît possible
» qu'après l'exécution, à ceux qui ne sont

» capables que de l'ordinaire (je l'ai observé
» cent et cent fois , et le fameux chancelier *de*
» *Zénobie* l'a observé avant moi)... Je suis
» persuadé que presque tout ce qui s'est entre-
» pris de grand est de cette espèce. Je le suis
» de plus qu'il est souvent nécessaire de le ha-
» sarder : mais je le suis encore qu'il était judi-
» cieux dans l'occasion dont il s'agit , parce
» que le pis du pis était de faire une action d'un
» grand éclat.

   » Je me sauvai un samedi 8 Août 1653 , à
» 5 heures du soir. La porte du petit jardin se
» ferma après moi presque naturellement : je
» descendis très-heureusement la corde entre
» les jambes , au bas du bastion qui avait qua-
» rante pieds de haut. Un valet de chambre
» amusa mes gardes en les faisant boire. Ils
» s'amusèrent eux-mêmes à regarder un jacobin
» qui se baignait , et qui , de plus , se noyait.
» Le sentinelle qui était à vingt pas de moi
» n'osa me tirer ; parce que , lorsque je le vis
» compasser la mèche , je lui criai que je le
» ferais pendre s'il tirait. Il avoua ensuite qu'il
» crut , sur cette menace , que le maréchal était
» de concert avec moi. Deux petits pages qui
» se baignaient et qui me voyant suspendu à la
» corde , crièrent que je me sauvais , ne furent
» pas écoutés , parce que tout le monde s'ima-
» ginait qu'ils appelaient au secours du jacobin

» qui se noyait. Mes quatre gentilshommes
» se trouvèrent à point nommé au bas du rave-
» lin , où ils avaient fait semblant de faire
» abreuver leurs chevaux. Je fus à cheval moi-
» même avant qu'il y eût eu seulement la
» moindre alarme , et comme j'avais quarante
» relais posés entre Nantes et Paris , je serais
» arrivé infailliblement le mardi , à la pointe
» du jour , sans un accident que je puis dire
» avoir été le fatal et le décisif du reste de ma
» vie.

» Aussitôt que je fus à cheval je pris la route
» de Mauve , où M. *de Brissac* et le chevalier
» *de Sévigné* devaient m'attendre avec un ba-
» teau , pour passer la rivière. *Laralde* , écuyer
» de M. le duc *de Brissac* , qui marchait de-
» vant moi , me dit qu'il fallait galopper d'abord
» pour ne pas donner le tems aux gardes du
» maréchal de fermer la porte d'une petite rue
» du faubourg où était leur quartier , et par
» laquelle il fallait nécessairement passer. J'a-
» vais un des meilleurs chevaux du monde ; il
» avait coûté mille écus à M. *de Brissac*. Je
» ne lui abandonnai pas toutefois la main ,
» parce que le pavé était mauvais et très-glis-
» sant. Mais un de mes gentilshommes , nommé
» *Boisguérin* , ayant crié de mettre le pistolet
» à la main (parce qu'il voyait deux gardes du
» maréchal qui ne songeaient pourtant pas à

» nous), je l'y mis effectivement en le pré-
» sentant à la tête de celui de ces gardes qui
» était le plus près de moi, pour l'empêcher
» de se saisir de la bride de mon cheval. Le
» soleil, qui était encore haut, donna dans la
» platine ; la réverbération fit peur à mon che-
» val, il fit un grand sursaut et retomba des
» quatre pieds. J'en fus quitte pour l'épaule
» gauche qui se rompit contre la borne d'une
» porte. Un autre de mes gentilshommes,
» nommé *Beauchène*, me releva et me remit
» à cheval, et quoique je souffrisse des douleurs
» effroyables et que je fusse obligé de me tirer
» les cheveux de tems en tems pour m'empê-
» cher de m'évanouir, j'achevai ma course de
» cinq lieues avant que le grand-maître, qui
» me suivait à toute bride avec tous les cou-
» reurs de Nantes, m'eût pu joindre. Je trouvai
» au lieu indiqué M. *de Brissac* et le chevalier
» *de Sévigné*, avec le bateau. Je m'évanouis
» en y entrant. On me fit revenir en me jetant
» un verre d'eau sur le visage. Je voulus re-
» monter à cheval quand nous eûmes passé la
» rivière ; mais les forces me manquèrent, et
» M. *de Brissac* fut obligé de me faire mettre
» dans une grosse meule de foin, où il me laissa
» avec un de mes gentilshommes qui me tenait
» entre ses bras. Il tira droit à Beaupréau, à
» dessein d'y assembler la noblesse pour me

» venir tirer de ma meule de foin. J'y demeurai
» caché plus de sept heures avec une incom-
» modité que je ne puis vous exprimer. J'avais
» l'épaule rompue et démise ; j'y avais une con-
» tusion terrible. La fièvre me prit sur les neuf
» heures du soir, et l'altération qu'elle me don-
» nait était encore cruellement augmentée par
» la chaleur du foin nouveau. Quoique je fusse
» sur le bord de la rivière, je n'osais boire,
» parce que si nous fussions sortis de la meule,
» *Montet* et moi, nous n'eussions eu personne
« pour raccommoder le foin qui eût paru remué.
» ce qui eût donné lieu à ceux qui me suivaient
» d'y fouiller. Nous n'entendions que des cava-
» liers qui passaient à droite et à gauche. L'in-
» commodité de la soif est incroyable et incon-
» cevable à ceux qui ne l'ont pas éprouvée.
» M. *de la Poise Saint-Offange*, homme de
» qualité, du pays, que M. *de Brissac* avait
» averti, en passant chez lui, vint, sur les deux
» heures après minuit, me prendre dans cette
» meule, quand il eut remarqué qu'il n'y avait
» plus de cavaliers aux environs. Il me mit sur
» une civière à fumier, et il me fit porter par
» deux paysans dans la grange d'une maison
» qui était à lui, à une lieue de là. Il m'y en-
» sevelit encore dans le foin ; mais comme j'y
» avais de quoi boire, je m'y trouvai mieux. »
On mena le Cardinal à Beaupréau, de là il

se rendit, avec une nombreuse escorte, à Machecoul, d'où il s'embarqua pour Belle-Isle. Quelque tems après il passa sur une barque dans le Guipuscoa. Après plusieurs aventures il arriva à Rome.

Avant de finir la vie du Coadjuteur, nous allons rapporter, sans suivre l'ordre chronologique, quelques traits qui donneront une idée de son caractère.

La *Rochefoucault*, auteur des Maximes, était du parti opposé au Coadjuteur, à qui en toutes rencontres il témoigna beaucoup de malveillance. Un jour, au Parlement, *de Retz* courant quelque danger, *la Rochefoucault* qui le savait, et qui en était cause, cria à MM. *de Coligny* et *de Ricousse*, de le tuer. M. *de Champlatreux* repoussa avec vigueur M. *de la Rochefoucault*, quoique du même parti que lui, et lui fit honte de cette action (18).

« Je témoignai, dit le Coadjuteur, publi-
» quement ma reconnaissance à M. le premier
» Président, et j'ajoutai que M. *de la Roche-*
» *foucault* avait fait tout ce qu'il avait pu pour
» me faire assassiner. Il me répondit ces pro-

---

(18) M. *de la Rochefoucault* a tu ces circonstances dans ses Mémoires, ou les a fort adoucies ; mais *Joly*, dans les siens, raconte le fait comme le Cardinal, qu'il prend ordinairement à tâche de déprécier. Mad* *de Motteville* parle de cette altercation avec les mêmes circonstances que *de Retz*.

» pres termes : *Traître , je me soucie peu de*
» *ce que tu deviennes.* Je lui répartis ces pro-
» pres mots : *Tout beau , la franchise , mon*
» *ami* (nous lui avions donné ce sobriquet dans
» notre parti), *vous êtes un poltron* (je men-
» tais , car il est assurément fort brave), *et je*
» *suis un prêtre , le duel nous est défendu.* »

On voit que , dans le siècle de *Louis XIV,*
les gens qui ne s'aimaient pas , sans cesser de
s'estimer , se rendaient mutuellement la justice
qu'ils méritaient. L'aveu que fait le Coadjuteur
de la bravoure de *la Rochefoucault,* qu'il
traitait de poltron pour le piquer , et le portrait que nous offrirons de *Gondi,* par l'auteur
des Maximes , prouvent que la haine qu'ils
s'étaient vouée mutuellement ne les aveuglait
pas sur le mérite d'un ennemi.

« Quelques jours avant que le roi sortît de
» Paris , j'allai chez la reine d'Angleterre , que
» je trouvai dans la chambre de Mad^lle sa fille ,
» qui a été depuis Mad^me d'*Orléans.* Elle me
» dit d'abord : *Vous voyez , je viens tenir*
» *compagnie à* Henriette. *La pauvre enfant*
» *n'a pu se lever aujourd'hui , faute de feu.*
» Le vrai était qu'il y avait six mois que *Mazarin*
» n'avait fait payer la reine de sa pension ; que
» les marchands ne lui voulaient plus rien
» fournir et qu'il n'y avait pas un morceau de
» bois dans la maison. Vous me faites bien la

» justice d'être persuadée que Madame d'An-
» gleterre ne demeura pas le lendemain au lit ;
» faute d'un fagot. J'exagérai au parlement la
» honte de cet abandon, et il envoya 40 mille
» livres à la reine d'Angleterre. La postérité
» aura peine à croire qu'une reine d'Angleterre,
» fille de *Henri-le-Grand*, ait manqué d'un
» fagot pour se lever, au mois de janvier,
» dans le Louvre et sous les yeux de la cour
» de France.

» Le roi d'Angleterre qui venait de perdre
» une bataille, arriva à Paris, accompagné de
» mylord *Taff*, qui lui servait de grand-cham-
» bellan, de valet-de-chambre, d'écuyer de
» cuisine et de chef de gobelet. L'équipage
» était digne de la cour, et il n'avait pas changé
» de chemise depuis l'Angleterre. Mylord *Jer-
» myn* lui en donna une des siennes. La reine
» sa mère, n'avait pas assez d'argent pour lui
» donner de quoi en acheter le lendemain.
» Monsieur l'alla voir ; mais il ne fut pas en
» mon pouvoir de l'obliger à offrir un sol au
» roi son neveu, *parce que*, disait-il, *peu
» n'est pas digne de lui, et beaucoup m'en-
» gagerait à trop dans la suite.* Je ne pus
» donc faire donner au roi d'Angleterre mille
» pistoles, et j'en eus honte pour lui et pour
» moi. J'en empruntai quinze cents à M. *de
» Morangis*, et je les portai à mylord *Taff*,

» pour le roi son maître. Il ne tint qu'à moi
» d'en être remboursé en monnaie même de
» son pays. »

Vaire, confident de *Cromwel*, fit, de la
part de cet usurpateur, des propositions très-
avantageuses au Coadjuteur, qui les refusa et
se conduisit en bon français et en honnête
homme.

Les mécontens voulant profiter des offres
que faisaient les Espagnols de marcher à leur
secours, s'adressèrent au Coadjuteur; ses amis
le pressèrent jusqu'à l'importunité. En examinant toutes leurs propositions, il en vit les résultats, et si l'ambition de *Gondi* eût été aussi
excessive qu'on l'a prétendu, elle aurait eu lieu
d'être satisfaite ; s'il eût respiré la vengeance ,
l'occasion de l'exercer était belle ; enfin , s'il
eût été aussi méchant que l'ont assuré quelques
personnes, il aurait adopté sans hésiter ce qu'on
lui proposait. Le plan était conçu de manière
à réussir : il l'examina.

« Je voyais , dit-il, le peuple de Paris aussi
» disposé à faire entrer l'archiduc qu'il eût pu
» l'être à recevoir M. le duc *d'Orléans*. Je
» voyais que ce prince, avec son chapelet tou-
» jours à la main, et *Fuensaldagne* avec son
» argent, y auraient en huit jours un grand
» pouvoir : que toutes les dispositions nous
» conduisaient à une sédition populaire qui

» étranglerait le Parlement , mettrait les Espa-
» gnols dans le Louvre , et renverserait peut-
» être l'Etat. Je voyais que le crédit que j'avais
» chez le peuple , et par M. *de Beaufort* et par
» moi-même , me donnerait le triste et funeste
» honneur de ces exploits. Il me vint une pen-
» sée , qui fut de contribuer sous-main en tout
» ce qui serait en moi , à la paix , pour assurer
» l'Etat qui me paraissait sur le penchant de sa
» ruine, et de m'y opposer en apparence , pour
» me maintenir avec le Peuple, et pour de-
» meurer toujours à la tête d'un parti non-
» armé , que je pourrais armer et ne pas armer
» dans la suite , selon les occasions. » Cette
résolution à laquelle le Coadjuteur s'arrêta, en
expliquant sa conduite que tant de gens ont
défavorablement interprétée, justifie au moins
ses intentions.

« D. *Antonio Pimentel* , agent d'Espagne,
» m'offrit cent mille écus, qu'il me présenta
» en trois lettres de change. J'en témoignai ma
» reconnaissance : je n'éloignai point du tout
» les vues de l'avenir , mais je refusai pour le
» présent , en disant à D. *Antonio* que je me
» croirais absolument indigne de la protection
» du roi Catholique , si je recevais ces gratifi-
» cations ; que j'étais né français , et attaché
» encore plus qu'un autre , par ma dignité , à
» la capitale du royaume ; que mon malheur

» m'avait porté à me brouiller avec le premier
» ministre de mon roi ; mais que mon ressen-
» timent ne me porterait jamais à chercher de
» l'appui parmi les ennemis, que lorsque la né-
» cessité de la défense naturelle m'y obligerait...
» *Fuensaldagne* dit que ma réponse était celle
» d'un homme qui se croyait assez de force,
» qui n'était point âpre à l'argent, et qui, avec
» le tems, en pourrait recevoir. Il m'envoya
» un petit billet de l'archiduc, qui me mandait
» qu'il marcherait, sur un mot de ma main,
» *con todas las fuercas del Rei el Señor.* »

La reine qui ne traitait le Coadjuteur avec
quelque bienveillance que lorsqu'elle avait
besoin de lui, entreprit, avec les secrétaires
d'Etat, de le faire mettre sur la sellette. On
n'oublia rien de ce qui pouvait inspirer du respect pour l'attaque et affaiblir la défense. On
lut au Parlement une accusation signée des
secrétaires d'Etat. Au lieu d'y répondre, le
Coadjuteur voulut réveiller par quelque passage court, mais curieux et relatif à la circonstance où il se trouvait, l'imagination des
auditeurs. Comme sa mémoire ne lui fournissait rien dans l'antiquité qui eût rapport à son
dessein, il composa un passage d'un latin le
plus pur et le plus approchant des anciens. Il
se leva et dit : « Si le respect que j'ai pour la
» compagnie ne me fermait la bouche, je ne

» pourrais m'empêcher de me plaindre , de ce
» qu'elle n'a pas relevé l'indignité de cette pa-
» perasse qu'on vient de lire , et à laquelle je
» ne répondrai que par le passage d'un ancien ,
» qui me vient dans l'esprit : *in difficillimis*
» *reipublicœ temporibus urbem non deserui ,*
» *in prosperis nihil de publico delibavi , in*
» *desperatis nihil timui* (19). » On chercha
long-tems et inutilement ce passage dans *Ci-*
céron. Cette citation et l'application que se
faisait le Coadjuteur , fit changer d'objet à la
délibération.

Le Coadjuteur montra souvent de l'intrépidité. Nous ne citerons que ce trait.

... « Comme je n'avais pas encore reçu le
» chapeau que les cardinaux français ne pren-
» nent que de la main du roi , à qui le courier
» du pape est dépêché à cet effet , je ne pou-
» vais plus marcher qu'incognito , selon les
» règles du cérémonial. Lorsque j'allais au
» Luxembourg , c'était toujours dans un car-
» rosse gris et sans livrée , et je montais même
» dans le cabinet des livres par le petit degré
» qui répond dans la galerie , afin d'éviter le
» grand escalier et le grand appartement. Un
» jour que j'y étais avec *Monsieur, Bruneau* y

____

(19) « Dans les tems critiques, je n'ai point abandonné la ville ;
» dans les tems favorables , je n'ai pas eu d'intérêt particulier
» en vue ; et dans les tems désespérés, je n'ai rien craint. »

» entra tout effaré pour m'avertir qu'il y avait
» dans la cour une assemblée de deux ou trois
» cents criailleurs, qui disaient que je trahissais
» *Monsieur* et qu'ils me tueraient.

» *Monsieur* me parut consterné à cette nou-
» velle. Je le remarquai, et l'exemple du ma-
» réchal *de Clermont*, assommé entre les bras
» du dauphin qui, tout au plus, ne pouvait pas
» avoir eu plus de peur que j'en voyais à *Mon-
» sieur*, me revenant dans l'esprit, je pris le
» parti que je crus le plus sûr, quoiqu'il parût
» plus hasardeux ; parce que je ne doutai point
» que la moindre apparence que S. A. R. lais-
» serait échapper à la frayeur, ne me fît assas-
» siner. Je lui dis que je le suppliais de me lais-
» ser faire, et qu'il verrait dans peu quel mépris
» on devait faire de ces canailles achetées à prix
» d'argent. Il m'offrit ses gardes ; mais d'une
» manière à me faire juger que je lui faisais fort
» bien ma cour de ne les pas accepter. Je des-
» cendis, quoique M. le maréchal *d'Estampes*
» se fût jeté à genoux devant moi, pour m'en
» empêcher. Je descendis, dis-je, avec *Châ-
» teau-Renaut* et *d'Hacqueville*, qui étaient
» seuls avec moi, et j'allai droit à ces séditieux,
» en leur demandant qui était leur chef? Un
» gueux d'entre eux, qui avait une vieille plume
» jaune à son chapeau, me répondit insolem-
» ment : *C'est moi.* Je me tournai du côté de

» la rue de Tournon , en disant : *gardes de la*
» *porte , que l'on me pende ce coquin à ces*
» *grilles.* Il me fit une profonde révérence :
» il me dit qu'il n'avait pas cru manquer au
» respect qu'il me devait ; qu'il était venu seu-
» lement , avec ses camarades , pour me dire
» que le bruit courait que je voulais mener
» *Monsieur* à la cour et le raccommoder avec
» le *Mazarin* : qu'ils ne le croyaient pas ; qu'ils
» étaient mes serviteurs et prêts à mourir pour
» mon service , pourvu que je leur promisse
» d'être toujours bon frondeur. Ils m'offrirent
» de m'accompagner, mais je n'avais pas besoin
» de cette escorte. »

Voici la manière dont il se conduisit envers
ceux qui avaient voulu l'enlever pendant la
nuit , et qui firent plusieurs tentatives que le
hasard fit échouer.

» M. *Talon ,* qui est présentement secrétaire
» du cabinet , entra un matin dans ma cham-
» bre. Après s'être nommé , car je ne le con-
» naissais seulement pas de visage , il me dit
» que bien qu'il ne fût pas dans mes intérêts ,
» il ne pouvait pas s'empêcher de m'avertir du
» péril où j'étais ; que l'horreur qu'il avait pour
» les mauvaises actions et le respect qu'il avait
» pour ma personne , l'obligeaient à me dire
» que *Gourville* et *la Roche-Corbon ,* domes-
» tiques de M. *de la Rochefoucault ,* avaient

» failli m'assassiner la veille, sur le quai qui est
» vis-à-vis du Pont-Bourbon. Je remerciai
« M. *Talon*; mais l'habitude que j'avais à rece-
» voir des avis de cette nature, fit que je n'y
» donnai pas toute la réflexion que je devais,
» et que je ne laissai pas d'aller le lendemain
» chez Mme *de Pommereux*. M. *Talon* revint
» chez moi le lendemain matin, et après qu'il
» m'eut témoigné l'étonnement du peu d'atten-
» tion que j'avais fait sur son premier avis, il
» ajouta que ces messieurs m'avaient encore
» manqué d'un quart-d'heure la veille, auprès
» des Blancs-Manteaux, sur les neuf heures du
» soir. C'était justement l'heure où j'étais sorti
» de chez Mme *de Pommereux*. Ce second avis,
» qui me parut plus particularisé que l'autre,
» me tira de mon assoupissement. Je me tins
» sur mes gardes ; je marchai en état de n'être
» pas surpris. Je m'informai par M. *Talon*
» même, de tout le détail. Je fis arrêter et
» interroger *la Roche-Corbon*, qui déposa
» devant le lieutenant-criminel que M. *de la*
» *Rochefoucault* lui avait commandé de m'en-
» lever et de me mener à Damvilliers... Vous
» croyez aisément qu'il ne m'eût pas été diffi-
» cile, après un aveu de cette nature, de le
» faire rouer. Il eût peut-être confessé quelque
» chose de plus que l'enlèvement. Le comte
» *de Pas*, frère de M. *de Feuquières*, vint me

» conjurer de lui donner la vie et je la lui accor-
» dai. J'obligeai *Monsieur* de commander au
» lieutenant-criminel de cesser la procédure ;
» et comme il me disait qu'il la fallait au moins
» pousser jusqu'à la question pour en tirer la
» vérité toute entière, je lui répondis, en pré-
» sence de tout ce qui était dans le cabinet du
» Luxembourg : *Il est si beau, si honnête et*
» *si extraordinaire, à des gens qui font une*
» *entreprise de cette nature, de hasarder de*
» *la manquer et de se perdre eux-mêmes par*
» *une action aussi difficile qu'est celle d'en-*
» *lever un homme qui ne va pas la nuit sans*
» *être accompagné, et de le conduire à* 60
» *lieues hors du royaume : il est si beau,* dis-
» *je, de hasarder cela plutôt que de se ré-*
» *soudre à l'assassiner, qu'il vaut mieux, à*
» *mon sens, ne pas pénétrer plus avant, de*
» *peur que nous ne trouvions quelque chose*
» *qui dépare une générosité qui honore notre*
» *siècle.* Tout le monde se prit à rire.... Quel-
» ques jours après je courus un autre danger
» que je n'évitai que parce que Mad^me *de Rodes*
» étant dans mon carrosse, je pris, pour reve-
» nir, un autre chemin que celui où l'on m'at-
» tendait. Ces deux événemens m'ont fait pen-
» ser que les hommes ne sont pas les maîtres
» de la vie des hommes. »

Ce récit est continué dans les Mémoires de

Gourville (20), qui rend compte des particularités de ses tentatives. Il nous a semblé que le
parallèle en serait curieux.

» Ayant vu à Paris des personnes à qui je
» pouvais me confier, j'appris que M. le Coad-
» juteur allait tous les soirs à l'hôtel de *Che-*
» *vreuse* (21), dans la rue St-Thomas du Louvre,
» d'où il ne sortait point avant minuit. L'ayant
» fait observer, on me rapporta qu'il s'en re-
» tournait toujours par le guichet et le long du
» quai. A mesure que mes gens arrivaient d'An-

---

(20) *Jean Hérault*, sieur de *Gourville*, naquit à la Rochefoucault en 1625. Il commença par être domestique, puis confident
de l'auteur des Maximes. Il plut au prince de *Condé* et au surintendant *Fouquet*. On croit que c'est pour lui que *Boileau* fit
cette épitaphe :

Ci gît, justement regretté,
Un savant homme sans science,
Un gentilhomme sans naissance,
Un très-bon homme sans bonté.

Il parlait bien quoiqu'il ne sût pas grand' chose, et caressait
tout le monde sans aimer personne. *Ses Mémoires ont été publiés
par Mad^lle *de la Buss'ère.*

Voici le motif que donne *Gourville* du projet étrange d'enlever l'archevêque de Paris au milieu de sa capitale, p. 47, t. I.
« Après un entretien assez long avec M. *de Chavigny*, je me
» chargeai de dire à M. le Prince que M. le Coadjuteur de Paris,
» et depuis le cardinal *de Retz*, était si fort le maître de l'esprit
» de M. le duc d'Orléans, qui était la grande affaire, qu'à moins
» qu'on ne le fît enlever et conduire en lieu de sureté, il n'y
» avait aucune espérance de faire rien de bon avec *Monsieur;*
» qu'on pourrait le mener à Damvilliers. »

(21) Depuis appelé l'hôtel de Longueville, aujourd'hui l'hôtel
des Pages.

» goumois, je les logeais par petites troupes
» dans des cabarets... Je disposai toutes mes
» affaires pour l'exécution , je donnai par écrit
» à mes gens ce que chacun devait faire , et le
» soir de l'entreprise étant venu, j'en fis poster
» quinze ou seize (pour n'être pas découvert
» par les passans) dans un endroit où l'on des-
» cend sur le bord de la rivière et où quelque-
» fois on décharge des foins. Ceux-là étaient
» destinés , deux pour se saisir des laquais qui
» portaient les flambeaux et les éteindre ; deux
» pour arrêter les chevaux du carrosse ; deux
» pour monter sur le siége du cocher , et les
» autres pour empêcher les laquais de des-
» cendre. Moi je devais me présenter à la por-
» tière avec un bâton d'exempt , deux hommes
» à mes côtés , deux de l'autre portière , avec
» des armes , et j'aurais dit que j'arrêtais M. le
» Coadjuteur de la part du roi. Je l'aurais monté
» derrière un cavalier , ayant là un cheval prêt
» que mon valet tenait , et des chevaux à l'autre
» guichet pour monter quatre cavaliers que
» j'avais amenés de la Rochefoucault ; un cheval
» en main avec des bottes , pour faire monter
» M. le Coadjuteur quand je l'aurais jugé à pro-
» pos. Le cavalier que j'avais destiné pour con-
» duire d'abord M. le Coadjuteur avec un bon
» coussinet que j'avais fait faire exprès et une
» sangle fort large et assez grande pour les em-

» brasser tous deux , était posté auprès des
» galeries du Louvre, avec un autre cavalier
» qui m'avait dit que les autres étaient au bout
» du Cours. Le tout étant disposé à 11 heures,
» et ayant été averti par l'un des deux hommes
» que j'avais mis à la suite du Coadjuteur, qu'il
» était entré dans l'hôtel de Chevreuse , je ne
» doutais plus du succès. Environ à minuit,
» on vint me dire qu'il venait de sortir quatre
» ou cinq carrosses de l'hôtel de Chevreuse ,
» mais qu'on n'avait point vu celui de M. le
» Coadjuteur , ce qui m'embarrassa un peu. Je
» pris le parti d'aller heurter à la porte de
» l'hôtel : le suisse , à moitié déshabillé , me
» dit que M. le Coadjuteur était sorti dans le
» carrosse de Mad^me *de Rhodes*, ce qui me
» surprit et fâcha beaucoup. Je renvoyai tout
» mon monde et me retirai fort décon-
» certé (22). »

---

(22) Le danger du Coadjuteur, dans cette circonstance, n'est pas le seul où il se soit trouvé. Il courut de bien plus grands risques. *Joly* raconte dans ses Mémoires que l'abbé *Fouquet* offrit à la reine de tuer le Coadjuteur. Au lieu de rejeter cette proposition , elle entra dans les détails sur l'impunité de ce crime, et sur la manière de l'ensevelir dans l'oubli. *Fouquet* l'assura qu'elle pouvait s'en reposer sur lui , qu'il se chargeait de le faire expédier de sorte que rien ne serait découvert , *après quoi il le ferait saler.* La reine eut horreur d'un pareil projet, et sans doute de la scélératesse et du sang-froid d'un homme qui s'exprimait avec une telle effronterie. Rien ne fut arrêté. Lorsque *de Retz* fut mis en prison, la duchesse *de Lesdiguières*,

Si l'entreprise eût réussi, cet enlévement hardi aurait eu des résultats sur la nature desquels on peut faire bien des conjectures. Il n'est pas probable qu'on eût voulu tuer le Coadjuteur. Comme il rendait au prince de *Condé*, ainsi que l'attestent ses mémoires, toute la justice que méritait ce grand Capitaine, dont le Cardinal se rapprocha par la suite, il est vraisemblable que leur réconciliation serait arrivée à cette époque. *De Retz* était déjà las des incertitudes éternelles de *Monsieur*. En se réunissant au prince de *Condé*, il eût été plus à craindre : sa prison n'eût pas eu lieu, etc. On pourrait pousser plus loin ces suppositions. Remarquons en passant combien les grands événemens dépendent de petites causes. Si le Coadjuteur se fût servi de sa voiture, l'entreprise eût eu le succès attendu par *Gourville*.

Après avoir montré les avantages qu'il y avait pour lui à se retirer hors de Paris et loin de la cour, vers la fin des troubles ; après avoir fait voir combien il était de son intérêt de prendre

---

imaginant que la reine et *Mazarin* en voulaient à sa vie, lui fit passer du contre-poison. *Villequier* remit la boîte à la régente. *Servien* fut d'avis d'en ôter l'antidote pour y mettre du poison. *Le Tellier* opina pour jeter le tout. *Anne d'Autriche* suivit cet avis, fort irritée, avec raison, contre Mad^me *de Lesdiguières*, qui l'avait prise pour une empoisonneuse.

(Voyez à la fin des Jugemens sur le cardinal *de Retz*, une note relative à ces faits.)

ce parti, il ne balança pas, dit-il, à ne pas le suivre.

« L'intérêt de mes amis, qui s'imaginaient
» que je trouverais, dans le chapitre des acci-
» dens, lieu de les servir et de les élever, me
» représenta d'abord qu'ils se plaindraient de
» moi si je prenais un parti qui me tirait d'af-
» faire et qui les y laissait. Je ne me suis jamais
» repenti d'avoir préféré leur considération à la
» mienne propre. Elle fut appuyée par mon
» orgueil, qui eût eu à souffrir que l'on eût cru
» que j'eusse quitté le pavé à M. le Prince. Je
» me reproche et confesse ce mouvement; il
» fut imprudent, il fut faible : car je maintiens
» qu'il y a autant de faiblesse que d'impru-
» dence à sacrifier ses grands et solides intérêts
» à des pointilles de gloire, qui est toujours
» fausse quand elle nous empêche de faire ce
» qui est plus grand que ce qu'elle nous pro-
» pose. Il faut reconnaître de bonne foi qu'il
» n'y a que l'expérience qui puisse apprendre
» aux hommes à ne pas préférer ce qui les
» pique dans le présent, à ce qui les doit tou-
» cher bien plus essentiellement dans l'avenir.»
Le Coadjuteur, lorsque les assemblées du Parlement devinrent tumultueuses, portait un poignard. « M. *de Brissac*, dit-il, m'en fit
» prendre un par force, un jour où il paraissait
» qu'on pourrait s'échauffer plus qu'à l'ordi-
» naire. De telles armes qui me convenaien

» peu, me causèrent un chagrin qui fut des
» plus sensibles. M. *de Beaufort*, qui était un
» peu lourd et étourdi de son naturel, voyant
» la garde du stylet dont le bout paraissait
» un peu hors de ma poche, le montra à *Ar-*
» *naud*, à *la Moussaye* et à *Des Roches*,
» capitaine des gardes de M. le Prince, en leur
» disant : *Voilà le bréviaire de M. le Coad-*
» *juteur*. J'entendis la raillerie, mais à dire
» vrai, je ne la soutins pas de bon cœur. »
Tous ceux qui ont écrit l'histoire de ce tems-là,
disent simplement que *de Retz* était armé d'un
poignard que les plaisans appelaient son Bréviaire. Il me semble qu'ils auraient dû rapporter le fait qui sert un peu de correctif.

« Mad^e *de Carignan* disait un jour devant
» la reine que j'étais fort laid, et c'était peut-
» être l'unique fois en sa vie où elle n'avait
» point menti (23) ; la reine lui répondit : *il a*

---

(23) Voici comment s'exprime, sur Madame *de Carignan*,
Mad^{lle} *de Montpensier*, dans ses Mémoires, tom. I, p. 156 : « Je
» voyais souvent Mad^e la princesse *de Carignan*, femme de M. le
» prince *Thomas de Savoie*. Elle est sœur de M. le comte *de*
» *Soissons*. Elle a de l'esprit, mais point de jugement, ce qui
» fait qu'elle parle beaucoup et dit peu de vérités. Cela va à un
» tel excès, qu'elle fait des contes au-delà du vraisemblable.
» Elle avait beaucoup d'amitié pour moi, ce qui empêchait
» qu'elle ne se fâchât quand je lui riais au nez de toutes les
» menteries qu'elle me disait. » Ce témoignage prouve la véracité du Cardinal, que Mad^{lle} *de Montpensier* n'aimait pas, et
dont elle parle souvent avec malveillance.

» *les dents fort belles, et un homme n'est* » *jamais laid avec cela.* » Ce propos fit imaginer à Mad^e *de Chevreuse* que le cardinal *de Retz,* en feignant de l'amour pour *Anne d'Autriche,* pourrait parvenir à supplanter *Mazarin. De Retz* s'y prêta ; il ne fut pas mal reçu, mais cette intrigue n'eut pas de suite, parce que Mad^{lle} *de Chevreuse* qui aimait le Coadjuteur, voulant le brouiller avec la reine, fit si bien que cette princesse apprit que *de Retz* l'avait traitée de *suissesse* et s'était moqué d'elle. Elle ne le lui a jamais pardonné.

La prison du Cardinal, sa fuite, son séjour en Italie et dans les Pays-Bas, occupent un espace de six ans, après lequel il se réconcilia avec la cour de France. Il était embarrassant de le placer dans la société. On n'avait point oublié le rôle qu'il avait joué. Son retour au milieu de la capitale, sa présence et le souvenir de ses malheurs causés par un homme pour lequel on n'avait ni estime, ni amour (*Mazarin*), eussent peut-être réveillé l'intérêt dont il avait jadis été l'objet, et que les fonctions épiscopales eussent accompagné d'une grande considération et d'un très-grand crédit. Alors *de Retz* devenait de nouveau un personnage très-dangereux. Sa démission faisait disparaître la plupart de ces inconvéniens ; aussi devint-elle la première des conditions de sa rentrée en

France. M. *de Sénac*, que nous avons cité plus d'une fois, a supposé que la Palatine s'était occupée de l'arrangement du Cardinal, et du rang qu'à son retour il tiendrait dans la société. Voici ce qu'il dit à ce sujet.

« En m'occupant (24) de l'arrangement du
» cardinal *de Retz* avec la Cour, j'ai poussé mes
» réflexions plus loin, et je me suis demandé
» quelle serait sa place dans le monde, après le
» rôle qu'il a joué. Dans les premiers jours
» qu'il se montrera à la cour, il fixera tous les
» regards ; on s'empressera sur ses pas, et il
» pourrait bien prendre la curiosité pour de
» l'intérêt et de la considération. Les courti-
» sans chercheront dans ses manières, sa fi-
» gure, ses expressions, la matière d'un ridi-
» cule ; et avec tout son esprit, il y prêtera
» peut-être. Six ans d'absence de la cour y
» rendent étranger, et l'on passe pour ridicule
» lorsqu'on ignore la mode et le jargon du
» moment. Quand la ville et la cour se seront
» rassasiées de la vue du Cardinal, qu'on aura
» épuisé le chapitre de son traitement, de sa
» réception, cité quelques traits de sa conver-
» sation ; que les femmes et les gens à la mode
» auront jeté quelque ridicule sur lui, il tom-
» bera dans l'oubli. Une cour jeune, galante ;

---

(24) *Mémoires d'Anne de Gonzagues*, pag. 251.

» occupée de bals et de comédies, s'embarras-
» sera peu d'un homme qui aura l'air d'un
» Romain ressuscité..... Notre ami a des dettes
» immenses, et je connais l'élévation de son
» ame ; il se fera un devoir et une gloire de
» payer ce qu'il doit, de rendre à des amis qui
» l'ont si généreusement secouru, des sommes
» dont ils se sont privés pour le faire subsister
» avec la dignité convenable. Tout bien exa-
» miné, il n'y a que trois partis à prendre.
» Le premier, d'obtenir de se retirer à Rome,
» où il emporterait sa gloire et sa réputation;
» mais à Rome un cardinal est un personnage
» si considérable qu'il ne lui est pas permis de
» vivre sans faste et sans une grande magnifi-
» cence extérieure : il faut donc renoncer à ce
» parti qui aurait eu beaucoup d'avantages. Le
» second, de se retirer à Commercy, d'y vivre
» dans la solitude. S'il pouvait adopter ce parti,
» il serait un jour le premier homme de son
» siècle aux yeux des grands du monde, de la
» cour, de la ville, des dévots, de l'Europe :
» ce serait un nouveau Saint Augustin, connu,
» comme lui, par ses égaremens, sa conver-
» sion et la sublimité de son génie. La vie
» simple qu'il aurait menée l'aurait mis à por-
» tée d'acquitter ses dettes. Voilà un beau rêve,
» m'allez-vous dire. Hélas ! je le sais : le pre-
» mier joli minois que trouvera sur ses pas

» notre nouveau Saint Augustin, détruira l'édi-
» fice de sa sainteté. Revenons à ce qu'il y a
» de plus simple : qu'il vive à Commercy d'a-
» bord, ensuite à Paris quand on lui permet-
» tra..... Je me fais un grand plaisir de songer
» que je causerai un jour dans le calme avec
» notre ami. Il a vécu mille ans dans dix ou
» douze années, par la multitude de sentimens
» qui se sont succédés, la vivacité des passions
» qui l'ont agité, l'importance et la variété des
» affaires qui l'ont occupé, des plaisirs qui l'ont
» enivré. Toutes ces diverses situations n'ont
» pas passé comme un tableau mouvant ; il a
» réfléchi à mesure qu'il sentait et qu'il agissait.
» Il s'est fait des maximes d'après l'expérience ;
» Il pourrait faire un code de morale utile aux
» rois, aux princes et aux hommes de toute
» condition. La démangeaison d'écrire serait
» bien placée dans le cardinal *de Retz*. »

Le Cardinal prit le parti de la retraite. Il avait
des dettes immenses. Pour parvenir à les payer,
il ne se réserva sur ses revenus considérables
qu'une pension. Il vécut à Commercy (25), puis

---

(25) « *Commercy*, ville du Barrois, avec titre de principauté,
» dans les états de Lorraine, diocèse de Toul. Le fameux cardinal
» *de Retz*, à qui cette seigneurie échut par succession de la
» maison *de Silly*, y a long-tems résidé, se trouvant à portée de
» son abbaye de Saint-Mihiel, du prieuré de Breuil (où de
» savans Bénédictins philosophaient avec lui), et de Ville-Issey

à Saint-Denis, d'où il faisait quelques voyages à Paris chez Mme *de Lesdiguières* sa nièce.

De Retz fut nommé par *Louis XIV* cardinal, au mois de Septembre 1651, et compris dans la création d'*Innocent X*, en 1652. Sa réclusion suivit de près cette faveur.

Lorsqu'il fut réconcilié avec la cour, *Louis XIV* lui dit : *M. le Cardinal, vous avez les cheveux blancs ! — Sire, répondit de Retz, on blanchit aisément lorsqu'on a le malheur d'être dans la disgrâce de votre majesté.*

De Retz se réconcilia pareillement avec le prince *de Condé*. Il fut voir ce héros dans sa retraite à Chantilly. *Condé* avait donné, dans un coin de son parc, à D. *Lopin*, un petit ermitage où ce religieux cultivait des fleurs. Feignant d'être occupés sérieusement, ils foulèrent aux pieds les fleurs, pour éprouver la patience du solitaire. Mais celui-ci, devinant à un sourire le complot formé contre lui, leur dit : « Eh ! Messeigneurs, c'est bien le tems » d'être d'accord contre un pauvre religieux !

» où il avait une maison de campagne, sur le bord de la rivière.
» C'est dans ces lieux agréables qu'il a composé *ses Mémoires*.
» *Charles IV*, duc de Lorraine, acheta de ce prélat la princi-
» pauté de Commercy, et la donna à sa fille *Anne de Lorraine*,
» en la mariant à *François-Marie de Lorraine*, prince de Lille-
» bonne. Le prince *de Vaudemont* et le roi *Stanislas* ont beau-
» coup embelli Commercy. »

(ROBERT DE HESSELN.)

» il fallait l'être autrefois pour le repos de la
» France et pour le vôtre. »

A son second voyage de Rome le Cardinal fit
assembler tous ses créanciers, voulut leur abandonner ses biens, leur demandant, sur ses revenus, de quoi subsister médiocrement. Tous
se récrièrent, refusèrent cette offre : quelques-
uns même le pressèrent d'accepter encore de
l'argent. Une dame le pria de prendre encore
cinquante mille écus ; et un pauvre chapelier,
qui était au nombre de ses créanciers, lui présenta trois chapeaux rouges, le priant de les
emporter à Rome. Ajoutons à ce trait singulier
que *de Retz* fit une pension à *Corbinelli* (voyez
l'extrait des lettres de Mme *de Sévigné*) ; que
Mmes *de Lesdiguières* et *de Pommereux* sacri-
fièrent leurs pierreries et leurs bijoux pour le
secourir pendant sa prison. Il eut le bonheur
de payer toutes ses dettes avant sa mort. Elles
montaient à plus de trois millions.

De Retz eut un grand nombre d'amis dis-
tingués. *Turenne* était du nombre, ainsi que
la marquise *de Sévigné* (26). La manière dont
elle s'explique sur son illustre ami, prouve
combien elle avait pour lui d'estime et de vé-

____

(26) Nous offrirons (§. III.) une lettre du cardinal *de Retz*
à Mad^e *de Sévigné*, et des extraits de plusieurs lettres de cette
femme célèbre. La dernière présente une question intéressante
relativement à la mort du Cardinal.

nération. Du reste la bonne foi exige que nous disions que la famille de *Sévigné* était alliée à celle de *Gondi*, que la marquise avait été frondeuse elle-même, et s'était égayée aux dépens de *Mazarin* : enfin que le chevalier *de Sévigné*, en 1649, pendant le siége de Paris, négociait avec la cour au nom du Coadjuteur, et qu'il se fit battre à la tête d'un régiment levé aux frais du prélat, sous le nom de *régiment de Corinthe*; mésaventure qui fut appelée *la Première aux Corinthiens*. Quoique ces observations soient de nature à affaiblir le témoignage de Mme *de Sévigné*, il ne faut pas oublier que le langage qu'elle tient est indépendant de ces circonstances, et que les lettres où il se trouve furent écrites long-tems après que les troubles eurent été pacifiés.

Le cardinal *de Retz* mourut à Paris, le 24 Août 1679, à 66 ans, chez sa nièce Mad^me *de Lesdiguières*, d'une fièvre qui ne dura que huit jours (27).

____

(27) Voyez ci-après, dans la note qui termine l'extrait des lettres de Mad^e *de Sévigné*, une remarque relative à sa mort.

On lui fit cette épitaphe : *Ille inquietus hic quiescit Gondius.* Mais il ne méritait plus, dès long-tems avant sa mort, l'épithète d'*inquietus*. Quelques personnes lui appliquent ce passage de Tacite : *Non tam præmiis periculorum quam ipsis periculis lœtus, pro certis et olim partis nova, ambigua, ancipitia mallebat.* La *Rochefoucault* et *Hénaut* ont commenté cette pensée dans leurs jugemens sur le Coadjuteur. *De Retz* fut enterré à Saint-Denis.

Voltaire et ceux qui l'ont copié, ont dit que le libertinage avait altéré la santé du Cardinal. *Voltaire* a parlé d'après *Joly*; et dans un autre endroit il dit qu'il faut se défier de ce que dit cet homme, devenu l'ennemi du Coadjuteur, après n'avoir vécu, pendant long-tems, que de ses bienfaits. Du reste nous ne justifierons point le Cardinal sur cet article.

Tous ceux qui ont parlé de ce personnage illustre conviennent que, sur la fin de sa vie, il fut doux, paisible, sans intrigue, d'un commerce aimable et sûr, recherché pour l'agrément de son esprit, et *l'amour de tous les honnêtes gens* de son tems. La plupart l'ont représenté sous des couleurs très-défavorables pendant les deux tiers de sa vie, et tous, sans exception, s'accordent à le combler d'éloges pour la conduite qu'il a tenue dans ses dernières années. La religion expliquerait ce changement : elle seule peut produire une pareille métamorphose. En apprenant que le Cardinal avait fini sa vie dans la retraite, on est tenté de croire qu'il s'était converti. Mais tout en le louant, on s'est bien gardé de le présenter comme un saint. En vérifiant les faits avec une scrupuleuse attention, on se convaincra que *de Retz*, sans aucun motif religieux, a vécu en sage sur la fin de sa carrière. Il s'est condamné à des sacrifices pénibles pour payer ses dettes.

La piété les eût rendu faciles ; mais sans elle le cœur de *Paul de Gondi* peut paraître une énigme. S'il était tel qu'on l'a représenté, il est difficile de croire qu'il ait fini comme il a fait. J'ai donc cru qu'on l'avait peint trop sévèrement.

Il est de toute justice de donner les pièces du procès. Elles sont répandues dans une infinité d'écrits, dont quelques-uns sont très-rares. Les recueillir, les comparer, les accompagner d'observations que nous soumettons au lecteur, tel est le travail que nous avons cru devoir faire. Nous avouons franchement que le résultat de ce travail a été de nous faire considérer le Cardinal sous un jour plus favorable. Si le lecteur ne pense pas comme nous, nous serons sans doute dans l'erreur. Quand nous n'aurions fait que fixer quelques momens de son loisir sur un personnage historique, sur une époque bizarre de nos annales ; quand le fruit de nos soins ne serait que de lui offrir un recueil de maximes et de pensées qui, pour la plupart, méritent son attention, il nous semble que nous aurions droit à quelque indulgence. Cette considération nous a encouragés.

§. III.

JUGEMENS

PORTÉS SUR LE CARDINAL DE RETZ.

Nous allons faire précéder les jugemens qu'on va lire, de quelques observations. Elles auront pour objet principal la manie des portraits et des parallèles. Un historien qui fait un portrait s'abandonne souvent à son imagination. Il ressemble au peintre qui, tâchant d'embellir son modèle, dédaigne les accessoires, supprime les défauts, ajoute ou retranche et corrige audacieusement la nature. L'historien néglige souvent les effets qui pourraient nuire à son tableau, mais qui seraient plus conformes à la vérité, qu'il sacrifie alors à l'harmonie de la phrase, au désir de briller et d'être plus éloquent. L'envie de faire des comparaisons a séduit beaucoup d'écrivains qui, en ne songeant qu'à l'expression, ont abandonné le vrai pour le brillant du discours, parce que ces comparaisons le faisaient paraître plus nourri, plus noble, plus élevé.

Il en est des portraits et des parallèles comme

des harangues qui (1) *déparent toujours une histoire, parce qu'elles sont toujours un mensonge, parce que l'auteur quitte le rôle de narrateur, pour faire celui d'un héros de théâtre ; parce que la plupart des lecteurs passent par-dessus pour aller au fait. Autant il faut conserver les mots qui échappent du cœur des grands-hommes et qui peignent leur caractère , autant il faut éviter tout ce qui sent le rhéteur.*

Nos maîtres (2) nous ont dit que la comparaison *rapprochait l'un de l'autre deux objets différens , mais analogues à quelques égards, pour fonder sur cette analogie une conclusion de l'un à l'autre , qui ne peut porter que sur ce qui est commun aux deux objets comparés.* Ils nous ont enseigné *qu'il devait y avoir un rapport convenable entre l'un et l'autre.* Ils ont recommandé de ne se *servir de la comparaison qu'avec la plus grande circonspection.* Ils ont prescrit *de la faire finir où finissent les rapports.* Ils ont averti que *l'essence de la comparaison était de circonscrire son objet.* Ils ont démontré que les *parallèles et les portraits , quoique goûtés , bles-*

---

(1) Paroles de M. *Gudin* , dans son *Supplément à la manière d'écrire l'histoire.*

(2) *Voltaire , Beauzée , Marmontel* , et l'abbé *de Besplas* , en parlant des Comparaisons , Similitudes et Parallèles.

saient presque toujours l'unité du sujet; parce que le jugement était souvent sacrifié au parallèle qu'on voulait établir; et l'objet chéri préféré à celui qui lui prêtait ses ombres. Enfin ils ont observé que les meilleurs historiens ayant développé tout un caractère dans l'action même, il était assez connu par cette action, et qu'il devenait inutile d'en résumer les traits.

Ces préceptes démontrent avec quelle réserve un écrivain doit employer les comparaisons, et même, s'il est permis de s'exprimer ainsi, combien il en faut être avare. On en a été très-prodigue envers le cardinal *de Retz.*

L'un compare cet homme célèbre à *César*; l'autre aux *Gracques*; un troisième à *Catilina*; un quatrième au comte *de Fiesque*; un cinquième à *Cromwel*; et comme ces personnages fameux n'ont point entre eux de ressemblance, on est fondé à croire que si *Paul de Gondi* avait quelques rapports avec l'un des cinq, ceux qui lui en ont trouvé avec les quatre autres se sont trompés. Certes, *César* bien supérieur à tous, n'a nul rapport avec les *Gracques,* avec *Catilina,* avec *de Fiesque* ou *Cromwel,* ni ce dernier avec les deux autres qui n'en eurent point entre eux.

Une courte énumération des projets, du but et des moyens de ces conjurés anciens ou modernes, montrera la différence qui existe entre eux, et fera voir en même tems que le Coadjuteur n'eut avec aucun des cinq, assez de rapport pour justifier une comparaison.

Les Gracques. Tiberius, l'aîné des deux frères, demanda, obtint, et fit mettre à exécution la loi agraire tombée en désuétude. Il fut massacré. Son frère (*Caïus*), en tendant au même but, éprouva le même sort, après avoir mis au grand jour l'ambition et les exactions du Sénat romain. Les efforts des deux frères furent en faveur d'une loi faite, il est vrai, par les sénateurs, mais dont ceux-ci ne voulaient plus, parce qu'elle les privait de leurs richesses (3). Il serait difficile de trouver un rapport entre ces deux tribuns et le cardinal *de Retz*.

Lucius Catilina assassina son frère, voulut égorger *Cicéron* qui lui avait été préféré pour le consulat, et tenta de détruire Rome par le fer et le feu. Mais l'orateur romain ayant découvert et dénoncé les projets de *Lucius*, celui-ci passa en Etrurie, se mit à la tête de quelques légions et se fit tuer. *Paul de Gondi* n'a point

---

(3) *Goldsmith*, dans son *Histoire romaine*, prétend que la révolte des *Gracques* devrait plutôt être qualifiée de *Sédition du Sénat contre les Gracques*, parce que la loi que ceux-ci voulaient faire revivre avait été faite par les Sénateurs. Mais cette distinction ne paraît pas juste. L'autorité, pour être tyrannique quelquefois, n'en est pas moins légitime.

voulu détruire Paris, et n'a jamais commandé de troupes.

César envia de bonne heure la célébrité d'*Alexandre*, que la sienne devait *au moins* égaler. Un génie sublime, un caractère plein de magnanimité, des conquêtes rapides, des victoires étonnantes, des triomphes successifs, des projets vastes, hardis, et toujours couronnés de succès, le menèrent à l'Empire du monde. S'il eut des vices, ses grandes qualités les firent oublier, et il n'eut point de défauts. Il joignit au génie, à la valeur, à l'activité, aux talens, une clémence qui aurait dû le faire chérir. S'il ne se fût pas rendu le maître de Rome, Rome eût dû se le donner pour maître (4). *César* est le plus grand homme qu'offre l'antiquité. Nous regrettons d'avoir été forcé, par les faiseurs de comparaisons, de le mettre en assez mauvaise compagnie : *César* est hors de ligne.

Louis de Fiesque, jaloux de la haute fortune et de la puissance d'*André Doria,* voulut secouer le joug qu'il supportait impatiemment. Il se ligua d'abord avec les Français ; mais un des conjurés lui ayant reproché qu'il aimait mieux livrer sa patrie à des étrangers que de

---

(4) *Rome*, à cette époque, n'avait plus que le nom de *République.* Il lui fallait un maître, et *César* valait mieux pour elle que tout autre.

la conquérir pour lui-même, il travailla à s'en rendre maître. Il se noya le jour même où ses projets allaient avoir le succès qu'il en attendait, et sa mort les fit avorter. S'il y a quelqu'analogie entre le comte *de Fiesque* et le Coadjuteur, ce n'est, tout au plus, que dans leur caractère, et non dans le but que chacun se proposa. Le premier conjura réellement contre l'autorité ; le second ne pouvait prétendre à cette autorité, sans être atteint de la plus haute folie, et *de Retz* n'était pas fou (5). Il voulut chasser *Mazarin*, c'est évident : lui succéder, c'est probable.

Cromwel mena d'abord une vie obscure et licencieuse. Voulant parvenir à l'épiscopat, il s'introduisit chez l'évêque de Lincoln ; mais il en fut bientôt chassé. Il s'attacha au parlement qu'il servit contre *Charles I :* se distingua : fut élevé à des grades supérieurs dans l'armée des rébelles ; fit prononcer la déchéance de son roi, mutiler ses statues, et condamner le prince à mort. Il prit le titre de *protecteur*, et chassant les membres du parlement, brisa l'instrument dont il s'était servi. Les Anglais chérissent sa mémoire : ils prétendent qu'il a couvert des qualités d'un grand roi tous les crimes

____

(5) Du moins *Joly* a oublié de le dire. C'est à peu près le seul *oubli* qu'il ait fait dans ses diatribes contre le Cardinal.

d'un usurpateur. Un écrivain (6) a osé comparer *Cromwel* à *César*, et ce parallèle est un des plus absurdes qu'on ait faits. La comparaison entre cet usurpateur et *de Retz*, qui refusa ses offres avec mépris (7), n'est pas mieux fondée.

En voilà assez pour faire voir que ces parallèles n'ont aucune justesse. Si nous avons rappelé au lecteur ce qu'il savait déjà, c'était pour lui remettre sous les yeux un tableau qui lui fît voir combien le Coadjuteur différait de ces hommes plus fameux que célèbres, et du héros illustre que nous sommes étonnés de voir au milieu d'eux.

Ajoutons qu'il faut de plus examiner les considérations secrètes que l'écrivain se déguise à lui-même, l'obligation où l'ont mis les circonstances, l'espèce de joug sous lequel il se trouve, les égards qu'il doit, le respect humain qui le guide, les motifs bons ou mauvais qui agissent sur lui (comme la reconnaissance, l'ingratitude ou l'esprit de parti), et mille

---

(6) *Robinet*, dans son *Dictionnaire des Sciences morales et politiques*. Il a trouvé entre *César* et *Cromwel* tant de rapports, qu'il a consacré plusieurs pages à un long parallèle, qui pour avoir été copié en partie dans le *Dictionnaire historique*, n'en a pas plus de justesse.

(7) *Cromwel* disait : *Il n'y a qu'un homme en Europe qui me méprise, c'est le cardinal* DE RETZ : celui-ci en avait le droit, ayant refusé les offres du Protecteur.

causes enfin de la circonspection qu'il s'impose ou de la liberté qu'il se donne.

Revenons au Coadjuteur. Nous offrons tous les jugemens portés sur cet homme célèbre. Il est aisé de voir, en les comparant, combien l'opinion que la postérité s'est formée de son caractère, a peu de fondemens. Tout en accordant à ses Mémoires les éloges qu'ils méritent, on le regarde, en général, comme un intrigant, grâces au président *Hénaut*, ou plutôt à M. *d'Argenson*, copié par le premier, qui, à son tour, l'a été par *Anquetil* et *Marmontel,* et par beaucoup d'écrivains obscurs que nous ne nommons pas parce que leur témoignage n'étant qu'une répétition, est fort indifférent, et que leur mérite est bien inférieur à celui de *Marmontel* et d'*Anquetil*.

Il est nécessaire d'établir une distinction dans ces jugemens, l'équité la réclame. Les uns sont des contemporains et les autres d'écrivains postérieurs. Ceux-ci n'ayant pas connu le Cardinal, n'ont pu le représenter que d'après les Mémoires des premiers, et le portrait qu'ils en ont fait est loin de ressembler à celui que retracent les écrivains qui fréquentèrent le Coadjuteur. Il est singulier que la postérité ait porté sur *Paul de Gondi,* un jugement plus défavorable que celui de ses contemporains. On verra quelle en est la cause. Il ne faut qu'un écrivain élégant pour transmettre, accréditer et consacrer une opinion injuste. Il ne faut qu'une seule phrase élégante dans un ouvrage lu de tout le monde, et malheureusement pour *de Retz*, l'écrivain a paru et la phrase a été écrite (8).

------

(8) Voyez ci-après l'article du président *Hénaut* et celui du marquis *d'Argenson*. On verra que le premier tenait son opinion du second, qui la tenait de sa grand'-mère. La vieille Mad^e *de Caumartin* dit à son petit-fils que le Coadjuteur était un intrigant sans motif et un brouillon. *D'Argenson* le redit au Président, et celui-ci en le répétant dans un ouvrage bien supérieur aux *Loisirs* du ministre, a consacré cette expression. — Les extraits qu'on va lire sont les *Pièces justificatives* sur lesquelles nous nous appuyons pour soutenir que le Cardinal a été mal jugé.

Contemporains du Coadjuteur.

GUY-PATIN.

Né en 1601, à Houdan, dans le Beauvoisis, *Guy-Patin* prit le bonnet de docteur à Paris en 1626, et mourut en 1672. Il affectait un costume singulier. Il était moins connu dans la capitale par son habileté dans son art, que par l'enjouement de sa conversation et la causticité de son caractère.

Il détestait le cardinal *Mazarin*, dont il ne prononçait jamais le nom sans y joindre quelqu'épithète odieuse. « Je ne puis être, dit-il, » lettre 22, et je ne serai jamais du parti de » *Mazarin*. J'ai pensé être frondeur aussi hardi » que pas un. »

Les lettres de *Guy-Patin* offrent une multitude de traits satiriques, et quand il parle de quelqu'un sans en dire du mal, on peut présumer qu'il en pensait du bien. Voici ce que dit sur le cardinal *de Retz,* ce docteur avare d'éloges.

« Le cardinal *de Retz* est malade d'une fièvre lente pour laquelle il ne bouge guères du lit. Il a *Vacherot* enfermé avec lui, qui ne le saurait si bien guérir comme ferait le cardinal *Mazarin* s'il le mettait en liberté. » (*Lettre datée du 21 octobre 1653.*)

« Un honnête homme m'a dit aujourd'hui que dans peu de tems nous aurons de bonnes nouvelles : quelques-uns croient que c'est qu'on parle du cardinal *de Retz*. Bien que le cardinal *Mazarin* se porte mieux, on ne laisse pas de songer qui serait celui qui pourra attraper sa place. On parle fort de quatre; savoir, de M. le marquis *de Villeroy*, M. *le Tellier*, M. *Fouquet*, et le sieur *Ondedei*, évêque de Fréjus (1). J'aimerais mieux le cardinal *de Retz* que tout cela ; mais je n'en serai pas cru, *neque res istæc mei futura est arbitrii*. Aussi les jésuites s'opposent-ils à ce dernier plus qu'à pas un, et s'il n'a un très-fort et très-puissant archange qui puisse renverser toute cette noire légion, je ne pense point qu'il y puisse parvenir. » (166o.)

« M. le cardinal *de Retz* a enfin fait son accord, et donné sa démission pure et simple au roi. On lui donne, pour son archevêché de Paris, l'abbaye de Saint-Denis, avec un autre de grand revenu. Voilà un homme qui a mal joué son rôle, et qui pour avoir déplu à la reine-mère, a perdu l'archevêché de Paris qui est, comme vous savez, un bon morceau. » (1662.)

(*Lettre* 352.) « On dit que M. le cardinal *de Retz* viendra ici bientôt, y voir le roi. Il partira pour Rome, où il va être notre ambassadeur. »

LA ROCHEFOUCAULT.

La Rochefoucault naquit en 16o3, et mourut en 168o. Mad^me *de Maintenon* dit qu'*il avait beaucoup d'esprit et peu de savoir, qu'il était*

---

(1) C'est sur cet évêque, nommé *Zongo Ondedei*, que M. *Gaumin*, doyen des Maîtres des Requêtes, fit ce jeu de mots :

Nunc commissa lupo pastoris ovilia cernis
Dedecus unde hominum, dedecus unde Dei.

intrigant, souple et prévoyant. La marquise *de Sévigné* lui était très-attachée, et l'aimait presqu'autant qu'elle chérissait *de Retz.* La liaison de cette femme avec deux des principaux personnages de son siècle, qui n'avaient l'un pour l'autre que de l'estime tout au plus, induit à croire que l'amour maternel absorbant, chez la marquise, tous les autres sentimens, l'exemptait de préjugés et de passions. *La Rochefoucault* gagne à être connu d'après les lettres où il est question de lui. Quoique très-brave, le duc prétendait que la bravoure personnelle était une folie. Il eût sáns doute été fâché qu'on l'eût cru sur parole, et ce n'est pas le seul paradoxe qu'il ait soutenu. Tout le monde connaît son triste livre des *Maximes,* sur le mérite duquel on s'accorde assez généralement, quoiqu'il n'ait pas été exempt de critique. D'après un passage des lettres de Mad^me *de Sévigné* (*lettre* 463), il ne paraît pas que M. *de la Rochefoucault,* dans sa liaison avec Mad^me *de Longueville* et d'autres femmes de la cour, puisse être soupçonné de galanterie. Voici ce qu'elle dit : « M. *de la Rochefoucault* » va revoir les lieux où il a chassé avec tant de » plaisir : je ne dis pas où il a été amoureux, » car je ne crois pas que ce qui s'appelle *amou-* » *reux,* il l'ait jamais été. »

On lit encore dans la lettre 224, ces mots, qui, avec ceux que nous venons de rapporter,

achèveront de faire connaître le duc et d'expliquer son livre. « Plusieurs de ceux qui pleurent
» M. *de Longueville*, ont voulu avoir des con-
» versations avec M. *de la Rochefoucault*,
» mais lui qui *craint d'être ridicule plus que*
» *toutes les choses du monde*, il les a fort bien
» envoyés se consoler ailleurs. »

On comprend comment un courtisan qui
redoutait le ridicule plus que tout au monde,
et qui ne fut jamais amoureux, a pu composer
le livre des *Maximes* (1).

Mad^me *de Sévigné*, en envoyant à sa fille le
portrait du Coadjuteur, fait par M. *de la Ro-*
chefoucault, dit (*tom.* III, *L.* 3o8, *pag.* 3o;
3 *juillet* 1675):

« Le portrait vient du duc *de la Rochefou-*
» *cault*, et ce qui me le fit trouver bon et le
» montrer au Cardinal, c'est qu'il n'a jamais
» été fait pour être vu. C'était un secret que
» j'ai forcé, par le goût que je trouvai à des
» louanges en absence, de la part d'un homme
» qui n'est ni intime ami, ni flatteur. Notre
» Cardinal trouve le même plaisir que moi à
» voir que c'était ainsi que la vérité forçait à

____

(1) *Huet*, qui connaissait l'auteur des *Maximes*, et le goût
de sa société, disait, à propos des antithèses et des jeux de mots
qu'emploie souvent le duc *de la Rochefoucault :* « Dans plusieurs
» articles, l'expression n'a pas été inventée par l'accusation,
» mais l'accusation a été inventée pour y faire entrer l'ex-
» pression. »

» parler de lui quand on ne l'aimait guères et
» qu'on croyait qu'il ne le saurait jamais. »
Nous sommes étonnés que Mad^me *de Sévigné*
montrât à son ami, ce portrait qui n'est pas
très-flatteur. M. *Grouvelle* remarque, à cette
occasion, que le Cardinal qui, à cette époque,
n'avait point encore écrit ses Mémoires, paraît
s'être ressouvenu de ce portrait quand il traça
le caractère de l'auteur des *Maximes*.

Quoi qu'il en soit, voici le portrait en question.

«*Paul de Gondi*, cardinal *de Retz*, a beaucoup d'élévation, d'étendue d'esprit, et plus d'ostentation que
de vrai courage (2). Il a une mémoire extraordinaire,
plus de force que de politesse dans ses paroles, l'humeur facile, de la docilité et de la faiblesse à souffrir
les plaintes et les reproches de ses amis; peu de piété,
quelque apparence de religion. Il paraît ambitieux
sans l'être; la vanité et ceux qui l'ont conduit, lui ont
fait entreprendre de grandes choses, presque toutes
opposées à sa profession. Il a suscité les plus grands
désordres de l'Etat, sans avoir un dessein formé de
s'en prévaloir; et bien loin de se déclarer ennemi du
cardinal *Mazarin* pour occuper sa place, il n'a pensé
qu'à lui paraître redoutable et à se flatter de la fausse
vanité de lui être opposé. Il a su néanmoins profiter
avec habileté des malheurs publics pour se faire cardinal. Il a souffert sa prison avec fermeté (3), et n'a
dû sa liberté qu'à sa hardiesse (4). La paresse l'a sou-

---

(2) (3) (4) Comment concilier tout cela? Il n'avait pas de
vrai courage; *il souffrit* cependant sa prison avec *fermeté*, et
ne dut sa *liberté qu'à sa hardiesse*.

tenu avec gloire durant plusieurs années, dans l'obscurité d'une vie errante et cachée. Il a conservé l'archevêché de Paris contre la puissance du cardinal
Mazarin. Mais après la mort de ce ministre, il s'en est
démis, sans connaître ce qu'il faisait, et sans prendre
cette conjoncture pour ménager les intérêts de ses
amis et les siens propres. Il est entré dans divers con-
claves, et sa conduite a toujours augmenté sa réputation. Sa pente naturelle est l'oisiveté. Il travaille
néanmoins avec activité dans les affaires qui le pressent, et il se repose avec nonchalance quand elles
sont finies. Il a une grande présence d'esprit, et il sait
tellement tourner à son avantage les occasions que la
fortune lui offre, qu'il semble qu'il les ait prévues et
desirées. Il aime à raconter : il veut éblouir indifféremment tous ceux qui l'écoutent, par des aventures
extraordinaires, et souvent son imagination lui fournit
plus que sa mémoire. Il est faux dans la plupart de ses
qualités (5), et ce qui a le plus contribué à sa réputation, est de savoir donner un beau jour à ses défauts.
Il est insensible à la haine et à l'amitié, quelques soins
qu'il ait pris de paraître occupé de l'une et de l'autre.
Il est incapable d'envie et d'avarice, soit par vertu,
soit par inapplication. Il a plus emprunté de ses amis
qu'un particulier ne pouvait espérer de pouvoir leur
rendre ; il a senti de la vanité à trouver tant de crédit
et à entreprendre de s'acquitter. Il n'a point de goût

---

(5) *Il est faux dans la plupart de ses qualités.* Cette incul-
pation détruit l'*élévation*, la *présence d'esprit*, la *fermeté* que
M. *de la Rochefoucault* a louée plus haut, ainsi que la *hardiesse*, etc. Ces contradictions, presque dans la même page,
prouvent que le *portrait* pour un historien, comme pour un
peintre, est souvent un écueil. Du reste ce portrait offre une
succession étonnante d'esprit et d'antithèses. *S'amuser à tout,
ne se plaire à rien*, etc.

ni de délicatesse. Il s'amuse à tout et ne se plaît à rien. Il évite avec adresse de laisser pénétrer qu'il n'a qu'une légère connaissance de toutes choses. La retraite qu'il vient de faire est la plus éclatante et la plus fausse action de sa vie. C'est un sacrifice qu'il fait à son orgueil sous prétexte de dévotion. Il quitte la cour où il ne peut s'attacher. Il s'éloigne du monde qui s'éloigne de lui. »

Voyons maintenant si M. *de la Rochefoucault*, auteur de ce portrait, s'accorde avec M. *de la Rochefoucault*, auteur des *Mémoires* qui portent son nom. Voici comme il s'exprime dans ses Mémoires, article *Guerre de Paris*.

« Le Coadjuteur qui jusqu'alors n'avait point paru sur le théâtre du monde et s'était renfermé dans l'étude de sa profession, fut offrir son service à la reine à qui il ne déguisa rien de ce qui se passait. Ses offres et ses avis furent également mal reçus. Il ne laissa pas d'employer la dignité de son caractère et ses persuasions pour calmer l'orage (6), et puis vint rendre compte de la sédition au Palais-Royal, où n'ayant pas reçu la satisfaction qu'il prétendait, il conçut du dépit contre le Cardinal, qui fut la cause ou le prétexte qu'il prit pour s'intéresser si avant dans le parti opposé à la Cour. »

Et plus bas on lit, année 1650.

« Le personnage en ce tems-là qui, par l'entremise de ses amis dans le parlement et ses émissaires dans le peuple, travaillait avec plus de fruit à former un parti, était le Coadjuteur de Paris. Cet homme ayant joint à plusieurs belles qualités naturelles et acquises, le dé-

---

(6) Donc il ne fut pas *l'auteur* des troubles.

faut que la corruption des esprits fait passer pour vertu, était entaché d'une ambition extrême, et d'un desir déréglé d'accroitre sa fortune et sa réputation par toutes sortes de voies, si bien que la fermeté de son courage et son puissant génie trouvèrent un triste et malheureux objet qui fut le trouble de l'Etat, etc. »

La Rochefoucault, dans le portrait de *Gondi*, dit qu'il *avait plus d'ostentation que de vrai courage, qu'il paraissait ambitieux sans l'étre*; et dans ses Mémoires, qu'il *était entaché d'une ambition extrême, que la fermeté de son courage*, etc.

Lequel croire du faiseur de portrait ou de l'auteur des Mémoires, et comment mettre *la Rochefoucault* d'accord avec lui-même ?

PATRU.

Olivier Patru, avocat au parlement et doyen de l'académie française, mourut le 16 janvier 1681, à 77 ans. Il avait été reçu à l'académie en 1640. Il fit un discours de réception qui fut tellement goûté, qu'on ordonna que désormais tous les membres nommés suivraient cet exemple.

Dans les œuvres diverses de cet académicien, imprimées en 1681, page 906, M. *Patru* dit, en écrivant au Coadjuteur : *Ce cœur que rien ne peut vaincre, cette bonté qu'on ne peut assez admirer, tous ces dons si précieux dont le ciel vous a si heureusement comblé, me donnèrent à vous. Ce n'est ni votre pourpre, ni la splendeur de votre maison, c'est quelque chose de plus grand, c'est vous-même, c'est votre vertu qui m'attache, et ces liens ne peuvent se rompre qu'on ne perde ou la vie ou la raison. J'ai béni cent et cent fois le jour heureux qui vous a rendu tout entier à la France, à vos amis, à vos serviteurs,* etc.

SAINT-ÉVREMONT.

Charles de Saint-Denis, seigneur de Saint-Evremont, né en 1613, mourut en 1703. Il servit avec distinction et fut fait maréchal de camp. Il se fit mettre à la Bastille pour avoir parlé satiriquement de *Mazarin.* Comme il avait mérité d'y retourner ayant mécontenté *Louis XIV,* en critiquant le traité des Pyrénées, il se retira en Angleterre, où *Charles II* le reçut avec bienveillance. Ses amis n'obtinrent son rappel que lorsqu'il était très-vieux. Il refusa de revenir et aima mieux, comme il le disait, *rester avec des gens accoutumés à sa loupe.* Il écrivait à *Ninon :*

> Content d'un vulgaire destin,
> J'aime la vertu sans rudesse ;
> J'aime le plaisir sans mollesse ;
> J'aime la vie et n'en crains pas la fin.

Il fut enterré dans l'église de Westminster,

au milieu des rois d'Angleterre. Il avait vécu en heureux épicurien, dans une condition mé- prisée *de ceux qui ont tout, enviée de ceux qui n'ont rien, goûtée de ceux qui font con- sister leur bonheur dans leur raison* (1).

Il avait pris parti dans la Fronde, contre *Mazarin*.

On estime peu ses vers ; et dans ses ouvrages en prose, l'homme de goût fait un choix.

La conversation du maréchal *d'Hocquin- court* avec le P. *Canaye*, présente des situa- tions comiques et des plaisanteries agréables.

Nous avons cité *Saint-Evremont* relative- ment à la retraite du cardinal *de Retz*. Voici le portrait qu'il fait du Coadjuteur (*édit. d'Ams- terdam* 1701 , *p.* 109).

« Le cardinal *de Retz* était vif, intrépide, et capable de commander, quoiqu'éloigné, par son état, de la pro- fession des armes. Il était ambitieux , et son ambition lui a attiré des disgraces , mais sa fierté n'en était que plus irritée , et alors il a renversé des obstacles qui , dans un autre tems, lui auraient paru invincibles. Ses ennemis pour le rendre odieux , ont souvent fait pas- ser pour hauteur, la noble élévation qu'il avait dans l'ame. Jamais ami n'a été plus chaud : il exposa pour les siens sa fortune et sa vie. Personne n'a plus aimé la magnificence , et il donnait si noblement qu'il pa- raissait être obligé à ceux qui recevaient ses profu- sions.

____

(1) C'est lui qui parle ainsi de lui-même.

» Il était agréable et complaisant. Il découvrait le fond de son ame à ses amis, sans penser qu'aucun d'eux pût ou osât abuser de sa confiance. Personne n'était plus honnête, avec ses égaux et ses inférieurs ; mais quand il se croyait blessé par les procédés de gens plus élevés que lui, aucune considération ne pouvait arrêter ni modérer ses hauteurs et ses ressentimens.

» Jamais courtisan n'a été moins dissimulé et plus sincère. Il écrivit à Innocent XI, contre le népotisme, et sa franchise plut fort au pape qui l'en remercia par un bref.

» L'éloquence lui était naturelle.

» Il se reproche plusieurs fautes et fait de ces aveux qui conviennent si bien aux grands hommes, parce qu'ils ne se croient pas exempts de faiblesses.

» Revenu de la fougue de la jeunesse, il admirait combien les divers âges font penser différemment sur les mêmes choses, et combien sont frivoles les projets où les jeunes gens placent leur gloire et leur ambition. Il faisait si peu de cas des grandeurs qu'il renvoya deux fois son chapeau de cardinal. Le pape refusa de le reprendre.

» Quand il pouvait découvrir que des personnes qu'il considérait, manquaient des choses nécessaires, il trouvait mille moyens ingénieux pour soulager leur besoin et pour ménager leur amour-propre. Les dernières années de sa vie, il leur distribuait le premier jour de chaque mois, une somme assez considérable qu'il prenait sur son entretien. Il a payé plus de trois millions de dettes contractées à une époque qu'il appelait *le tems de sa jeunesse et de ses égaremens.*

» Pendant la guerre de Flandre, étant à Commercy et se promenant un matin, dans la campagne, suivi de deux ou trois de ses gentilshommes, il se vit entouré d'un parti Espagnol. Le chef l'entendant nommer, lui fit des excuses. Le Cardinal le pria de faire ses complimens au gouverneur de Luxembourg, et tirant un diamant de son doigt il le pria de l'accepter, *afin*, lui dit-il en souriant, *que votre course ne vous soit pas inutile*. Quelque tems après, étant à Paris, il tomba malade. La fièvre augmentant, il fut saigné plusieurs fois et peut-être trop pour son âge. Le 28 d'août il mourut à 2 heures après midi.

Mme DE MOTTEVILLE.

FRANÇOISE BERTAUD, femme de *Nicolas Langlois*, seigneur de Motteville, premier président de la Chambre-des-Comptes, étant dame d'honneur de la reine *Anne d'Autriche*, composa des Mémoires qui portent son nom. On prétend qu'une autre main a retouché le style qui est encore très-défectueux. Il s'y trouve des anecdotes curieuses. Elle était née en 1615, et mourut en 1689. Son dévouement à sa bienfaitrice doit la faire lire avec circonspection toutes les fois qu'elle parle de la Reine. La reconnaissance a mis dans la bouche de Mad^{me} *de Motteville*, un langage trop flatteur pour *Anne d'Autriche;* et l'ingratitude a fait tenir à *Joly*, envers le Coadjuteur, la conduite opposée. On aime la première, on lui pardonne sa partialité, parce que le motif qui l'a causée est louable. On est même disposé à la croire, et après l'avoir lue, il reste, en dépit de tous les témoignages des contemporains, une impression favorable à la régente. Mais de tous les vices celui qu'on s'avoue le moins à soi-même et qu'on cache le plus soigneusement aux autres, étant l'ingratitude, *Guy-Joly* a dû déplaire généralement. On lui eût pardonné de jeter un voile sur les défauts de son bienfaiteur, mais on est indigné de le voir occupé sans cesse à en montrer qu'on ne soupçonnait pas.

(*Tom. II, p.* 194.) « Le Coadjuteur de Paris, qui, par une ambition démésurée, avait des inclinations bien éloignées de vouloir travailler à remédier au mal, fut envoyé avec le maréchal *de la Meilleraye:* mais voulant cacher cette pente qu'il avait aux nouveautés, il sortit à pied avec son camail et son rochet et se mêlant parmi la foule, prêche le peuple, leur crie la paix et leur remontre l'obéissance qu'ils devaient au roi, avec toutes les marques d'une affection tout à fait désintéressée. Peut-être (1) même qu'il agissait de bonne foi en cette rencontre...... Après avoir été insultés, ils revinrent et on les renvoya une seconde fois s'exposer aux pierres et aux injures. Ils le firent de bonne grâce, quoique le maréchal *de la Meilleraye* eût la goutte, et que le Coadjuteur eût une santé assez faible. »

(... *Pag.* 223.) « Le Coadjuteur de Paris qui avait beaucoup d'esprit et de savoir et qui avait outre cela un grand cœur et de la grandeur dans l'ame, ayant cru être obligé d'employer le crédit que son caractère et sa dignité lui donnaient pour apaiser la sédition, était

____

(1) Ce *peut-être* parait singulier. Pourquoi quand un fait parle, lui donner une interprétation ?

allé dans les rues, dans l'intention de rendre au roi et à la reine, tout le service dont il était capable ; cependant il sut qu'au lieu de le louer de ce qu'il avait fait, on s'était moqué de lui, et que *Mazarin* avait dit qu'il avait peur, et souffert le soir chez lui, que *Bautru* en fît des railleries. Il se plaignit hautement à ses amis qui étaient en grand nombre. »

JOLY. (GUY)

Conseiller du roi au Châtelet, syndic des rentiers de l'Hôtel-de-Ville de Paris en 1652, fut long-tems au service du cardinal *de Retz*. Il a laissé des *Mémoires depuis 1648 jusqu'en 1665*; qui, comme dit *Voltaire, sont à ceux du Cardinal, ce que le domestique est au maître*. C'est toute la justice qu'on peut leur rendre. Il paraît (comme on le verra, article de M. *d'Argenson*), que ces Mémoires ne furent imprimés que pour détruire l'effet de ceux du Cardinal, et le déprécier dans le public. Le moyen eût été bon si la nature avait doué *Guy-Joly* d'esprit et de talens, et si ce conseiller au Châtelet eût eu seulement l'art de se faire lire, d'exciter l'intérêt et de fixer l'attention. Alors, quelle qu'ait été l'ingratitude de cet homme, on l'aurait lu, on aurait épousé sa querelle contre son bienfaiteur, et la mémoire du Cardinal eût eu peu de défenseurs, parce que les lecteurs qui ne cherchent que le plaisir dans un ouvrage, en auraient trouvé dans celui de *Guy-Joly*.

Mais comme on n'y rencontre que l'ennui, l'ingratitude a paru dans toute sa laideur. Elle est souvent même choquante, parce que le récit d'un fait qui honore le cardinal *de Retz*, est presque toujours aussitôt suivi d'une réflexion qui diminue son mérite, ou d'une réticence qui fait naître le doute sur le fait qu'on a lu. La malveillance de *Joly* pour celui dont il avait mangé le pain pendant long-tems, se fait principalement voir à la fin de ces Mémoires, où il présente le Cardinal comme un sale débauché, malade de libertinage, sans raconter aucune des aventures qui avaient causé ce triste résultat, et avec des demi-ententes qui laissent à l'imagination et à la méchanceté un champ aussi immense à parcourir que fertile en conjectures. Cet article était tout au moins inutile; et personne n'eût exigé de *Joly* des éclaircissemens que d'ailleurs il ne donne pas et qu'il laisse à deviner. Le Cardinal avait accordé toute sa confiance à *Malclerc*, un des commensaux de sa maison, et *Joly* tenta vainement de reconquérir sur l'esprit de son maître un crédit qu'il avait perdu probablement par sa faute. *De Retz* qui se défiait du conseiller au Châtelet, s'enfermait avec *Malclerc* à Commercy, et travaillait à ses Mémoires. Pour donner le change à *Joly*, il s'entourait de dictionnaires généalogiques et feignait d'écrire l'histoire de sa maison. *Joly* ne manque pas de présenter cet isolement sous des couleurs odieuses, et ne perd pas l'occasion de jeter du ridicule sur l'occupation du Cardinal faisant sa généalogie.

On lit dans ces Mémoires, dont la fin pourrait être traitée de libelle, que *de Retz ne voulait pas payer ses dettes; que c'était une buse dont on ne pouvait faire un épervier; un paresseux qui n'a composé que deux ou trois pages de ses Mémoires; un homme qui fit tout ce qu'il put pour brouiller ses amis entre eux*, etc. Le paiement total des dettes, l'existence des Mémoires, l'estime et les suffrages de ses amis, répondent assez à ces calomnies absurdes. *Guy-Joly* prétend que c'est lui qui composa la lettre du cardinal *de Retz*, relativement à l'insulte faite à Rome, à M. *de Créqui*, ambassadeur de France; lettre qui fut approuvée généralement et traduite dans plusieurs langues. La manière dont *Joly* a rédigé ses propres Mémoires, donne un assez ample démenti à cette assertion. L'aveu que semble lui arracher la vérité, quand il est favorable au Coadjuteur, est curieux. En voici un échantillon : *La seule chose que le Cardinal fit un peu honnêtement et consciencieusement, fut de faire payer dix mille écus à Joly.*

CORBINELLI.

RAPHAEL CORBINELLI, né en 1615, mort en 1716, était petit-fils de l'un de ces italiens qui vinrent en France lors du mariage de *Henri II* avec *Catherine de Médicis*. Son aïeul avait été précepteur d'*Henri III*. Son père était attaché au maréchal d'*Ancre*. *Raphaël* s'attacha au comte *de Bussy-Rabutin*, qui ne put rien faire pour sa fortune. Il se livra constamment à l'étude, et fut toujours mal à l'aise. Le pape *Urbain VIII*, son parent, mourut au moment où il allait le reconnaître. Touché de son sort, le cardinal *de Retz* lui fait une forte pension et meurt six mois après. Quoique d'un esprit liant et d'une société douce, il était ferme et courageux. Le lieutenant de police, *d'Argenson*, lui fit une visite pour avoir des renseignemens sur des propos satiriques tenus dans un repas. Impatienté de ses réponses insignifiantes, le magistrat lui dit : « Il semble qu'un » homme comme vous devrait se rappeler ces » choses-là. — Oui, Monsieur, répliqua *Corbinelli*, mais devant un homme comme vous, » je ne suis point un homme comme moi. » Il mourut à cent un ans, en 1716. Dans les derniers jours de sa vie, un de ses amis lui dit qu'il lui trouvait mauvais visage. *Il est bien question,* répondit *Corbinelli, de mauvais visage : c'est beaucoup à cent ans d'en avoir un.* Il fut très-lié avec Mme de Sévigné. (*Voyez les lettres de cette femme célèbre et la notice de M. Grouvelle, en tête de l'édition qu'il en a donnée.*)

Corbinelli a fait la généalogie de la maison de *Gondi*, que Mad^me *de Lesdiguières* fit imprimer. Il publia encore un ouvrage sur les pensées des auteurs anciens : ouvrage dont j'ai oublié le titre (1). Sur la fin de sa vie, *Corbinelli* partagea son tems entre le cartésianisme qui occupait beaucoup Mad^me *de Grignan*, et la dévotion. Voici ce qu'écrivait à cette dernière, en 1689, Mad^me *de Sévigné* (*Lettre* 926, *édition de* Grouvelle). « *Corbinelli* est tout pê-
» tri dans le mystique, il y a plus d'un an, je
» suis dans la confidence. Tous les dehors de
» la place sont tellement pris, qu'il ne peut
» souffrir d'autre lecture. Il a trouvé que ma
» grand'-mère (Mad^me *de Chantal*) et l'amour
» de Dieu de mon grand-père *Saint-François*
» *de Sales*, étaient aussi spirituels que *Sainte-*
» *Thérèse*.... Il défend *Descartes* contre
» M. *Huet :* mais il brûle tout ce qu'il griffonne.

______

(1) *Corbinelli* a fait 1°. *Extraits de tous les beaux endroits des ouvrages des plus célèbres auteurs de ce tems*, en cinq volumes. Cette compilation est faite sans ordre et sans goût.

2°. *Les anciens réduits en maximes.*

3°. *La Généalogie de la maison de Gondi*, in-4°.

« Toujours vide de lui-même et plein des au-
» tres , son amour-propre est l'intime ami de
» leur orgueil : il ne les offense pas. »

Nous ne citons rien de *Corbinelli* sur le cardinal *de Retz* , parce qu'il fut toujours partisan
du Coadjuteur , l'objet de son intérêt , et lorsque
le Cardinal eut payé ses dettes , celui de sa bien-
faisance.

MONTGLAT.

Nous avons fait de vaines recherches sur
Montglat, dont le nom de famille était *Clermont*. Il est injustement oublié dans le *Nouveau Dictionnaire historique* , en 13 volumes ,
où l'on trouve beaucoup de gens moins dignes
d'être inscrits dans ce répertoire que *Montglat*.
Voici ce que dit de ses Mémoires l'auteur
de l'*Esprit de la Fronde :* « Vous trouveriez
» difficilement un recueil plus nourri , plus
» plein de choses , et en général plus exact et
» plus fidèle. Il n'est ni pesant, ni guindé : il
» laisse courir sa plume. On se défierait plus
» de sa véracité , si l'on y trouvait plus de cor-
» rection , plus d'apprêt , si l'auteur s'y mon-
» trait davantage. Mais le marquis *de Montglat*,
» à peine , en écrivant songe-t-il qu'il existe ; à
» peine , en quatre volumes , parle-t-il quatre
» fois de lui-même. Aussi , soit qu'il décrive
» les intrigues de la Cour , soit qu'il détaille

» celles de la guerre, d'un côté rien de moins
» passionné, rien de moins partial ; de l'autre,
» rien de plus clair, de plus net, de mieux
» ordonné. »

M. *Barbier*, dans son *Dictionnaire des Li-*
vres anonymes, dit que les Mémoires de *Mont-*
glat furent publiés par le P. *Bougeant*. Voici
ce que dit du marquis *de Montglat*, M. *Anquetil*
(*Intrigues du Cabinet*, t. I.) : « *Montglat* a été
» témoin oculaire de tout ce qu'il raconte. Il
» était homme d'esprit et de savoir : on l'appe-
» lait à la cour *Montglat-la-Bibliothèque*. Il
» faut qu'il ait été bien prudent et bien adroit,
» pour se soutenir dans sa charge de grand-
» maître de la garde-robe du roi, sous *Riche-*
» *lieu* et *Mazarin*. »

Montglat représente *de Retz* prenant parti
contre *Mazarin*, forcé par l'ingratitude de la
Cour et les plaisanteries piquantes dont il fut
l'objet, après avoir calmé la populace le jour
des barricades.

(*T. III, p. 342.*) « *Mazarin* ne pouvait avoir une joie
complète tant que le cardinal *de Retz* serait à la Cour.
Il avait une jalousie extrême contre lui, et le connaissait ambitieux et d'un esprit élevé. Il ne pouvait
souffrir de le voir auprès de la reine, et dans Paris
avec une dignité pareille à la sienne. Il s'était servi de
lui pour faciliter le retour du roi dans Paris, et pour
perdre le Prince, leur ennemi commun. Mais dès que
cet ouvrage fut achevé, il tourna ses pensées à le

ruiner lui-même pour demeurer sans concurrent. Il voulait faire ce coup durant qu'il était absent, afin de s'en excuser et de rejeter l'affaire sur la reine, quoique tout le monde vît bien d'où cela venait. Pour bien couvrir son jeu, la reine lui fit fort bonne chère après son entrée dans Paris, et même elle fut à un de ses sermons à Saint-Germain l'Auxerrois. Mais le 19 décembre 1652, le Cardinal étant allé, à 11 heures du matin, dans la chambre de la reine, fut arrêté en sortant par *Villequier.* »

DUCHESSE DE NEMOURS.

Marie d'Orléans, duchesse de Nemours, fille du duc *de Longueville,* née en 1625, mourut en 1707 à 82 ans. Elle a laissé des Mémoires assez médiocres, quoi qu'on en ait dit : c'est une femme de qualité qui court souvent, et quelquefois en vain, après l'esprit.

Voici sur ces Mémoires, l'opinion d'un auteur que nous avons cité : « Une malignité marquée » à prêter aux chefs de la faction des vues qu'ils » n'avaient pas ; une envie déraisonnable de les » rendre ridicules, dégénérant souvent en mé- » chanceté ; des bruits populaires ; des anec- » dotes apocryphes, adoptées par les mêmes » principes ; des prétentions à la connaissance » du cœur humain, affichées par des satires » moins fondées sur la vérité des faits que sur » la causticité de l'auteur : voilà ce que vous

» trouverez dans les Mémoires de la duchesse
» *de Nemours* (1). »

« Le cardinal de Retz *n'avait point d'esprit*, dit-elle,
(2), mais il avait si bonne opinion de lui-même qu'il
l'insinuait facilement aux personnes simples. Il affectait même plus d'ingénuité qu'il n'en avait, et par
cette manière moitié vraie, moitié artificieuse, il témoignait aussi plus de sincérité que ne lui en remar-
quaient les plus habiles : ce qui portait les autres à
compter entièrement sur sa bonne foi.

» Comme le Coadjuteur ne pouvait trouver que dans
les aventures extraordinaires de quoi remplir ses idées
vastes et satisfaire toute l'étendue de son imagination,
il crut qu'il trouverait mieux son compte dans les partis
et dans les troubles. *Son esprit était pénétrant et d'une
étendue assez vaste.* Il se piquait de tout ce qui ne lui
pouvait convenir : de galanterie, quoiqu'assez mal
fait, et de valeur, quoique prêtre.... Il ne trompait
jamais que dans les occasions qui lui pouvaient être
d'une grande utilité, et comme il *avait assez d'esprit*,
il réussit à s'attirer tout le crédit. »

Nous n'entreprenons pas de concilier Mad^me
de Nemours avec elle-même, et nous sommes
loin d'avoir la prétention d'expliquer comment
un homme qui n'a *pas d'esprit*, a cependant
*l'esprit pénétrant et d'une étendue assez
vaste*, et finit par avoir *assez d'esprit*.

---

(1) *Esprit de la Fronde*, tome I, page **xxxij**.

(2) *Mémoire de Mme la Duchesse de Nemours*, 1re Partie.

Mad^me DE SÉVIGNÉ (1).

MARIE DE RABUTIN-CHANTAL, née en 1626, mourut en 1696, à 70 ans. Ses lettres ont mérité tous les éloges qu'on en a faits. On les relira toujours avec plaisir. Nous avons parlé de cette femme aimable (§. I.), de cette bonne mère dont on a voulu calomnier la tendresse. Quelques personnes lui refusent de la sensibilité. Reproche injuste que détruit entièrement la lecture de ses lettres. Voyez comme elle s'exprime sur M. *de Turenne*, sur la douleur de Mme *de Longueville*, sur sa tante, sur l'abbé *de Coulanges* son oncle dont elle est la garde-malade, sur son ami le cardinal *de Retz*, etc. Est-on ainsi mère et amie, quand on n'a pas de sensibilité ? Cette accusation s'appuie sur la légéreté avec laquelle elle s'exprime en parlant du supplice de l'atroce *Brinvilliers*, et de quelques autres coupables qu'elle a vu exécuter ;

____

(1) M. *Grouvelle* a donné, en 1806, une édition des Lettres de cette femme célèbre : il y a ajouté des notes et des notices sur les principaux personnages avec lesquels elle était liée. Cette édition, faite avec goût, indique la manière dont on doit s'y prendre pour réimprimer d'anciens ouvrages. M. *Grouvelle* est mort à la fin de 1806. Le rôle qu'il a joué dans la révolution influera sur les jugemens qu'on portera sur cet écrivain, parce qu'il est rare que l'esprit de parti *compose* avec la justice. Nous sommes *tous* récusables en ce moment, ayant tous été ou d'un parti contraire au sien, ou de celui qu'il avait embrassé.

mais il faut se reporter aux mœurs du tems. Un supplice était, sous *Louis XIV* et *Louis XV*, un spectacle auquel assistaient les personnes de qualité comme le peuple. De nos jours encore, lorsque *Lally* fut traîné à l'échafaud, après un procès et un jugement odieux pour ne pas dire injustes, toutes les femmes riches et qualifiées courant à son exécution, *achetèrent le plaisir de voir tomber sa tête*. Dira-t-on qu'il n'en était aucune qui fût sensible?

Il faut convenir que Mad^me *de Sévigné* ne s'intéresse qu'à un nombre bien circonscrit de personnes. Sa fille régnait impérieusement dans son cœur, et n'y laissait aux autres qu'une très-petite place. (*Voyez la notice intéressante de M.* Grouvelle.)

« La prison et le bannissement du Cardinal » furent son premier chagrin, dit le nouvel » éditeur, elle ne vit jamais en lui que son génie » et un homme très-aimable. »

M. *de Voltaire* a dit en parlant de Mad^me *de Sévigné :* « C'est dommage qu'elle manque de » goût et qu'elle ne sache pas rendre justice à » *Racine.* » Et l'on a répété et l'on répète encore que Mad^me *de Sévigné* n'aimait pas *Racine.* Elle prétend qu'on se dégoûtera du café et de *Racine.* « En cela, dit M. *Suard,* elle a fait » une double méprise, mais il ne faut pas tou- » jours attribuer à un défaut de goût, une faute » de goût. »

Mad^me *de Sévigné* avait vu naître les chefs-d'œuvre de *Corneille*. Lorsque *Racine* apporta sur la scène d'autres mœurs, un ton moins élevé, elle crut qu'il dégradait le caractère de la tragédie, parce qu'elle ne pouvait juger de la perfection d'une tragédie que par celles de l'auteur de *Cinna*. La concurrence de ces deux grands poëtes alluma une querelle littéraire, et dans le premier choc, Mad^me *de Sévigné* écrit une phrase qui devient une *hérésie!* On sait quelle protection *Racine* accordait à la *Champmélé*, sa maîtresse, qui fit commettre plus d'une sottise au fils de Mad^me *de Sévigné*. Ceux qui connaissent le cœur humain sentiront que la prévention contre l'actrice a pu s'étendre, dans le sein d'une mère alarmée, jusqu'à son protecteur. Du reste, nous opposerons Mad^me *de Sévigné* à elle-même, et nous citerons ce passage d'une de ses lettres : « Je ne » puis vous dire l'excès de l'agrément de cette » pièce (*Esther*). On n'y souhaite rien. On est » attentif et l'on n'a point d'autre peine que » celle de voir finir une si aimable pièce. Tout » y est simple ; tout y est sublime et touchant. » La mesure de l'approbation est celle du goût. » et de l'attention. »

On voit que plus tard, Mad^e *de Sévigné* se rétracta et rendit à *Racine* la justice qu'il méritait. Citer les jugemens de sa jeunesse et taire ceux qu'elle prononça dans un âge où sa raison était plus exercée et son goût plus formé, c'est être de mauvaise foi.

Nous allons citer une lettre du cardinal *de Retz* à Mad^me *de Sévigné*, et les fragmens des lettres de cette dernière, qui ont rapport au Coadjuteur.

Lettre du cardinal de Retz *à Mad^me de* Sévigné, *à Commercy, le 20 décembre 1668.*

Si les intérêts de Mad^me *de Meckelbourg* et de M. le maréchal *d'Albret* vous sont indifférens, Madame, je solliciterai pour le Cavalier, parce que je l'aime quatre fois plus que la Dame ; si vous voulez que je sollicite pour la Dame, je le ferai de très-bon cœur, parce que je vous aime quatre millions de fois plus que le Cavalier. Si vous m'ordonnez la neutralité, je la garderai ; enfin, parlez, et vous serez ponctuellement obéie. Je ne suis point surpris des frayeurs de ma nièce (2) ; il y a long-tems que je me suis aperçu qu'elle dégénère ; mais quelque grand que vous me dépeigniez son transissement sur le jour de la conclusion, je doute qu'il puisse être égal au mien sur les suites, depuis que j'ai vu, par une de vos lettres, que vous n'avez ni n'espérez guère d'éclaircissemens, et que vous vous abandonnez en quelque sorte au destin, qui est souvent très-ingrat et reconnaît assez mal la confiance que l'on a placée en lui. Je me trouve, en vérité, sans comparaison, plus sensible à ce qui vous regarde, vous et la petite, qu'à ce qui m'a jamais touché moi-même le plus sensiblement.

---

(2) Mad^lle *de Sévigné*, mariée le 29 janvier suivant à M. le comte *de Grignan*.

(*Lettre* 186, *du* 9 *mars* 1672.) « Nous tâchons d'amuser notre bon Cardinal. *Corneille* lui a lu une pièce qui
sera jouée dans quelque tems , et qui fait souvenir des
anciennes. *Molière* lui lira samedi *Trissotin* , qui est
une fort plaisante chose. *Despréaux* lui donnera son
Lutrin et sa *Poëtique.* Voilà tout ce qu'on peut faire
pour son service. »

(*Lettre* 291.) « C'est l'homme de la plus charmante
société qu'on puisse voir. »

(*Lettre* 300, *t. III, p.* 20.) « Vous aurez vu comme
ce jour douloureux du départ de M. le cardinal *de Retz*
n'est pas encore arrivé. Il le sera quand vous recevrez
cette lettre. Ce sera un jour très-douloureux ; car je
suis fort attachée à son mérite, à sa conversation dont
je jouis tant que je puis, et à toutes les amitiés qu'il
me témoigne. Son ame est d'un ordre si supérieur,
qu'il ne fallait pas attendre de lui une fin toute commune , comme des autres. Quand on a pour règle de
faire toujours ce qu'il y a de plus grand et de plus héroïque, on place la retraite en son tems et l'on fait
pleurer ses amis. »

(*Lettre* 302 , *t. III, p.* 27.) « Je fus hier assez heureuse pour aller me promener avec le Cardinal tête à
tête , au bois de Vincennes. Il trouve que l'air me
serait bon. Il n'était pas trop accablé d'affaires. Nous
fûmes quatre heures ensemble. Je crois en avoir bien
profité ; du moins les chapitres que nous traitâmes
n'étaient pas indignes de lui. C'est ma véritable consolation que je perds en le perdant, et c'est moi que je
pleure et vous aussi, quand je considère toute la tendresse qu'il a pour nous. Son départ achève de m'ac-
cabler.... J'ai regret aux trois semaines que vous pou-
viez passer avec lui. »

(*Lettre* 304, *t. III, p.* 33.) « Je vous assure, ma chère, qu'après l'adieu que je vous dis à Fontaine-bleau et qui ne peut être comparé à nul autre, je n'en pouvais faire un plus douloureux que celui que je fis hier au cardinal *de Retz*, chez M. *de Caumartin*, à 4 lieues d'ici. J'y fus lundi dernier : je le trouvai au milieu de ses trois fidèles amis. Leur contenance triste me fit venir les larmes aux yeux, et quand je vis son éminence avec sa fermeté, mais avec toute sa bonté et sa tendresse pour moi, j'eus peine à sou-tenir cette vue. Après le dîner nous allâmes causer dans les plus agréables bois du monde ; nous y fûmes jusqu'à six heures dans plusieurs sortes de conversa-tions si bonnes, si tendres, si aimables, si obligeantes et pour vous et pour moi, que j'en suis pénétrée, et je vous redis encore que vous ne sauriez trop l'aimer ni l'honorer. »

(*Lettre* 306, *t. III, p.* 45.) « Le cuisinier de M. le cardinal *de Retz* ne le quitte point, ni son officier : c'est une chose héroïque que les sentimens de ces gens-là. Ils préfèrent l'honneur de le servir aux meil-leures conditions de la cour. On ne peut les entendre sans admirer leur affection. Le pauvre *Pean* a mieux fait encore, il est mort. Je l'ai vu, et quoique je ne puisse passer dans cette maison sans douleur, les domesti-ques qui y étaient encore, m'y faisaient passer pour les admirer. *D'Hacqueville* revint hier au soir : je n'ai pu le revoir sans beaucoup d'émotion. Les trois fidèles amis du Cardinal l'ont quitté à Jouarre. Je crains de voir les deux autres. Son Eminence m'a écrit pour me dire encore un adieu. Je le prie de ne me point ôter l'es-pérance de le revoir. Je suis extrêmement touchée de sa retraite. Il nous paraît que son courage est infini. »

(*Lettre* 309, *t. III, p.* 52 ; 5 *juillet* 1675.) « Je veux vous entretenir un moment de notre cher Cardinal. Voilà une lettre qu'il vous écrit. Conseillez-lui fort de s'occuper à faire écrire son histoire ; tous ses amis l'en pressent beaucoup. Il me mande qu'il se trouve très-bien dans son désert. Il a été reçu à Saint-Mihiel avec des transports de joie. » —*Et dans la lettre 313 :* « Quand je vous ai proposé de lui conseiller d'écrire son histoire, c'est qu'on m'avait dit de le lui conseiller de mon côté, et que tous ses amis ont voulu être soutenus (3). Je ne vois, Dieu merci, que des gens qui envisagent son action dans toute sa beauté et qui l'aiment comme nous. »

(*Lettre 318, t. III, p. 83.*) « M. *de Turenne*, en disant adieu à M. le cardinal *de Retz*, lui dit : Monsieur, je ne suis point un diseur ; mais je vous prie de croire sérieusement que sans ces affaires-ci, où peut-être on a besoin de moi, je me retirerais comme vous, et je vous donne ma parole que si j'en reviens, je mettrai, à votre exemple, quelque tems entre la vie et la mort. —Notre Cardinal sera sensiblement touché de la mort de M. *de Turenne.* »

(*Lettre 319.*) « On disait l'autre jour, en bon lieu, que l'on ne connaissait que deux hommes au-dessus des autres hommes, le Cardinal et M. *de Turenne.* Le voilà donc seul dans ce point d'élévation. »

(*Lettre 346.*) « Le cardinal *de Retz* est toujours dans la solitude. Que dites-vous de la beauté de cette retraite ? Le monde, par rage de ne pouvoir mordre sur un si beau dessein, dit qu'il en sortira. Eh bien !

---

(3) « C'est, dit M. *Grouvelle* en note, aux instances des amis
» de M. *de Retz* que le public est redevable des Mémoires de sa
» vie, qui n'ont été imprimés que long-tems après sa mort, et
» avec des lacunes considérables. »

tant mieux. Attendez donc qu'il en sorte , et en attendant , taisez–vous. » (4)

(*Lettre* 348.) « Je reçois souvent des petits billets du cher Cardinal : je lui en écris aussi. Je tiens ce léger commerce très–mystérieux et très–secret : il m'en est plus cher. »

(*Lettre* 440.) « Il y a certaines pertes dont on ne doit pas se consoler et qui empêchent de recevoir le monde. *Il faut tirer les verroux sur soi* , comme disait notre bon Cardinal. »

(*Lettre* 442 , 31 *juillet* 1676.) « Le roi prie très-instamment notre Cardinal d'aller à Rome. On vient de lui dépêcher un courier. Ils iront tous par terre, parce que le roi n'a point de galères à leur donner ; ainsi vous ne verrez point cette Eminence. Nous sommes en peine de sa santé , et nous nous fions à sa prudence pour accommoder le langage du Saint-Esprit avec le service du roi. »

(*Lettre* 443.) « *Louis XIV* écrivit de sa propre main au Coadjuteur : *j'espère que le changement d'air et la*

----

(4) *Bussy*, à qui cette lettre est adressée, répondit en ces termes : « J'ai trouvé le dessein de la retraite du Cardinal fort
» beau. J'ai cru qu'il ne se repentirait jamais de l'avoir pris,
» et que s'il avait quelque tentation, il était trop honnête homme
» pour y succomber. J'ai trouvé plaisant ce que vous dites au
» monde là-dessus. Mais vous avez beau dire, le monde ne se
» taira pas ; il n'aime pas à louer, et sur-tout les choses admi-
» rables. Quand il ne peut mordre, comme vous le voyez, sur
» le présent, il se retranche sur l'avenir. Faisons bien, et le
» laissons dire. Je vous fais une leçon dont je ne profite pas
» moi-même ; car le misanthrope n'est pas plus déchaîné contre
» ce qui le choque, que je le suis contre les gens qui veulent à
» tort et à travers gâter les belles actions. » (*Lettre du* 19 *octo-*
bre 1675.)

diversité des objets vous feront plus de bien que la rési-
dence et l'application dans votre solitude. Le Cardinal
partit pour Rome le dimanche 2 août 1676. »

(*Lettre 463, du 7 octobre 1676.*) « M. le Cardinal
m'écrit qu'il a fait un pape , et m'assure qu'il n'a aucun scrupule. Il me mande que le pape est encore
plus saint d'effet que de nom (5). Son voyage de Rome
lui a fait bien de l'honneur , car il ne se peut rien
ajouter à la conduite qu'il a tenue. On croit même que
par le bon choix du souverain Pontife, il a remis dans
le Conclave le Saint-Esprit , qui en était exilé depuis
tant d'années. Après cet exemple il n'y a point d'exilé
qui ne doive espérer. »

(*Lettre 500, 26 juillet 1677.*) « Il est revenu un gentilhomme de Commercy, qui m'a fait peur de la santé
du Cardinal. Ce n'est plus une vie , c'est une langueur.
J'aime et j'honore cette Eminence de manière à me
faire un tourment de cette pensée. »

(*Lettre 528, 12 octobre 1677*). « Je ne suis point du
tout contente de la santé du Cardinal. Je suis assurée
que s'il demeure à Commercy elle ne sera pas longue.
Il se casse la tête d'application. »

M. *Grouvelle* met cette note à ce passage :

« *Joly* dit que le Cardinal y travaillait à la généalogie
» de sa maison, ou plutôt qu'il feignait d'y travailler,
» sa parésse le rendant incapable d'aucunes recherches
» pénibles. Mais *Joly* qui avait perdu sa confiance , ne
» savait pas qu'il y écrivait ses curieux Mémoires ,
» occupation qu'il s'amusait à déguiser, en s'environ-
» nant d'in-folio nobiliaires , qu'il feuilletait à peine. »

____

(5) C'est *Innocent XI* (Odescalchi), élu pape le 21 septembre 1676. Il avait porté les armes avant de porter la tiare : il
résista souvent à *Louis XIV.*

(*Lettre* 529, 15 *octobre* 1677.) « Je suis en peine comme vous du Cardinal. Cette pensée me tient au cœur et à l'esprit. Vous ignorez la grandeur de cette perte. Il faut espérer que Dieu nous le conservera. Il se tue ; il s'épuise ; il se casse la tête ; il a toujours une petite fièvre. Je ne trouve pas que les autres en soient aussi en peine que moi. Enfin, hormis le quart-d'heure qu'il donne du pain à ses truites, il passe le reste avec Dom *Robert*, dans les distillations et les distinctions de métaphysique qui le font mourir. »

(*Lettre* 543.) « On me mande que le cardinal *de Retz*, que nous croyions ne revoir qu'au jour du jugement, est dans l'hôtel de Lesdiguières., au milieu de ce qu'il y a d'honnêtes gens en France. Il me semble que ce retour fait tort à sa retraite. »

(*Lettre* 544, *du* 27 *juin* 1678.) « Vous savez que le cardinal *de Retz* a voulu se démettre de son chapeau de cardinal. Le Pape ne l'a pas voulu, et non-seulement s'est trouvé offensé qu'on veuille se défaire de cette dignité quand on veut aller en Paradis, mais il lui a défendu de faire aucun séjour à Saint-Mihiel, à trois lieues de Commercy, disant qu'il n'est pas permis aux cardinaux de faire aucune résidence dans d'autres abbayes que les leurs. C'est la mode de Rome, et l'on ne se fait point ermite *al dispetto del Papa*. Ainsi Commercy étant le lieu du monde le plus passant, il est venu demeurer à Saint-Denis, où il passe sa vie très-conformément à la vie qu'il s'est imposée. Il a été quelque tems à l'hôtel de Lesdiguières ; mais cette maison était devenue la sienne. (Mad^me *de Lesdi-guières* était nièce du Cardinal.) Ce n'était plus les amis du duc qui y dînaient, c'étaient ceux du Cardinal. Il a vu très-peu de monde ; et il est, il y a plus de deux mois, à Saint-Denis. Il a un procès qu'il fera juger, parce que, selon qu'il se tournera, ses dettes seront achevées d'être payées ou non. Vous savez qu'il s'est déjà acquitté de onze cent mille écus. Il n'a reçu cet exemple de personne, et personne ne le suivra. Enfin il faut se fier à lui de soutenir sa gageure. Il est bien plus régulier qu'en Lorraine, et il est toujours très-digne d'être honoré. Ceux qui veulent s'en dispenser, l'auraient aussi bien fait quand il serait demeuré à Commercy, qu'étant revenu à St.-Denis. » (6)

(*Lettre* 552, *du* 18 *décembre* 1678.) « Notre ami *Corbinelli* vous écrit dans ma lettre. M. le cardinal *de Retz*, le plus généreux et le plus noble de tous les hommes, a voulu lui donner une marque de son amitié et de son estime, il le reconnaît pour son allié ; mais bien plus pour un homme aimable et fort malheureux. Il lui porta avant-hier 200 pistoles, pour une année de la pension qu'il lui veut donner. Il y a long-tems que je n'ai eu une joie si sensible ; la sienne est beaucoup moindre : sa philosophie n'en est pas ébranlée. »

(*Lettre* 559, *au comte* de Bussy, *de Paris le* 25 *août* 1679.) « Plaignez-moi, mon cousin, d'avoir perdu le cardinal *de Retz.* Vous savez combien il était aimable

---

(6) M. *Groupelle* met cette note à ce passage : « Mme *de Sévigné*, » amie du Cardinal, ne disait pas tout. Le Pape nouveau avait » fait œuvre d'ami en lui imposant cette retraite à la porte de » Paris. On trouve dans une lettre de *Bussy* ce petit article » curieux : « On me mande que le cardinal *de Retz* achève de » faire sa pénitence chez Mme *de Bracciano* (depuis la célèbre » princesse *des Ursins*) : cela étant, je ne désespère pas de voir » l'Abbé de la Trappe revenir soupirer pour quelque Dame de » la Cour : et si l'on va en Paradis par le chemin que tient le » Cardinal, l'Abbé est bien sot de ne pas quitter celui qu'il a » pris pour y aller. »

et digne de l'estime de tous ceux qui le connaissaient. J'étais son amie depuis trente ans , et je n'avais jamais reçu que des marques tendres de son amitié. Elle m'était également honorable et délicieuse. Il était d'un commerce aisé plus que personne au monde. Huit jours de fièvre continue m'ont ôté cet illustre ami ; j'en suis touchée jusqu'au fond du cœur.... Notre bon abbé *de Coulange* a pensé mourir. Le remède d'un médecin anglais l'a ressuscité. Dieu n'a pas voulu que M. le cardinal *de Retz* s'en servît , quoiqu'il le demandât sans cesse. L'heure de sa mort était marquée, et cela ne se dérange point. »

(*Lettre* 627 , *de Nantes , le* 13 *mai* 1680.) « Nous venons d'arriver en cette ville. Je ne puis passer au pied d'une certaine tour (7) que je ne me souvienne de ce pauvre Cardinal et de sa funeste mort, encore plus funeste que vous ne sauriez le penser. Je passe entièrement cet article sur quoi il y aurait trop à dire. Il vaut mieux se taire mille fois ; peut-être que la Providence voudra quelque jour que nous en parlions à fond. » (8)

----

(7) Celle du château de Nantes, où M. le cardinal *de Retz* fut conduit de Vincennes , le 12 août 1654, et d'où il se sauva le mois suivant.

(8) Ce passage fait naître, sur le genre de mort du Cardinal, beaucoup de soupçons sur lesquels on n'a aucun éclaircissement. M. *Grouvelle* fait à cette occasion cette note judicieuse : « Le » *Dictionnaire historique* dit que le cardinal *de Retz mourut en* » *Atticus après avoir vécu en Catilina.* Cette comparaison très » outrée quant à sa vie , paraît bien hazardée quant à sa mort. » *Atticus* se laissa mourir de faim pour terminer les souf » frances d'une fistule incurable. On ne sait rien de semblable » du cardinal *de Retz.* Mme *de Sévigné* a dit plus haut qu'il » était mort après huit jours de fièvre continue. Mais il est vrai

Mlle DE MONTPENSIER.

ANNE-MARIE-LOUISE D'ORLÉANS, connue sous le nom de Mad^lle *de Montpensier*, naquit à Paris en 1627, et mourut en 1693, entièrement oubliée.

Après avoir eu contre le prince *de Condé* une haine violente qui n'avait aucun fondement, elle prit le parti de ce grand-homme, et lui

---

» pourtant qu'elle laisse entendre ici que sa mort fut violente,
» ou peut-être seulement qu'elle fut peu chrétienne. »
Voyez sur l'expression dont se sont servi les auteurs du *Nouveau Dictionnaire historique*, ci-après l'article de M. *de Voltaire*, qu'ils ont mal copié.

« Quant au genre de mort du Cardinal, on ne peut diconvenir
» que la manière dont en parle Mad^me *de Sévigné*, ne soit énig-
» matique. S'est-il détruit? ce serait plus croyable, si sa mort
» fût arrivée quelques années plutôt ; mais il achevait de payer
» ses dettes, et touchait au moment de jouir de toute sa for-
» tune. L'expression de Mad^me *de Sévigné* n'a-t-elle de rapport
» qu'aux sentimens chrétiens du Cardinal ? Mais l'aimable
» mère de Mad^me *de Grignan* n'était pas dévote. Quoi qu'il
» en soit, il est étonnant qu'on n'ait aucun détail sur la mort
» du Cardinal. *Suicide* ou *impiété*, l'un ou l'autre, ou tons les
» deux, méritaient une mention. Du reste, il est possible que
» l'expression de Mad^me *de Sévigné* répondit à son idée. La
» mort de M. le cardinal *de Retz* était *funeste à Corbinelli*
» qu'elle aimait beaucoup ; à Mad^me *de Grignan*, à qui le Car-
» dinal voulait faire du bien, et, en y réfléchissant, je pense
» que c'est le sens que l'on doit donner à la phrase de Mad^me *de*
» *Sévigné*, dont la fille héritait pour une portion considérable
» du cardinal *de Retz* ; mais il fallait que celui-ci vécût encore
» plusieurs années et jouit de toute sa fortune pour en laisser
» à sa parente. »

rendit un service important au combat de St-Antoine, en faisant tirer le canon de la Bastille sur les troupes de *Louis XIV*; ce qui aliéna d'elle l'esprit de ce monarque. De ce moment elle devint le jouet de *Mazarin*, qui l'amusa par des projets de mariage qu'il eut soin de faire avorter (1).

Tout le monde sait sa passion ridicule pour *Lauzun*, et la manière dont celui-ci reconnut les sacrifices qu'elle avait faits pour lui.

Elle a laissé des Mémoires minutieux. Si on en retranchait la description de ses châteaux, de ses gîtes, de ses voyages, on les réduirait des deux tiers; cependant cette description a quelquefois de l'intérêt.

Etant du parti de *Condé*, Mad^{lle} *de Montpensier* se trouvait opposée au Coadjuteur et au roi, avec lequel cependant elle se réconcilia afin de trouver un mari.

Je vais transcrire quelques passages des mémoires de *Mademoiselle*.

(*Tome I, page 257.*) « *Monsieur* me dit un jour, *vous avez connu M. le Coadjuteur, pourquoi ne vous voit-il plus?* Je lui dis que je n'en savais rien. Il me répliqua qu'il nous fallait raccommoder. Je lui dis que s'il faisait des avances pour cela, j'en serais bien aise; qu'il ne me semblait pas que j'en dusse faire. Je le

---

(1) On connaît le mot qui échappa à ce ministre : « Voilà » un coup de canon qui vient de *touer* son mari. »

trouvai chez *Monsieur*. Nous eûmes un éclaircissement duquel nous sortîmes bons amis. »

(*Tome IV*, *page* 67.) « Nous parlâmes, le cardinal *Mazarin* et moi, de M. *le Prince*, des fautes que l'on avait faites pendant la guerre de part et d'autre, et du cardinal *de Retz*. Il me conta qu'il n'avait été fait cardinal que par la reine; qu'il lui écrivait toujours de n'y pas consentir; que c'était un homme en qui l'on ne pouvait avoir aucune confiance; que la reine ne le crut pas, et qu'elle a vu depuis ce qu'il a fait; qu'il a l'ame noire; que M. *le Prince*, au contraire, l'avaitbonne, et qu'avec lui on se réconcilierait aisément. » (2)

C'est moins, comme on voit, l'opinion de Mademoiselle sur le Coadjuteur que celle de *Mazarin*, et nous ne sommes point en peine du langage que devait tenir ce dernier sur *Payl de Gondi*.

LENET.

Pierre de Lenet, fils d'un président au parlement de Dijon, procureur-général dans ce corps en 1641, et conseiller d'Etat, fut pendant le siége de Paris, intendant de justice, de police et de finance. Il s'attacha au prince *de Condé*, qui le nomma, en 1653, son agent à la conférence des Pyrénées. On a de lui des

---

(2) C'est surement d'après cette considération que *Mazarin* eut la *générosité* de faire arrêter *Condé*, et de le pousser à bout. —*Lenet*, dans ses Mémoires, *tom. II*, *pag.* 564, dit que *Mademoiselle* lui parlait avec indignation de la fausseté de *Mazarin*, dont elle reconnut enfin qu'elle avait été la dupe.

Mémoires sur les guerres civiles de 1649 et années suivantes , principalement sur celles de Guyenne. Ces Mémoires contiennent quelques faits intéressans. Il était du parti opposé à la Cour et au Coadjuteur. Il parle peu de ce dernier. Voici ce qu'il en dit, *Tome I, p.* 62.

« En lui seul résidait toute l'autorité de la Fronde par la supériorité de son génie sur tous ceux qui la composaient. Il ramassa tous les amis que le Prince avait perdus en se réconciliant une seconde fois avec le Cardinal. Il en faisait de toute condition , de tout âge, de tout sexe. Il se rendait assidu au parlement où il avait de grands amis. Il était uni d'une liaison étroite avec la duchesse *de Chevreuse.* D'un autre côté il faisait de tems en tems de certaines déclarations au Palais-Royal , par ses amis et amies, et lâchait de tems à autre des paroles pour donner envie à la Reine et au Cardinal de le rapprocher , dans la vue d'opposer en tems et lieu toute sa faction au prince *de Condé,* dont on vit tôt après naître le dessein si fatal à l'Etat, duquel je parlerai ci-après. »

BOSSUET.

Né en 1627 , mort en 1704. Trop connu , trop apprécié pour qu'il ne soit pas inutile d'ajouter à ce qu'on sait de cet orateur chrétien , toujours noble, souvent sublime, *de ce Père de l'Eglise,* pour parler, comme dit *la Bruyère,* le langage de la postérité.

(Oraison funèbre de le Tellier.) « Mais puis-je oublier celui que je vois par-tout dans le récit de nos mal-

heurs ? cet homme si fidèle aux particuliers , si redoutable à l'Etat , d'un caractère si haut qu'on ne pouvait
ni l'estimer , ni le craindre , ni l'aimer , ni le haïr à
demi ; ferme génie que nous avons vu en ébranlant
l'univers, s'attirer une dignité qu'à la fin il voulut
quitter comme trop chèrement achetée, ainsi qu'il
eut le courage de le reconnaître, dans le lieu le plus
éminent de la chrétienté, et enfin comme peu capable
de contenter ses désirs ; tant il connut son erreur et le
vide des grandeurs humaines. Mais pendant qu'il voulait acquérir ce qu'il devait un jour mépriser , il remua
tout par de secrets et puissans ressorts , et après que
tous les partis furent abattus, il sembla encore se
soutenir seul , et seul encore menacer le favori vic-
torieux de ses tristes et intrépides regards. La religion
s'intéresse dans son infortune ; la ville royale s'émeut
et Rome même menace. »

Est-ce de ces couleurs qu'on peint un intrigant, et sur-tout un *intrigant sans motif* (expressions du P[t]. *Hénaut*)? On le met au-dessous
des intrigans les plus ordinaires , en ne lui donnant ni but , ni motif. Le témoignage de *Bossuet* en vaut bien un autre.

SÉNÉCÉ.

ANTOINE BAUDERON DE SÉNÉCÉ, naquit à Mâcon
en 1643 , et mourut dans la même ville en 1737.
Fils du lieutenant-général au présidial de Mâcon , premier valet - de - chambre de *Marie-
Thérèse* , femme de *Louis XIV* , *Sénécé* fit
deux contes qui paraissent d'autant plus jolis

qu'il les a accompagnés de quelques centaines d'épigrammes sans sel, et de madrigaux assez fades. De manière que les vers de *Sénécé* font ressortir les deux Contes en question. Mais soyons justes, *le Kaïmac* et *Filer le parfait amour* (titres de ces Contes), sont excellens, même à côté de ceux de *La Fontaine* (1).

Après avoir fait des vers, *Sénécé* voulut écrire en prose. Il composa un pamphlet intitulé : *Remarques historiques, suivies de quelques observations critiques sur un livre intitulé :* MÉMOIRES DE M. LE CARDINAL DE RETZ (2). Ce pamphlet curieux débute d'une manière pompeuse. Il commence ainsi :

---

(1) Un écrivain judicieux, avantageusement connu dans la littérature, et à qui l'Eloge de *Boileau* a mérité une couronne, M. *L. S. Auger*, a publié le recueil des Œuvres de *Sénécé*, qu'il a fait précéder d'une notice sur ce poëte et sur ses ouvrages. Il fait valoir *Sénécé* de son mieux, excepté les deux Contes en question, une autre pièce et la notice, ce volume n'offre plus rien d'intéressant, si ce n'est, sous le rapport de la singularité et de la bizarrerie, *la critique des Mémoires du cardinal de Retz*, sur laquelle M. *Auger* s'est bien gardé de s'expliquer.

(2) On lit dans les *Siècles littéraires*, à l'article *Sénécé*, que cet auteur *a laissé des Mémoires sur la vie du cardinal de Retz, très-recherchés, malgré l'originalité de ceux que le Cardinal a écrits lui-même.* Il n'y a, dans cette phrase, que deux erreurs: 1°. *Sénécé* n'a point laissé de Mémoires sur la vie du Cardinal, mais bien un Mémoire pour prouver que ceux de *Gondi* ne sont pas de lui. 2°. Ce Mémoire n'est pas *recherché*, et ne mérite nullement de l'être. Un critique sévère, rigoureux et quelquefois injuste devrait, avant d'écrire, être soigneux dans ses recherches et exact dans le compte qu'il en rend.

« L'esprit de l'homme est un grand paradoxe
» par ses inégalités et la différence de ses vues.
» Toutes les nations qui ont quelque teinture
» de bonnes mœurs, conviennent que la vérité
» est un des principaux attributs de la divinité,
» et le fondement de tous les autres. »

Après une grande déclamation, *Sénécé* finit
par dire que *le mensonge fait les délices du
genre humain.* Suit une longue énumération
en guise de preuves. *Homère plus admiré
qu'entendu,* dit le poëte-conteur, *Hésiode,
en imposèrent, par des fables, à la crédulité
publique. Ces premiers conteurs furent suivis
de Pindare, qui célébra ceux qui faisaient
mieux le coup de poing. Virgile mentit
avec esprit. Ovide renchérit sur lui,* etc. On
s'attend bien que les modernes ne sont pas
mieux traités. Tous les Mémoires historiques
sont des fables. *On se rua sur l'histoire, on
la mit en lambeaux.*

Après une *généalogie de mauvais livres*
(les Œuvres d'*Homère,* de *Virgile,* de *Pindare !*), pour me servir de l'expression de *Sénécé,* vient la dissertation par laquelle *il est
évidemment prouvé* que les Mémoires du Coadjuteur sont une compilation faite par des marchands de livres ; une de ces fraudes lucratives
si communes aux auteurs et aux libraires.

Les preuves de cette assertion ne déparent

point celles où *Homère* et *Virgile* avaient été si bien traités. Les voici :

1°. *Sénécé* a logé au palais Mazarin, et il a appris que ce Cardinal était d'une naissance distinguée ; ce que nie *de Retz*.

2°. L'anachronisme sur le duc *d'Angoulême* (3). *Sénécé* a aussi logé à l'hôtel d'Angoulême.

3°. Ce ne fut pas *Noblet* qui garantit le Coadjuteur de la brutalité de M. *de la Rochefoucault* (ce trait est dans la Vie, page 94). Nous ne savons si l'auteur a logé à l'hôtel de la

____

(3) M. *de Beaufort* ayant dit un jour qu'il n'était qu'un simple particulier qui ne se mêlait de rien, le Coadjuteur s'adressa à M. *de Brissac* pour lui dire à voix haute : *Il faut avouer que M. d'Angoulême et M. de Beaufort ont une bonne conduite. Vous observerez*, ajoute de Retz, *que M. d'Angoulême avait plus de 90 ans, et qu'il ne bougeait plus de son lit.*

Ce propos fut tenu en 1651, et *Charles de Valois*, duc d'Angoulême, fils de *Charles IX*, était mort en 1650, âgé de plus de 77 ans.

Il y a en effet deux anachronismes dans ce passage du cardinal *de Retz*. 1°. Il parlait d'un homme mort depuis un an. 2°. Si cet homme eût eu 90 ans, *Charles IX* qui était né en 1550, n'aurait pu en être le père (ce que *Sénécé* n'a pas remarqué).

Il faut considérer que *de Retz* ne voulait que piquer, par une plaisanterie, le duc *de Beaufort*, en le comparant au duc *d'Angoulême* qui n'avait jamais fait parler de lui, et dont la nullité était telle sur la fin de sa vie, que sa mort ne fit aucune espèce de sensation. Comme elle était arrivée dans le tems des troubles, il est possible que le public ait été quelque tems sans la connaître.

Ce duc s'était marié en secondes noces fort tard, et sa veuve lui ayant survécu long-tems, il est arrivé que la bru de *Charles IX* est morte 139 ans après son beau-père.

Rochefoucault, mais *il a été pendant dix ans en société* avec ce *Noblet*. Or c'est un autre service que *Noblet* rendit à M. *de Retz*.

4°. Le Cardinal avait d'abord composé ses Mémoires en latin.

5°. Le style de l'ouvrage comparé à celui de *la Conjuration de Fiesque, un des plus beaux morceaux qui aient paru dans notre langue; qui pourra,* dit *Sénécé, s'imaginer que ce puisse être des productions du même auteur?* Tous ceux qui auront du goût et du bon sens.

6°. Enfin il n'est pas probable, d'après *Sénécé*, que le cardinal *de Retz* eût dit tant de mal de lui. (Nous avons expliqué cette singularité.)

Après avoir observé que M. *de Retz* a bien pu confondre dans sa mémoire *Noblet*, personnage fort peu historique, avec un autre tout aussi peu intéressant, nous opposerons au témoignage de *Sénécé*, celui de M. *d'Argenson* (Voyez son article). Témoignage bien plus positif, et qui donne l'histoire du manuscrit des Mémoires du Cardinal, publiés avec l'autorisation du Régent.

Nous allons, en réponse aux différentes preuves alléguées par *Sénécé*, transcrire les observations de M. *A.* (M. *F***.*), insérées dans le *Journal de l'Empire,* du 5 janvier 1806.

« Les raisons de *Sénécé* n'ont empêché personne de regarder comme l'auteur des Mémoires du cardinal *de Retz* celui qui en est le héros. Elles sont à la vérité bien faibles. Etait-il nécessaire qu'il fût vrai, à toute rigueur, que *Mazarin* était d'une naissance basse, pour que son ennemi l'assurât dans ses Mémoires ? ne suffisait-il pas qu'il y eût une extrême disproportion entre sa naissance et l'élévation où il était parvenu ? Quant au petit anachronisme sur l'âge et la mort de M. *d'Angoulême*, je demande si le Cardinal, écrivant ses Mémoires vingt ans après l'époque dont il s'agit, ne pouvait pas avoir oublié la date de la mort de M. *d'Angoulême*, vieillard inutile à son parti ? Je demande encore si on a droit d'exiger une plus grande précision dans un endroit où il ne s'agit que de faire une plaisanterie contre M. *de Beaufort*?

» *Joly*, qui certainement n'était pas l'ami du Cardinal quand il écrivit ses Mémoires, s'accorde avec lui dans la relation qu'il fait de la manière dont il échappa, lorsque M. *de la Rochefoucault* le tenait entre les battans de la porte. Tous deux attribuent son salut au secours de *Noblet*. Reste à savoir qui se trompe, ou du Cardinal, ou de *Noblet*, ou de *Sénécé*.

» *Joly* rapporte aussi que *de Retz* avait commencé à écrire son histoire en latin. Il est heureux qu'il ait changé de dessein. Au lieu d'être mis au nombre des historiens latins qu'on loue et qu'on lit peu, il est au rang des écrivains français qu'on lit avec le plus de plaisir, quoi qu'en dise M. *de Sénécé*, et le mérite de son style frappe davantage, lorsqu'on sait que, né trois ans après la mort de *Henri IV*, il est, après *Corneille*, le plus vieux des bons écrivains du dix-septième siècle. »

Écrivains postérieurs.

LE P. D'AVRIGNY.

HYACINTHE - ROBILLARD D'AVRIGNY, naquit à Caen en 1675, se fit jésuite en 1691, et mourut en 1719. Les auteurs du *Nouveau Diction- naire historique,* prétendent que sa mort fut occasionnée par le chagrin que lui causèrent les retranchemens faits à ses ouvrages. Il en est qui prétendent que ce chagrin eut une autre cause. On fit courir contre lui une chanson en soixante- quatre mortels couplets, accompagnés de com- mentaires historiques et satiriques. Le tout for- me un volume de près de 300 pages in-8°. On suppose que le P. *d'Avrigny* voulut séduire une fille, etque le frère de cette fille, qui ressemblait beaucoup à sa sœur, prit les vêtemens de son sexe et se rendit pendant la nuit chez le jésuite. Il est aisé de deviner le reste de l'aventure. Le quarante-troisième couplet est le moins mauvais de cette volumineuse chanson ; et il est loin d'être bon. Le voici : le jeune garçon dit au père :

> « Le bon Dieu défend dans sa loi
> » Ce que vous demandez de moi.
> » — Oui ; mais, ma petite mignone,
> » S'il le défend, il le pardonne :
> » Que serviraient les sacremens
> » Si nous étions tous innocens ?

On ne peut pas dire que la conduite du Père *d'Avrigny* donnât lieu à cette chanson. Elle est de *Nicolas Jouin*, auteur des *Sarcellades,* ou requête des habitans de Sarcelles, village à quatre lieues de Paris. Cette dernière satire est contre M. *de Vintimille*, successeur de M. *de Noailles*, dans l'archevêché de Paris.

On a du P. *d'Avrigny* : 1°. des *Mémoires chronologiques et dogmatiques, pour servir à l'Histoire Ecclésiastique depuis 1600 jusqu'en 1716, avec des réflexions et des remarques critiques :* 4 vol. in-12 ; 2°. d'autres *Mémoires pour servir à l'Histoire universelle de l'Europe depuis 1600 jusqu'en 1716.* Ce dernier ouvrage est plus estimé que le premier, dans lequel on remarque beaucoup de préventions et d'esprit de parti. Le P. *d'Avrigny* est souvent très-caustique ; mais il attache et intéresse par la finesse de sa critique et de ses réflexions.

Nous avons cru devoir rapporter ce qu'il dit du cardinal *de Retz.* Il ne faut pas oublier que c'est l'extrait *d'une histoire ecclésiastique.*

« Jean-François-Paul de Gondi était entré dans l'état ecclésiastique avec les dispositions qu'y apportent d'ordinaire les personnes de sa condition que leurs parens y jettent plutôt qu'ils n'y sont appelés par l'ordre de la Providence. La coadjutorerie de Paris, dont son oncle était archevêque, qu'il obtint peu de jours après la mort de *Louis XIII,* fixa ses incertitudes et sa vocation (qui avait été fort chancelante jusques-là) , parce qu'il crut le poste assez brillant pour contenter son ambition. Il aurait fallu porter à la prêtrise et à l'épiscopat des vertus toutes faites , l'abbé *de Retz* n'en avait pas l'ombre , il le savait. Il sentit de plus dans une retraite qu'il fit à Saint-Lazare , combien il lui serait difficile de devenir véritablement homme de bien. N'osant en former la résolution, il prit au moins celle d'en affecter quelques dehors pour tromper les yeux du public, et éviter le scandale , afin de ne pas tomber dans le mépris où était son oncle , qui n'avait pas l'esprit de sauver les apparences. Il suivit d'abord assez bien son plan. Des aumônes prodigieuses et distribuées avec tout l'art nécessaire pour que l'écho s'en fît entendre dans tous les coins de Paris , lui gagnèrent le cœur des bourgeois ; il eut celui des curés en les comblant d'honnêtetés. Quelques sermons prêchés en différentes paroisses , achevèrent d'établir sa réputation. Personne presque ne pensait qu'il passait les nuits chez Mlle *de Chevreuse* ou avec Mme *de Pommereux*. Il en était là lorsque les troubles de Paris, qui arrivèrent en 1648 , lui fournirent l'occasion de jouer un autre personnage que celui qu'il avait fait jusques-là. Le nombre et la qualité des édits bursaux que donna le Conseil, produisirent les premiers mouvemens dans les Cours souveraines de Paris. Le Parlement gronda le premier, un million de voix se joignirent à la sienne, et lui firent entreprendre des choses auxquelles il n'avait jamais pensé , et dont il aurait apparemment fait un crime à un particulier de le soupçonner seulement quelques mois avant les grands éclats. Le succès de la bataille de Rocroy ayant enflé le courage de la Régente et du cardinal *Mazarin*, ils résolurent de s'assurer de *Blancmesnil* , président aux requêtes , et de *Broussel*, conseiller en grand'-chambre, qu'on accusait

de parler contre le ministère plus haut que les autres,
ce qui fut exécuté le 16 d'août, au sortir du *Te Deum.*
La noùvelle n'en fut pas plutôt répandue que tout
Paris parut s'émouvoir. Le Coadjuteur rendit des services considérables dans cette journée; mais il fut si
piqué de la manière dont il fut reçu de la reine et du
ministre, qu'il résolut de se faire chef de parti; titre,
comme il nous l'apprend lui-même, qu'il avait toujours
honoré dans les livres de *Plutarque*, et qu'il sut soutenir. Les barricades du jour suivant furent son ouvrage. La guerre civile commença presqu'aussitôt, et
finit quand le Parlement fut las de donner des arrêts
sanglans contre le cardinal *Mazarin*. M. *de Molé*, premier président, homme d'un courage que rien n'ef-
frayait, et le président de *Mesmes*, à qui son mérite
donnait une grande considération dans sa compagnie,
signèrent la paix, quoique ceux qui voulaient la guerre
eussent fait révoquer leurs pouvoirs, et ils eurent le
crédit de la faire agréer à leurs corps. Le premier ministre fit alors une espèce de paix fourrée avec le
Coadjuteur qui s'attacha à ses intérêts, parce que
M. *le Prince*, trompé par de faux rapports, l'accusa,
lui, M. *de Beaufort* et *Broussel*, d'avoir attenté à sa
vie. Cet incident fut la cause de la prison de MM. *de
Condé, de Conti*, et *de Longueville;* car *Mazarin*, qui
était brouillé avec le premier, crut pouvoir tout entreprendre dès qu'il n'avait pas M. *de Retz* pour ennemi.
Les Princes furent arrêtés le 18 janvier 1650, et leur
prison aurait été apparemment fort longue si le Cardinal, qui ne ménageait les gens qu'autant qu'il croyait
en avoir besoin, n'avait oublié tout à coup qu'il s'était
réconcilié avec le Coadjuteur. Celui-ci, qui avait refusé
la nomination au cardinalat après la paix de Ruel,
pour ne pas paraître la devoir à la guerre civile, ne
fut pas plutôt brouillé pour la seconde fois avec le mi-

nistre, qu'il fit solliciter le chapeau par *Monsieur*, qui fut refusé. Les Frondeurs se réunirent aussitôt, et les choses furent poussées avec tant de vigueur, que *Mazarin* fut obligé de laisser sortir les Princes du Hâvre-de-Grace, et de se retirer lui-même hors du royaume.

» Dès que le grand *Louis de Condé* fut en liberté, il pensa à se procurer des avantages capables de lui faire oublier l'injure qu'il avait reçue, et la reine qui voulait le rendre favorable au retour de son ministre, lui accorda d'abord le gouvernement de Guyenne ; il demanda celui de Provence pour *Monsieur* son frère, et il l'aurait obtenu si *Mazarin* n'avait écrit à la régente qu'il valait mieux donner le ministère au Coadjuteur, et le faire cardinal, que d'écouter une proposition qui rendrait M. *le Prince* maître d'une partie du royaume. La reine manda aussitôt M. *de Retz*, qui refusa de prendre la première place au Conseil, mais qui accepta la nomination au cardinalat, qu'il paya d'une promesse d'obliger bientôt M. *de Condé* à quitter Paris. En cela il agissait moins par intérêt que par ressentiment. Il aimait Mlle *de Chevreuse*, les Frondeurs ne s'étaient engagés à travailler à la liberté des Princes qu'à condition que M. *de Conti* l'épouserait dès qu'il serait hors du Hâvre-de-Grace, et cependant M. *de Condé* avait rompu le mariage. Le Coadjuteur tint parole à la reine. On le vit marcher dans Paris avec un cortége égal à celui d'un souverain ; il allait au Parlement accompagné de trois ou quatre cents gentilshommes, renforcés par autant de gros bourgeois, tous armés ; et il donna tant de chagrins à M. *le Prince*, de concert avec la Reine, qu'ils le réduisirent à commencer la guerre contre son inclination. A peine fut-elle ouverte qu'on vit *Mazarin* rentrer dans le royaume, et aller joindre la Cour qui avait suivi les troupes destinées à réduire la Guyenne. On ne peut exprimer l'émotion que causa ce retour si peu attendu, après toutes les promesses les plus authentiques que la reine avait faites de ne le point rappeler. Le Parlement de Paris prit feu, le Coadjuteur en fut outré, et il ne tint pas à lui que *Monsieur* ne formât un tiers parti composé de la capitale et des grandes villes ; mais *Gaston*, avec beaucoup d'esprit, était l'homme du monde le plus irrésolu et le plus timide. M. *le Prince* profitant de la disposition des esprits, se rendit à Paris où il fut reçu au Parlement comme si l'on n'y avait pas enregistré la déclaration qui le traitait de rebelle. On donna de nouveaux édits aussi sanglans que les premiers, et après la journée de Saint-Antoine, si glorieuse aux généraux des deux partis, *Mazarin* prit le parti de céder encore une fois à la tempête, et de se retirer à Brull, sur les terres de l'électeur de Cologne, après quoi le roi rentra dans sa capitale au mois d'octobre. *Monsieur* partit le même jour pour Blois, et la plupart des serviteurs de M. *le Prince*, eurent ordre d'aller chez eux. M. *de Retz*, qui avait été fait cardinal le 19 février 1652, malgré les mesures que la Cour avait prises pour empêcher sa promotion, n'en était pas mieux auprès de la reine pour lui avoir exactement tenu la parole qu'il avait donnée de ne se point réconcilier avec M. *le Prince*, car il n'avait pas été moins fidèle à garder celle qu'il avait donnée au même tems de ne consentir jamais au retour de *Mazarin*. Ce ministre n'osait revenir à Paris tandis qu'il y aurait un ennemi si puissant ; mais comme il n'était pas facile de l'en déloger de force, on voulut l'engager à céder de bonne grace. Le roi lui fit offrir la surintendance de ses affaires en Italie, avec cinquante mille écus de pension ; cent mille pour payer ses dettes, et cinquante mille pour son ameublement, à condition qu'il demeurerait trois ans à Rome, après lesquels il pourrait revenir dans le royaume faire ses fonctions ordinaires. Le parti ne pouvait être plus avantageux, cependant il balança parce qu'on ne faisait rien pour ses amis (1), et le tems qu'il employa à négocier directement avec *Mazarin*, donna à *Servien* et à l'abbé *Fouquet*, celui de persuader à la reine de le perdre à la première occasion. Elle se présenta bientôt, parce que les propositions qu'on venait de lui faire avaient diminué ses défiances. Il alla au Louvre saluer LL. MM., et M. *de Villequier*, capitaine des gardes de quartier, l'arrêta dans l'anti-chambre. Les Frondeurs n'ayant point de chef, Paris fut tranquille, et le prisonnier conduit à Vincennes. Le Chapitre de Notre-Dame, qui était tout à lui, demanda aussitôt qu'on lui fît son procès ou qu'on le mît en liberté, et tous les jours il fit chanter une antienne publique à cette intention ; mais la Cour demeurant inébranlable, et le peuple dans l'inaction, les antiennes furent d'un faible secours.

Le Pape apprit la détention du cardinal *de Retz*, et il en parut fort mécontent. Cependant l'affaire ayant été examinée dans une congrégation composée des cardinaux en qui il se fiait le plus, il résolut de se gouverner avec beaucoup de circonspection dans cette conjoncture. Le parti qu'il prit fut d'envoyer à Paris *Marini*, archevêque de Lyon, pour demander que le jugement du prisonnier fût réservé au Saint-Siége, comme seul juge des cardinaux. *Marini* se mit en chemin, mais il trouva à Lyon une défense du roi de passer outre. Les partisans de la Cour trouvaient étrange qu'*Innocent X* se donnât ces mouvemens pour

____

(1) C'est donc avec légéreté que quelques personnes l'ont accusé d'oublier les intérêts de ses amis.

la liberté d'un homme qui avait nourri toutes les factions de l'Etat , après avoir vu d'un œil tranquille proscrire le cardinal *Mazarin*, et mettre sa tête à prix, quoique Sa Majesté se louât hautement de ses services. Il est vrai qu'il s'en fallait beaucoup que le souverain Pontife ne fût aussi bien prévenu en faveur du ministre que l'était la reine ; il le regardait comme l'homme du monde le plus artificieux et le plus fourbe, et ses disgraces ne lui avaient pas fait moins de plaisir qu'aux Frondeurs.

» Quelque joie qu'eût le cardinal *Mazarin* de tenir au donjon de Vincennes l'ennemi le plus redoutable qu'il eût dans le royaume , il ne laissait pas de prévoir qu'il serait difficile de rendre sa prison perpétuelle. L'archevêque de Paris était vieux , il pouvait mourir à toute heure ; son neveu lui succédait de plein droit, et en ce cas il paraissait périlleux de laisser le pasteur de la capitale dans les fers. Cette réflexion donna lieu de nouer une négociation qu'on poussa encore vivement, parce que l'archevêque mourut sur ces entrefaites. On proposa au prisonnier de donner sa démission en échange de six abbayes considérables, moyennant quoi il pourrait se retirer à Rome. Le Cardinal le fit sans difficulté , persuadé de la nullité d'un acte daté du donjon de Vincennes, et l'on convint qu'il serait transféré à Nantes jusqu'à ce que le Pape eût ratifié le traité. Il y arriva le 12 d'avril 1654 , et il fut logé au château , où le maréchal *de la Meilleraye* , quoique naturellement brusque et grand jureur, le traita avec toutes sortes de civilités. Il n'en fut pourtant pas gardé moins exactement, parce qu'il avait refusé de donner aucune caution , et même d'être prisonnier sur sa parole. On s'attendait que le Pape accepterait la renonciation , néanmoins il la refusa , quelques instances qu'on pût faire , même de la part du Cardinal, qui était bien résolu de la révoquer dès qu'il serait en liberté. Ce prélat sut bientôt qu'on l'accusait à la Cour de s'entendre avec le souverain Pontife, et qu'on pensait à le transférer à Brest. Cet avis lui fit prendre le dessein de rompre au plutôt ses fers. Après avoir pris les mesures pour cela avec le duc *de Brissac*, il forma le projet de concert avec M. *de Bellièvre*, alors premier président du Parlement de Paris, et M. *de Caumartin*, ses amis particuliers, de se rendre dans la capitale immédiatement après son évasion, pour y exciter un soulèvement général. Quarante relais disposés sur la route l'y auraient porté avant qu'on eût entendu parler de lui, mais Dieu en ordonna autrement. Le 8 d'août, à 5 heures du soir, il descendit, un bâton entre ses jambes, d'un bastion qui avait quarante pieds de haut, sans être aperçu de ses gardes. Quatre gentilshommes qui l'attendaient au bas le mirent à cheval, et tout semblait favoriser l'exécution de son premier plan, lorsqu'une chûte qu'il fit dans le faubourg et qui lui rompit l'épaule, le mit hors d'état de rien entreprendre. Il eut bien de la peine à gagner Mauve, à trois lieues de Nantes, où le duc *de Brissac* l'attendait; il y passa la nuit, et cinq cents gentilshommes rassemblés sur les terres de ce duc et sur celles du duc *de Retz*, le conduisirent à Machecoul, d'où il se rendit à Belle-Isle, puis à Saint-Sébastien, n'ayant point voulu aller à Madrid, pour ne pas donner lieu à ses ennemis de dire qu'il s'était jeté parmi les ennemis de la couronne. Il s'alla embarquer à Vinaroz, sur une galère qui le porta en Italie. *Innocent X* le reçut avec toutes les marques possibles d'estime, et lui donna peu après le chapeau. Ce pape vécut trop peu pour lui.

» Son évasion fit différens effets en France, suivant la disposition des esprits. Le Chapitre de l'Eglise de Paris, mis en mouvement par M. *de Caumartin*, n'en eut pas plutôt la nouvelle, qu'il fit chanter le *Te Deum* en actions de grace de sa liberté. Ils est constant (2) que si le cardinal *de Retz* avait pu exécuter son projet, il aurait rallumé dans le royaume une guerre plus dangereuse que les précédentes , par la haine générale qu'on portait à *Mazarin* , plus détesté , sans comparaison , que ne l'avait jamais été le cardinal de *Richelieu* , quoiqu'il fût naturellement beaucoup moins capable de faire du mal. Le roi qui était alors en Picardie , n'ayant point d'autres sentimens que ceux de son ministre , fit donner un arrêt du Conseil , par lequel il était défendu aux grands-vicaires de Paris de décerner aucun Mandement sans en avoir communiqué au Conseil de Sa Majesté. Le 22 du mois d'août on donna un second arrêt à Péronne , qui déclarait le siége de la capitale vacant , sur le fondement que l'archevêque avait donné sa démission , et le 21 septembre *Louis XIV* donna ordre au Parlement d'informer contre le Prélat comme ennemi de l'Etat , qui avait tout mis en usage en passant par l'Anjou et le Poitou , pour engager la noblesse à prendre les armes en faveur du prince *de Condé* qui était parmi les Espagnols (3). La chambre des vacations fit enregistrer le jour suivant les lettres-patentes , et ordonna qu'elles seraient exécutées selon leur teneur ; le cas notoirement privilégié faisant cesser toute exemption suivant l'usage de France. Le Clergé n'en jugea pas ainsi , comme il paraît par les remontrantres que firent ses agens généraux , et même l'assemblée de 1656 , qui furent si efficaces que le roi annulla le 26 d'avril 1657 , la Commission du 21 septembre 1654. Cependant le cardinal *de Retz* ne s'oubliait pas : il adressa différentes lettres à son Chapitre et au Clergé , qui étaient autant d'apologies. Celle

---

(2) Cette assertion n'est qu'une conjecture : il eût été mieux de dire : *il est probable.*

(3) Le P. *d'Avrigny* est le seul qui parle de ce fait.

qu'il écrivit le 14 décembre à tous les évêques du royaume, fut brûlée dans la place de Grève, par la main du bourreau, le 29 janvier 1655, comme un libelle séditieux et tendant à troubler le repos public, tant il est difficile de mesurer si bien les termes qu'ils n'offensent point les puissances lorsqu'on a le malheur de les avoir pour parties. Toute justification est un nouveau crime qui aggrave le premier. Après tout, le cardinal *de Retz* méritait bien la peine qu'il souffrait. Quoiqu'il écrivît bien, il avait des secrétaires qui le servaient encore mieux; et nous apprenons des Mémoires de *Joly*, que la lettre circulaire brûlée en vertu d'une sentence du Châtelet, venait de MM. de Port-Royal, qui embrassaient vivement son parti, parce qu'ils le croyaient favorable à leurs opinions, quoique, si l'on s'en rapporte à cet auteur, qui a été long-tems son conseil, il fût l'homme du monde qui s'embarrassait le moins de la religion. Un écrivain satirique prétend que la lettre en question était de la façon du célèbre abbé *de Rancé*, depuis réformateur de la Trappe, qui s'était jeté à corps perdu dans la cabale du Cardinal, dont il était la plume quand il s'agissait d'écrire contre le premier ministre. En cela il n'y a nulle contradiction, vu les liaisons que l'abbé avait alors avec les principaux chefs du parti. La publication du Jubilé fut une occasion à M. *de Retz* d'exercer son autorité en défendant au Chapitre de Paris de se mêler du gouvernement du Diocèse, et en nommant deux grands-vicaires. Le sieur *Chassebras*, curé de la Madelaine, qui en était un, se mit en possession de son emploi, nonobstant les oppositions de la Cour, à l'occasion desquelles il publia diverses monitions et différentes affiches où l'on voyait le nom de l'archevêque. Ces pièces étaient encore de la composition de MM. de Port-Royal, et le nom du Cardinal était contrefait par *Le Houx*, principal du Collége des Grassins, homme de néant, mais habile, et qui possédait au souverain degré le talent qui fait les faussaires, dont il fit plus d'une fois usage en faveur du Prélat, pour la défense duquel on n'avait pas de honte d'employer la fourbe et les friponneries. *Chassebras* en fit tant qu'une sentence du Châtelet, donnée le 27 septembre 1655, le bannit à perpétuité, confisqua ses biens, et déclara ses bénéfices impétrables, ce qui ne l'empêcha pas de publier de nouvelles monitions, où, en des termes qui ne respiraient que la piété et la charité chrétienne, il exhortait pathétiquement ceux qui entreprenaient sur la jurisdiction de l'Eglise, à demander pardon à Dieu et à faire pénitence.

M. *de Lyonne*, ambassadeur à Rome, eut ordre du roi de demander des juges qui fissent incessamment le procès à l'Archevêque. Mais la congrégation établie pour examiner cette affaire, répondit qu'on ne lui pouvait donner de juges qu'il n'eût été rétabli. *Alexandre VII* avait obligation à M. *de Retz*, qui n'avait pas peu contribué à son élection; mais le Pape devait plus de ménagement à un grand roi et à son ministre, qu'à un sujet coupable et disgracié....... *De Retz* consentit à la nomination d'un grand-vicaire pour administrer son diocèse : ce fut le sieur *Dusaussay*, qu'il révoqua bientôt. Le Pape, choqué de cette révocation, manda au Cardinal de le venir trouver à Monte-Cavello, où la crainte de la peste l'avait fait retirer. La peur d'aller au château Saint-Ange, fit partir de Saint-Cassien, où il prenait les eaux, le cardinal *de Retz*, et le détermina à s'aller mettre en sûreté en Franche-Comté, où il se rendit sur la fin du mois d'août 1656... Il changea de nom, erra de ville en ville, parcourut une partie de l'Allemagne et de la Hollande (4). La mort de *Mazarin* n'ayant apporté

***

(4) Le P. *d'Avrigny* adopte ici le récit de *Joly*, auquel il renvoie.

aucun changement dans la situation des affaires et dans la disposition du roi , toujours déterminé à lui interdire l'exercice de ses fonctions dans le royaume , il prit le parti d'envoyer sa démission , pure et simple, de l'archevêché de la capitale , ce qu'il fit en 1662.... Réduit à un petit nombre d'amis après le bruit et la figure qu'il avait fait dans le monde , il parut concevoir que les honneurs auxquels il était parvenu ne valaient pas ce qu'il lui en avait coûté pour s'y élever , et qu'il fallait mettre quelqu'intervalle entre la mort et une vie très-peu conforme aux règles du christianisme. En 1675 , il demanda au roi permission de renvoyer son chapeau de cardinal au Pape ; mais *Innocent X* , à la prière de S. M., lui ordonna de le conserver. Il s'alla ensuite enfermer dans une de ses abbayes pour y méditer à loisir des vérités qu'il n'avait guères vues jusques-là que de loin et en perspective. Cette démarche parut admirable à beaucoup de gens, parce que la rareté des choses est ordinairement ce qui en fait le prix (5). Comme il n'avait plus d'envieux , il

─────────────────────────────

(5) Le P. *d'Avrigny* est le seul qui ait tenu ce langage sur la retraite du cardinal *de Retz*. Il supplée , d'une manière assez plaisante, au silence de la médisance , et l'on serait tenté de croire que le *bon* Jésuite ne loue qu'à regret.

Voici ce que dit le même auteur dans ses *Mémoires pour servir à l'Histoire universelle de l'Europe*, t. II, année 1749: « M. *de Retz*,
» depuis cardinal, s'était mis à la tête des Frondeurs, indigné
» du peu de cas que la reine avait fait de ses services, quand il
» était allé les lui offrir pendant la sédition. Il forma le dessein
» de faire voir qu'un homme de son caractère devait être plus mé-
» nagé. Ce prélat fort ambitieux, mais quiavait d'ailleurs de
» grandes qualités, jugea que son parti serait toujours faible, s'il
» n'y faisait entrer quelqu'un dont le nom et la réputation lui
» donnassent du crédit. Il fit donc tenter M. le Prince (le grand
» *Condé*), qui, après avoir balancé quelque tems, se rendit aux
» larmes de la reine. Ce chefmanquant aux Frondeurs, le
» Coadjuteur jeta les yeux sur le prince *de Conti*, qu'il gagna. »

n'avait plus d'ennemis. Ainsi la médisance n'attaqua point, au moins publiquement, la pureté de ses intentions, et l'on regarda comme un grand triomphe de la grace, ce qui dans un autre, ou dans un autre tems, aurait pu être regardé comme un raffinement d'amour-propre.

Il mourut à Paris le 24 août 1679, à 66 ans.

LE PRESIDENT HÉNAUT.

JEAN-FRANÇOIS HÉNAUT, de l'Académie française, de celle des Inscriptions, président honoraire aux Enquêtes, fils d'un fermier général, commença par être oratorien. Il était né en 1685 : il est mort en 1770. Bien moins connu par quelques pièces de théâtre assez médiocres, que par l'*Abrégé Chronologique de l'Histoire de France*. Cet ouvrage, justement estimé, sera toujours utile, quoique M. *Palissot* prétende qu'il commence à décroître dans l'opinion publique et qu'il s'y trouve beaucoup de fautes essentielles (il cite le règne de *François II.*)

Je connais un manuscrit sur l'Histoire de France, fait pour *Louis XV :* il offre les divisions qu'on retrouve dans l'ouvrage du président, et le cadre que ce dernier s'est tracé. Ce manuscrit fut fini en 1735. Je ne serais pas éloigné de croire qu'il a servi au Pᵗ. *Hénaut.* Du reste cette remarque n'ôte rien au mérite de ce dernier, car le manuscrit en question ne présente qu'une nomenclature aride de faits et de noms, rangés par colonnes, qu'un squelette, et si le président s'en empara, ce fut pour lui donner la vie et la santé.

« On a de la peine à comprendre comment un homme qui passa sa vie à cabaler, n'eut jamais de véritable objet. Il aimait l'intrigue pour intriguer (1).

---

(1) Un mot sur ce qu'on appelle *intrigant*. Le but auquel on tend change les dénominations et les idées. Dans des tems de troubles, l'un des hommes les plus considérables d'un parti ne peut se mettre à la tête de ce parti, parce qu'il occupe un emploi, et se trouve dans un état dont les fonctions sont incompatibles avec celles d'un chef de faction : il est donc obligé d'aider, et les chefs et le parti, de ses conseils, de ses démarches, de tous les moyens qui sont en son pouvoir. Comme il n'a pas de troupes, comme il n'est pas le chef, c'est un *intrigant*. Donnez-lui une armée avec laquelle il se fait craindre, avec laquelle il dicte des conditions, ce n'est plus un *intrigant*, quoiqu'il ait tenu la même conduite que celui à qui vous donnez cette qualification, mais à qui il n'avait manqué que cette armée. C'est l'histoire de *Gondi* ; c'est celle de *Condé* (je mets à part les talens militaires de ce dernier, je ne parle que des circonstances et de la conduite de chacun des deux). *Condé* a assisté à des assemblées nocturnes contre *Mazarin :* il a donné ou reçu des rendez-vous ; il en a même eu avec *de Retz*. Mais toutes ces démarches, qui ont valu à l'un l'épithète d'*intrigant* (*), ont été faites impunément par l'autre, parce qu'il est allé se mettre à la tête d'une armée. Il faut convenir que si cette distinction

(*) De la part d'*Hénaut*, copié par *Anquetil*, *Marmontel*, etc.
Remarquons qu'aucun des Contemporains de *Paul de Gondi* ne s'est servi de cette expression.
Remarquons que le Président a formé son opinion sur le Coadjuteur d'après les entretiens qu'il avait avec *d'Argenson*, dont on lira plus bas l'article. Ce dernier dit, dans ses *Loisirs*, qu'il voyait souvent *Hénaut*, qui s'occupait de l'Histoire de France, etc., et avec qui il avait de fréquens entretiens.
Tous les témoignages d'écrivains postérieurs aux contemporains du Cardinal se réduisent à celui de M. *d'Argenson*, ou plutôt, comme on le verra à son article, aux contes de sa grand'-mère.

Esprit hardi, délié, vaste. et un peu romanesque ;
sachant tirer parti de l'autorité que son état lui donnait
sur le peuple, et faisant servir la religion à sa politique : cherchant quelquefois à se faire un mérite de
ce qu'il ne devait qu'au hazard, et ajustant souvent,
après coup, les moyens aux événemens. Il fit la guerre
au roi (2), mais le personnage de rebelle était ce qui
le flattait de plus dans sa rébellion. Magnifique, bel
esprit, turbulent, ayant plus de saillies que de suites,
plus de chimères que de vues ; déplacé dans une monarchie et n'ayant pas ce qu'il fallait pour être répu-
blicain, parce qu'il n'était ni sujet fidèle, ni bon citoyen : aussi vain, plus hardi, et moins honnête-
homme que *Cicéron :* enfin plus d'esprit, moins grand
et moins méchant que *Catilina.* Ses Mémoires sont
très-agréables à lire ; mais conçoit-on qu'un homme
ait le courage ou plutôt la folie de dire de lui-même
plus de mal que n'en eût pu dire son plus grand ennemi (3) ? Ce qui est étonnant, c'est que ce même
homme, sur la fin de sa vie, n'était plus rien de tout
cela, et qu'il devint doux, paisible, sans intrigue et

---

n'est pas juste, elle est admise, et qu'il y a beaucoup d'idées
reçues qui ont besoin d'être un peu rectifiées.

« C'est à tort, (dit M. *Sénac-Meilhan*, page 122 de la dernière
» édit. des *Mém. de la Palatine*), qu'on a regardé le cardinal
» *de Retz* comme un homme turbulent, qui cabalait sans but,
» pour le plaisir de cabaler. Il était plus épris de la gloire que
» du pouvoir, et moins sensible à la faveur qui s'acquiert si
» souvent par des moyens obscurs et vils, qu'aux succès popu-
» laires qui ont enivré tant de grands hommes. Il dit dans ses
» Mémoires que le ministériat était encore moins à son goût
» qu'à sa portée. »

(2) A *Mazarin*, eût été plus vrai.

(3) Voyez sur cette question l'extrait de l'esprit de la Fronde,
vers la fin, et la note.

l'amour de tous les honnêtes-gens de son tems, comme si toute son ambition d'autrefois n'avait été qu'une débauche d'esprit et des tours de jeunesse dont on se corrige avec l'âge : ce qui prouve bien qu'en effet il n'y avait en lui aucune passion réelle. »

En lisant avec attention cet extrait du président *Hénaut,* on trouve moins l'historien que l'orateur. Quand on se trace un cadre étroit, quand on s'est mis dans la nécessité d'*abréger* les grands événemens, d'en omettre même, un portrait et des parallèles sont des hors-d'œuvre.

VOLTAIRE.

Né en 1694, mort en 1778. Les charmes du style, la justesse du coup-d'œil ; voilà ce qui distingue *Voltaire,* historien véridique malgré les doutes de quelques personnes. *Robertson* assure qu'il ne manque, dans l'*Essai sur l'Histoire générale,* que les citations en marge ; l'auteur anglais s'est occupé de rechercher les témoignages sur lesquels *Voltaire* s'appuie, et déclare qu'il les a trouvés. En retranchant des Œuvres de *Voltaire* tout ce que rejetterait une sévérité juste et même rigoureuse, il restera encore un assez *gros bagage* pour désespérer les détracteurs envieux qui, répétant toujours des reproches usés et rebattus, s'acharnent sur cet homme célèbre. Il est un peu de notre intérêt et de l'honneur des Français (en parlant sous les rapports littéraires) de défendre *Voltaire.*

« Le cardinal *de Retz* est le premier évêque qui ait fait une guerre civile sans avoir la religion pour prétexte. Cet homme singulier s'est peint lui-même dans ses Mémoires écrits avec un air de grandeur, une impétuosité de génie et une inégalité qui sont l'image de sa conduite. C'était un homme qui, du sein de la débauche, prêchait le peuple et s'en faisait idolâtrer. Il respirait la faction et les complots. Il avait été à l'âge de 23 ans l'ame d'une conspiration contre la vie de *Richelieu.* Il fut l'auteur des barricades : il précipita les Parlemens dans les cabales et le peuple dans les séditions. Ce qui paraît surprenant, c'est que le Parlement, entraîné par lui, leva l'étendard contre la Cour, avant même d'être appuyé par aucun Prince.

» Il vécut en *Catilina* dans sa jeunesse, et en *Atticus* dans sa vieillesse (1). Ses Mémoires sont dignes de *Salluste.* » (*Siècle de Louis XIV.*)

CHESTERFIELD.

Philippe-Dorner-Stanhope, comte de Chesterfield, né à Londres en 1695, mourut en 1773. Il fut lié avec *Pope, Addisson, Gay,* etc.,

---

(1) Les auteurs du *Dictionnaire historique*, en disant qu'il *mourut en Atticus* après avoir vécu en *Catilina*, ont mal copié *Voltaire* en ajoutant à sa pensée. *Atticus* se laissa mourir de faim. La comparaison de *Voltaire* porte sur la conduite philosophique d'*Atticus*, et non sur sa mort. Voyez la note à la fin de l'extrait des Lettres de Mad^me *de Sévigné.*

et brilla dans la Chambre-Haute, après avoir occupé des emplois honorables. Se livrant à son goût pour les lettres, il s'éloigna volontairement de la Cour. Il a fait plusieurs ouvrages. Le plus connu est sa correspondance avec son fils, qui forme quatre volumes, traduits en français. On voit dans ces Lettres que la morale du père était très-relâchée. Il préférait l'amabilité à l'honnêteté. Il recommande à son fils les *graces* et la *politesse*, comme le point le plus essentiel pour réussir dans le monde ; répète ces recommandations jusqu'à la satiété, et lui indique tous les moyens de tromper les femmes. Ces Lettres seraient bien meilleures, mais aussi bien moins nombreuses ou bien moins longues, si on en retranchait ces deux articles, et formeraient deux volumes excellens au lieu de quatre. Ce fils pour lequel il prodigua tant de soins, était un fils naturel. Il profita bien peu des leçons du comte, et des personnes qui l'avaient connu, ont assuré qu'il était extrèmement médiocre. *Chesterfield* eut la douleur de survivre à l'objet de sa tendresse.

Chesterfield avait, pour le cardinal *de Retz*, une estime particulière ; il en fait souvent l'éloge et insiste toujours auprès de son fils pour lui faire lire ses Mémoires. Nous ne transcrirons qu'un ou deux passages de ces lettres. Il a même

extrait de l'ouvrage de *Gondi* un petit nombre
de pensées pour son fils.

Voici les remarques qui accompagnent ces
maximes :

« J'ai recueilli pour votre usage les maximes politiques du cardinal *de Retz*. Ce ne sont pas des apho-
rismes de son invention, mais des observations justes
dont la vérité m'est attestée par ma propre expérience.
Lisez-les avec attention, ainsi que les Mémoires. Je
connais à peine un livre plus utile à retenir. Vous
trouverez là comme on conduit les grandes affaires.
Vous y verrez ce que sont réellement les Cours et les
Courtisans, et vous observerez qu'ils ne sont pas aussi
bons qu'ils devraient être, ni aussi méchans qu'on le
pense. Vous observerez la froideur en général, la
perfidie dans quelques cas, la sincérité dans très-peu;
et dans d'autres des *amitiés de Cour*. Vous apprendrez
à vous méfier de tout le monde en général. Vous
verrez l'utilité de la politesse, même à l'égard de ses
plus grands ennemis. Vous trouverez dans le Cardinal
un composé étrange de bien et de mal, de talens et
d'indiscrétion ; dans le duc *d'Orléans* un modèle de
faiblesse, d'irrésolution et de crainte, quoique avec des
talens. Enfin vous verrez à chaque page de ce livre
l'homme tel qu'il est : une créature inconséquente. Il
paraît par ces Mémoires, ceux de *Joly* et de Mad^me
de Motteville, qu'*Anne d'Autriche* (j'en demande pardon aux têtes couronnées) était une.... (1). Elle avait

---

(1) Le traducteur français a mis *une femme sans honneur*;
mais la lettre initiale qui se trouve en anglais indique une
expression beaucoup plus forte. *Chesterfield* avait très-mauvaise
opinion de la mère de *Louis XIV* ; il prétend que *Louis XIII*
n'était pas le père de ses enfans, et que *si le duc* de Buckingham

du courage, un génie entreprenant ; était libertine sans tendresse, etc.

» *Mazarin* était un grand fripon sans être un grand homme. Quant à son ennemi le cardinal *de Retz*, on peut l'appeler, à juste titre, un homme de grands talens, mais non pas un grand-homme (2). Il ne fut jamais si grand que dans sa retraite. Les femmes ont toujours eu, en France, quelque part dans les affaires. Elles sont toujours gouvernées par l'homme qu'elles

---

eût vécu plus long-tems, Anne d'Autriche *en aurait eu un troisième*. Il n'est pas vraisemblable que *Chesterfield* veuille faire entendre que *Buckingham* était le père de *Louis XIV* et de son frère ; il commettrait un grand anachronisme ; car l'aîné des deux princes naquit en 1638, dix ans après que le duc eut été assassiné. *Chesterfield* est très-partial : il est quelques historiens qui, s'appuyant sur une tradition ennemie, ont voulu jeter des doutes sur la paternité de *Louis-le-Juste*, doutes auxquels les conjectures faites à l'occasion du Masque-de-fer, ajoutèrent encore plus d'importance. Du reste *Chesterfield* a tort de citer Mad^me *de Motteville* comme parlant mal d'*Anne d'Autriche*, sur les défauts de laquelle la reconnaissance lui a fait jeter un voile.

(2) Cette distinction est très-juste. Pour être un *grand-homme*, il faut, si l'on sort de la sphère dans laquelle les convenances ou le hasard nous ont placés, que ce soit par ces actions éclatantes qui confondent toutes les conditions, et nous mettent au-dessus de nos contemporains. On peut encore être un grand-homme quand on se distingue dans une carrière honorable, et qu'on se place au premier rang. Le cardinal *de Retz* aurait pu s'illustrer dans l'état où *Fénélon* et *Bossuet* ont occupé une place que personne n'a remplie depuis eux. Mais en *mélant* des fonctions inconciliables, en faisant tout *à demi*, il a montré de *grands* talens sans être un *grand-homme*. Il l'eût été (tant les réputations dépendent souvent des circonstances), s'il se fût mis, comme *Condé*, à la tête d'une armée, s'il eût remporté des victoires, fait sa paix avec son roi, et battu les ennemis de la patrie.

aiment, et elles gouvernent toujours celui qui les
aime. Celui ou celle qui aime le plus est toujours gouverné par celui ou celle qui aime le moins. Mad^me *de
Montbazon* gouverna **M.** *de Beaufort* qui l'aimait;
Gondi, Mad^me et Mlle *de Chevreuse*, Mme *de Longueville*, son frère le prince de *Conti*, et elle fut conduite
par *Marsillac*, etc. »

(*Lettre* 145.) « The Memoirs of the cardinal *de
Retz* will both entertain and instruct you : they relate
to a very interesting period of the french history. The
caracters of all the considerable people of that time
are drawn in a short, strong, and masterly manner;
and the political reflections which are most of them
printed in italics are the justed that ever j met
with : they are not the laboured reflections of a sys-
tematical closet politician, who, without the least
experience of business, sifs at home and writes
maxims : but they are the reflections which a great
and able man formed, from long experience, and
practice in great business. They are true conclusion,
drawn from facts, not from speculations. »

(*Lettre* 149.) « The best Memoirs that jknow are
those of cardinal *de Retz* which jadvise you to read
more than once, with attention. Pray attend to
andremember them. J never read them, but my own
experience confirms the truth of them. Many of them
seem trifling to people who are not used to business:
butthose whoare wise, feel the truth of them. »

DÉSORMEAUX.

Joseph-Ripault Désormeaux, né à Orléans et
mort à Paris en 1793, à 70 ans, fut membre
de l'Académie des Belles-Lettres. Il manque

(a-t-on dit) de force et de chaleur ; mais son style a de la grace et un ton de décence et de vérité qui plaît. Son *Histoire du prince de Condé* est faiblement écrite. Dans celle de la *maison de Bourbon*, il loue plus qu'il ne juge et fait beaucoup de digressions. Celle de la *maison de Montmorency* offre de l'intérêt. Son meilleur ouvrage est l'*Abrégé chronologique de l'Histoire d'Espagne et de Portugal*.

C'est cet historien que nous avions en vue en examinant les considérations qui entravent la pensée d'un écrivain. *Désormeaux*, chargé de l'histoire de deux maisons puissantes, et payé par elles, a pu prendre avec lui-même et sans peut-être s'en douter, l'engagement tacite de taire ou pallier ce qui pouvait déplaire. Le grand *Condé* et le cardinal *de Retz*, furent long-tems d'un parti opposé (quoique par la bizarrerie des tems chacun appartînt à un parti répréhensible), et peut-être l'historien s'est-il souvenu de cette opposition dans le portrait du cardinal. Quoi qu'il en soit, le voici :

« *Jean-François-Paul de Gondi de Retz*, avait reçu de la nature un génie puissant et lumineux, des qualités éclatantes, un courage indomptable. Son ame était inquiète, jalouse, amie de l'ostentation, du faste, des nouveautés, de l'indépendance et de la faction. Les dangers éminens, suivis d'une grande réputation, n'avaient que de l'attrait pour cet homme fier et dangereux, habile à pénétrer les desseins d'autrui, profond et impénétrable dans les siens , d'une foi inviolable envers ses complices , prodigue de son bien et de celui des autres , capable de tout oser, de tout attaquer, de tout renverser pour satisfaire ses passions. Au reste, sans frein et sans mœurs , faisant servir indifféremment à ses vues la vertu , le vice, la probité , les sciences et la religion. C'est du sein de la débauche et du libertinage qu'il osait prêcher toute la sévérité de la morale chrétienne. Son éloquence , son génie, son affabilité , ses profusions secrètes , le zèle dont il affectait d'être pénétré pour le bien public, le rendirent long-tems l'objet de la vénération de la multitude. Elle ne voyait que des vertus , de l'élévation , de la grandeur d'ame, de la générosité, dans un prélat qui n'était regardé par les sages que comme un homme factieux , violent , hardi et emporté. Tels étaient les déréglemens de l'ame et de l'esprit de *Gondi*, qu'il eût préféré la qualité de chef de parti à celle de premier ministre ! Croirait-on qu'il s'honorait du nom de petit *Catilina*, et que , dès son enfance, il ne regardait qu'avec vénération ce fameux conspirateur, et les autres dont le génie et les attentats , le courage et la destinée ont étonné l'Univers ? Il approfondissait leurs caractères ; il démêlait leurs intrigues, il étudiait leurs marches et se formait sur leur modèle. Lorsqu'au séminaire on le croyait occupé à méditer les vérités de la religion dont on lui destinait un des principaux ministères, il essayait son ame aux complots et aux conjurations. Il avoue lui-même qu'il en conduisit une à l'âge de 23 ans, contre la vie de *Richelieu*. Cet apprentissage du crime enhardit son courage , développa ses talens , au point qu'on disait de lui, qu'il avait autant de génie pour déchirer et renverser un empire, que le grand *Condé* pour le conquérir et le gouverner (1).

____

(1) *Condé* était plus propre à conquérir qu'à gouverner.

Les Mémoires que cet homme sublime et pervers nous a laissés, et dans lesquels il parle avec autant d'audace que d'indifférence de ses vices, de ses excès, de ses fautes, de ses passions, de ses crimes et de ses talens, respirent la grandeur, le feu, l'impétuosité et l'inégalité du génie. On voit qu'il n'est touché que des choses extrêmes, souvent chimériques, impossibles, et toujours supérieures à la fortune et à l'ambition d'un particulier. Au reste, la destinée de ce prélat fut la même de presque tous les grands hommes de son siècle. Après avoir scandalisé la terre, il l'édifia. Aux passions les plus violentes succéda le calme le plus profond. L'esprit de faction et de discorde fit place à la douceur et à l'aménité. Il devint enfin dans sa vieillesse l'amour et les délices des honnêtes gens dont il avait été le fléau dans sa jeunesse. »

SÉNAC DE MEILHAN.

Gabriel Sénac de Meilhan, né à Paris en 1736, jadis maître des requêtes et successivement intendant de la Rochelle, de Provence et de Valenciennes, émigra en 1792. On m'a assuré qu'il avait été, pendant son émigration, bibliothécaire de l'empereur de Russie, *Paul Ier*. Il est mort à Vienne, en Autriche, le 16 août 1803. Il est auteur d'un assez grand nombre d'ouvrages, entre autres : *les Deux Cousins*, roman dans le genre de *Zadig ;* les *Considérations sur le luxe et les richesses ; autres Considérations sur l'esprit et les mœurs*, ouvrages philosophiques qui ont eu un grand succès, mais où l'élégance du style l'emporte sur la profondeur des pensées ; *l'Emigré*, en 4 volumes ; une traduction des deux premiers livres des *Annales de Tacite ; la Galerie des Etats-Généraux*, attribuée (par M. *Barbier*) à MM. *de Luchet, Mirabeau, Delaclos*, etc. (1) ; les *Mémoires d'Anne de Gonzague ; Mélanges de Philosophie et de Littérature*, imprimés à Brunswick, etc.

M. *de Meilhan* était fils du célèbre médecin *Sénac*, à qui le maréchal *de Saxe* disait en mourant : *M.* de Sénac, *j'ai fait un beau réve !*

Voici ce que M. *de Meilhan* dit sur le cardinal *de Retz*, dans la Préface de sa traduction des *Annales de Tacite*, page xix.

« J'ai souvent cherché quel était l'écrivain de nos jours qui avait le plus de rapport avec *Tacite*, et il me semble que le cardinal *de Retz* est le seul qu'on puisse lui comparer. Tous deux sont doués éminemment du génie politique ; tous deux portent d'un trait rapide la lumière dans les profondeurs du cœur humain, rassemblent, démêlent et séparent les principes des

---

(1) Un ancien Maître des Requêtes, ami intime de M. *de Sénac*, nous a assurés que M. *Barbier* était dans l'erreur, et qu'il savait à n'en pouvoir douter que M. *de Sénac* avait fait la *Galerie des Etats* et celle des *Dames françaises*. En effet le portrait de *Cneis*, auteur de ces ouvrages, et qui se trouve dans le 1er volume, ne convient nullement à aucun des écrivains à qui M. *Barbier*, ainsi que beaucoup d'autres, attribue la *Galerie des Etats-Généraux*.

actions ; tous deux ont eu de grands hommes à peindre et les ont peints des plus fortes couleurs ; tous deux ont eu part aux plus grandes affaires et se sont trouvés à portée de connaître ceux dont ils ont tracé les portraits et rapporté les actions.... Ils se ressemblent par la profondeur des vues politiques et de leurs observations morales. »

Voyons ce que le même auteur met dans la bouche d'une femme qui joua dans les troubles de la Régence, un rôle brillant (2).

(*Mémoires d'Anne de Gonzague, princesse Palatine* (3), *p.* 87.) « Le Coadjuteur avait un génie supé-

---

(2) *Anne de Gonzague*, fille de *Charles de Gonzague*, duc de Nevers, puis de Mantoue, connue sous le nom de la *princesse Palatine*, épousa en 1645 le prince *Edouard*, comte Palatin du Rhin, cinquième fils de *Frédéric V*, électeur Palatin, dont elle eut trois filles. Elle maria l'aînée à *Henri-Jules de Bourbon*, prince *de Condé*. Elle joua un rôle dans les troubles de la Fronde. Elle mourut en 1684, à 68 ans. Elle était belle, spirituelle, aimable et franche. *Bossuet* a fait son oraison funèbre, dans laquelle on lit ce passage. « La *Palatine* eut le secret de
» tous les partis, tant elle savait gagner les cœurs. Son carac-
» tère particulier était de concilier les intérêts opposés en
» trouvant le nœud secret par où l'on pouvait les réunir. Elle
» soutint le cardinal *Mazarin*, deux fois éloigné, contre sa
» mauvaise fortune, contre ses propres frayeurs, contre la
» malignité de ses ennemis et la faiblesse de ses amis, pres-
» que tous divisés, ou irrésolus, ou infidèles. »
M. *de Sénac*, dans les Mémoires de la *Palatine*, la représente sous les couleurs qui lui conviennent.

(3) Lorsque ces Mémoires parurent (en 1786), le public en fut d'abord la dupe et les crut d'*Anne de Gonzague*, parce que l'auteur avait assez réussi, dans ses efforts, pour prendre le style du tems. Mais avec plus d'attention on ne se serait point

rieur, de la grandeur d'ame, et une générosité qui allait jusqu'à la profusion. Il avait l'art de se faire des créatures et d'inspirer de l'enthousiasme aux uns par son esprit, aux autres par son entier dévouement aux intérêts de ses amis. Il avait de la popularité, de l'éloquence, enfin toutes les qualités propres à faire jouer un grand rôle dans un tems de trouble. Son génie était au-dessus des affaires, et sa trempe était telle qu'il ne pouvait avoir tout son essor dans une monarchie : aussi se plaisait-il davantage à régner sur les esprits, à former des partis, à les opposer les uns aux autres, à dominer par son éloquence, à diriger par son habileté, qu'il n'aurait été satisfait dans la place de premier ministre, où l'autorité semble tout applanir et laisser moins d'action au génie. Il ne concevait jamais rien qui ne fût grand, et se perdait quelquefois dans le vaste. Les crimes ne lui auraient rien coûté dans un

------

laissé tromper par cette supercherie. On voit que M. *de Sénac*, avant de les composer, avait lu et relu les Mémoires sur cette époque, et sur-tout ceux du cardinal *de Retz*, dont on reconnaît souvent le style, et dont on retrouve, dans l'*Histoire de la Palatine*, plusieurs maximes littéralement copiées. Les pages 66, 71, etc., et la maxime que *les Compagnies sont peuple*, qui se trouve dans la bouche d'*Anne de Gonzague*, prouvent de reste mon assertion. Cette réflexion n'ôte rien au mérite de ces Mémoires. Ils sont bien écrits, intéressans, remplis d'observations judicieuses et de grandes vues. C'est, au total, une des plus piquantes imitations qu'on ait jamais faite des Mémoires originaux d'un personnage célèbre. *Laharpe*, qui ne savait pas que M. *de Sénac* avait servi de secrétaire à la Palatine, dit dans sa *Correspondance littéraire :* « L'auteur, quel qu'il soit, ne peut » être qu'un homme de beaucoup d'esprit qui possède à fond » sa matière ; il a ce ton libre, noble, aisé.... La manière de » raconter est à lui. »

Cet auteur, qui n'a même jamais été généralement connu, est donc M. *de Sénac-Meilhan.*

moment décisif (4) ; la grandeur et l'éclat de l'objet l'auraient emporté sur tout principe, auraient fait taire en lui tout sentiment. Sa tête était remplie d'une grande érudition en matière de conjuration. Il avait étudié les ressorts des anciennes conspirations, savait par où chacune avait réussi ou manqué. Enfin cette partie de l'histoire, si chère à son cœur, lui était familière, comme les détails de la guerre à un homme qui se destine au commandement des troupes, comme les lois à un magistrat éclairé. Il aurait pu professer les conjurations.

(*Page* 210 *et suiv.*) « Je fus surprise que la reine eût été jusqu'à offrir au Coadjuteur l'appartement de *Mazarin* et l'entrée au Conseil. Il s'y refusa, et je crois qu'il fit très-mal... Son habileté et la séduction de son esprit lui auraient dans peu fait acquérir de l'ascendant sur cette princesse. Un homme jeune, ambitieux, spirituel, habitué au commerce des femmes, habile à flatter leur amour-propre, avait bien des avantages pour s'insinuer dans la confiance de la reine. Elle se serait accoutumée à le consulter, à suivre ses conseils. Enfin le Coadjuteur qui aurait su se rendre agréable à une grande partie du public, qui aurait eu le peuple pour lui, et qui se serait habilement servi du fantôme appelé *Monsieur*, l'aurait emporté bientôt sur un absent, que la reine aurait regardé comme le principe de tous ses chagrins et des troubles qui agitaient l'Etat. Plus j'ai réfléchi à cette circonstance, et plus je me suis persuadée qu'il a manqué la plus haute fortune.

---

(4) Cette assertion me semble un peu hazardée. Le cardinal *de Retz* s'est trouvé dans des circonstances où il aurait pu commettre *un crime heureux*. Il avait ce moyen de se défaire de *Mazarin* son ennemi capital, et il fut un jour maitre de la vie du *grand Condé*.

Ceux qui connaissent son caractère n'en seront pas surpris. Séduit par l'éclat d'une grande action et de l'extraordinaire, il ne comptait plus pour rien ses plus solides et ses plus chers intérêts. »

LE MARQUIS D'ARGENSON.

René-Louis de Voyer marquis d'Argenson, ministre des affaires étrangères, mort en 1756, était un homme instruit et sage. Il a fait *les Loisirs d'un Ministre*, ou *Essais dans le goût de ceux de Montaigne*. Il aurait pu se dispenser d'ajouter ce second titre que lui suggéra son amour pour *Montaigne* qu'on peut aimer, lire et relire, mais qu'on ne tente pas d'imiter.

« Il me paraît que les *Gracques* abusèrent de leur esprit, de leurs talens, de leur zèle : en supposant même qu'il fût sincère, ils en furent bien punis. Cependant leur exemple n'a point empêché qu'environ dix-sept cents ans après leur mort ils n'aient trouvé des imitateurs ; tels furent au seizième siècle le comte *de Fiesque*, gênois, et au dix-septième, le cardinal *de Retz*.

« L'histoire de la révolution que le premier tenta de faire à Gênes et dont il fut la victime, a été écrite en italien, en 1629, par *Augustin Mascardi*, dans le goût de celle de *Catilina* par *Salluste*. Le cardinal *de Retz*, encore jeune, trouva ce morceau d'histoire, en italien, si intéressant, qu'il se plut à le traduire. Il l'embellit même, et le travailla avec un soin qui prouve que le caractère du héros lui plaisait et qu'il eût été charmé de le prendre pour modèle. Il semble en convenir dans quelques endroits de ses Mémoires....

» Ce fut à l'âge de dix-sept ans que *Jean-François Paul de Gondi* écrivit cette histoire du comte *de Fiesque;* mais il ne trouva pas aussitôt l'occasion de faire éclater son talent ou plutôt son goût décidé pour l'intrigue ; car ce ne fut qu'à l'âge de 28 ans qu'il fut nommé coadjuteur de l'archevêché de Paris , possédé par *Jean-François de Gondi* , son oncle. *Louis XIV* monta sur le trône cette même année , et les troubles de la Fronde ne commencèrent que cinq ans après , en 1648. Le Coadjuteur s'y signala jusqu'en 1652 qu'il fut arrêté, mis en prison , d'abord à Vincennes , ensuite dans la citadelle de Nantes , d'où il se sauva en 1655. Il erra pendant quelque tems dans différentes parties de l'Europe , et ayant fait la paix avec sa Cour , en 1661 , il se démit de l'archevêché de Paris , ne conserva que l'abbaye de Saint-Denis , et vécut en homme sage et revenu de toutes les erreurs où l'avait entraîné l'exemple des *Gracques* , de *Catilina* et du comte *de Fiesque.* Cependant il se plaisait encore , sur ses vieux jours , à se rappeler le bruit qu'il avait fait dans sa jeunesse. Comme il avait une prodigieuse mémoire , il contait avec satisfaction les détails de sa vie turbulente et agitée. Il les a même écrits , et cet ouvrage est assez connu sous le nom de *Mémoires du cardinal de Retz.* Je peux dire que c'est pour moi un ouvrage de famille , puisque ce sont mes proches parens qui en ont conservé le manuscrit, tel qu'il a été imprimé en 1717. D'ailleurs j'ose assurer que si ce manuscrit avait été perdu, je l'aurais retrouvé tout entier dans les entretiens de mon oncle , M. *de Caumartin* , évêque de Blois. Ce prélat avait été , pour ainsi dire , élevé sur les genoux du cardinal *de Retz* , qui avait eu la permission , peu de tems avant sa mort , de lui résigner l'abbaye de Buzay , que le Cardinal lui-même avait obtenüe étant enfant. Mon grand-père maternel, père de l'évêque, était ami intime du Cardinal. Ma grand'-mère, qui a vécu très-longtems, l'avait beaucoup connu. Ainsi j'ai de tous côtés des traditions excellentes sur ce fameux personnage, et je peux assurer, sans me tromper, que c'était un vrai brouillon (1), un intrigant sans motif et sans

---

(1) M. *de Caumartin* avait toujours été en effet l'intime ami du Coadjuteur. Mme *de Sévigné* parle de l'attachement et du dévouement sans bornes du grand-père maternel de M. *d'Argenson* pour le Cardinal. Comment concilier cette amitié qui résista même aux persécutions dont M. *de Caumartin* devint l'objet pour cette liaison, comment la concilier avec l'opinion qu'exprime le ministre dans ses *Loisirs?* Comment aime-t-on, comment estime-t-on un *vrai brouillon, un intrigant sans motif?* comment lui reste-t-on fidèle? On doit se féliciter que M. *d'Argenson* n'ait pas eu la peine de *retrouver les Mémoires de M. de Retz, dans les entretiens de son oncle :* nous serions privés des meilleurs mémoires historiques que les modernes aient écrits. — *Hénaut* a présenté plus éloquemment et avec plus de talent, cette opinion sur le Cardinal, qu'il a eue dans ses *entretiens* avec M. *de Voyer*, qui l'avait prise à son tour dans ses *entretiens* avec l'Evêque de Blois, qui la tenait de sa mère : et d'*entretiens* en *entretiens*, l'épithète d'*intrigant sans motif et sans objet* a été placée dans une des pages de la meilleure Histoire de France. *Anquetil* et *Marmontel* l'ont répétée, et après eux, des écrivains obscurs ou anonymes. Comme on lit plus, en général, les Histoires que les Mémoires contemporains sur lesquels elles ont été rédigées, il en est résulté que l'opinion sur *Paul de Gondi* s'est formée d'après ces Histoires et non sur les Mémoires en question : et voilà comme se trouve accrédité et ensuite incontestable un jugement qui n'a d'autre base, en remontant à la source, qu'un *ouï-dire* de M. *d'Argenson*, venant de madame sa grand'-mère !

Il faut bien répéter encore ici qu'aucun des contemporains du Cardinal ne l'a traité aussi mal que la veuve de son intime ami, M. *de Caumartin*, et que c'est sur les *causeries* de cette veuve qu'*Hénaut, Anquetil* et *Marmontel* ont, sans nullement

objet, faisant du bruit pour en faire, et très-mal adroit dans le choix de ses moyens....

» Le père du cardinal *de Retz*, après avoir été général des galères, étant devenu veuf, se fit père de l'Oratoire, et enterrer dans l'église du séminaire de Saint-Magloire, en 1662. Le fils aurait dû commencer par où le père finit, mais il prit une route toute différente (2).........

Ici suivent des détails sur le parti que prit le Coadjuteur dans la guerre civile : détails que nous ne répéterons pas, parce qu'ils s'accordent avec ceux du Cardinal que nous présentons et qui valent beaucoup mieux.

____

s'en douter, peint le cardinal *de Retz*. Et puis croyez à l'histoire, et aux historiens !

Tout se réduit donc au témoignage de Mme *de Caumartin* : témoignage qui n'étonne pas, si l'on songe que son mari fut souvent obligé de se cacher pour cause de dévouement au Coadjuteur. Elle aurait tenu un tout autre langage si le Cardinal, heureux dans ses projets, eût succédé à *Mazarin*, parce qu'alors M. *de Caumartin* se serait ressenti de cette élévation, au lieu que le nom et la mémoire du Coadjuteur ne rappelaient à la veuve de son ami que le souvenir des inquiétudes presque continuelles qu'elle avait éprouvées, et dont le Cardinal avait été la cause indirecte.

(2) L'envie de faire un jeu de mots, une antithèse, peut occasionner une sottise. M. *d'Argenson* n'a sûrement pas voulu dire que le Coadjuteur aurait dû *commencer par* se faire enterrer (ce qui est cependant le sens de la phrase, *grammaticalement parlant*) ; mais par *se faire Père de l'Oratoire*. Or nous demanderons comment le fils d'un homme de qualité, qui occupait un des principaux emplois, *aurait* dû *se faire Père de l'Oratoire ?* Du reste nous dirons, en passant, que M. *d'Argenson*, qui vécut et écrivit un demi-siècle après le Coadjuteur, est loin d'avoir un style aussi concis.

« Rien de si curieux que les détails contenus dans ses Mémoires sur le commencement de la guerre de Paris et ce qui s'ensuivit. La faiblesse de la reine et de la plupart de ceux et de celles qui l'entouraient ; le manége adroit , mais dénué de noblesse et de bonnefoi du cardinal *Mazarin ;* le ridicule et l'ineptie de plusieurs membres du Parlement , et la turbulence inconsidérée du peuple de Paris , y sont peints des couleurs les plus vives et les plus vraies. Le Coadjuteur ne dissimule guère la méchanceté et la folie du personnage qu'il jouait dans cette comédie qui dura pendant les années 1648 et 1649. Après une légère interruption elle recommença les années 1650 et 1651.....

» J'ai dit que MM. *Caumartin ,* mes parens , avaient eu quelque part à la publication des Mémoires du cardinal *de Retz :* elle consistait à avoir confié à quelques personnes indiscrètes la copie de ces Mémoires qui avaient été trouvés chez les religieuses de Commercy, en Lorraine , ville où le cardinal *de Retz* avait passé quelques années de sa vie , et dont il était même seigneur ; non qu'elle dépendît d'aucuns de ses bénéfices , mais parce qu'elle faisait partie de l'héritage de sa mère , *Marguerite de Silly de la Rochepot.* Les bonnes filles qui possédaient ces Mémoires , n'en connaissaient ni le mérite , ni les défauts ; je crois même qu'elles ignoraient quelle était la dame à qui ils étaient adressés : je ne le sais pas non plus ; mais ce qu'il y a de sûr , c'est que ce fut au commencement de la régence de M. le duc *d'Orléans,* en 1717 , que parut la première édition furtive des Mémoires du cardinal *de Retz* (3). Le régent demanda à mon père , qui était

---

(3) Dans les Mémoires de Mad^me la princesse *Elisabeth-Charlotte de Bavière ,* seconde femme de *Monsieur,* frère de *Louis XIV ,* Mémoires réimprimés chez *Léopold Collin* en 1807,

encore lieutenant de Police, quel effet ce livre pouvait produire : *aucun qui doive vous inquiéter, Monseigneur, répondit M. d'Argenson. La façon dont le Cardinal parle de lui-même, n'encouragera personne à l'imiter : au contraire, ses malheurs sont une leçon pour les brouillons et les étourdis. On ne conçoit pas pourquoi cet homme a laissé sa confession générale par écrit. Si on l'a fait imprimer dans l'espérance que sa franchise lui vaudrait son absolution de la part du public, il la lui refusera certainement.* Mon père pouvait avoir raison de penser ainsi sur l'effet que feraient ces Mémoires ; cependant ils en firent un tout contraire (4).

---

sous le titre de *Mélanges historiques, anecdotiques*, etc., on lit ce passage, page 15 :

« Les moines de Saint-Mihiel ont les *Mémoires du cardinal*
» *de Retz* en original. Ils les ont fait imprimer, et on les vend
» à Nancy ; mais il manque beaucoup de choses dans cet exem-
» plaire. Une Dame, à Paris, nommée Mad^me *de Caumartin*,
» a ces Mémoires en manuscrit, où il ne manque pas un mot :
» quoi qu'on puisse faire, elle ne veut pas les donner pour
» compléter ceux qui sont imprimés. »

(4) Je crois que le père de M. *d'Argenson* avait raison. Les remarques du cardinal *de Retz*, et les maximes judicieuses qu'il sème çà et là dans ses Mémoires, démontrent clairement combien il y a de folie à compter sur la populace. L'auteur des *Loisirs d'un ministre* aurait dû s'expliquer, et nous dire ce qu'il entendait par ces mots : *ils firent un effet tout contraire.* Rien, dans les annales de ce tems, ne porte à croire qu'on ait voulu imiter le Coadjuteur. Je ne vois qu'une strophe des fameuses *Philippiques* qui fasse mention du cardinal *de Retz* : et si les *Philippiques* n'eurent, contre le Régent, d'autre effet que celui d'exciter la curiosité, et ne soulevèrent que l'indignation, les Mémoires du Cardinal n'eurent et ne durent avoir qu'un moindre résultat. Voici cette strophe :

Toi qui, par la pourpre romaine,
Brillas moins que par tes vertus,

» L'air de sincérité qui règne dans cet ouvrage, séduisit et enchanta. On les lut avec avidité et plaisir : bien plus, il y eut des gens à qui le caractère du Coadjuteur plut, au point qu'ils pensèrent sérieusement à l'imiter ; et comme il n'avait point été dégoûté du personnage de frondeur et de brouillon, en lisant dans l'histoire la mauvaise fin qu'avaient faite les *Gracques*, *Catilina* et le comte *de Fiesque* (5), de même ses disgraces ne rebutèrent pas ceux qui voulurent le prendre pour modèle, quoiqu'ils eussent peut-être encore moins d'esprit et de talent que lui pour l'intrigue. On s'en aperçut dès l'année 1718, et le Régent en parla encore à mon père, devenu alors garde-des-sceaux. On chercha un nouveau remède aux mauvais effets qu'avaient produits les Mémoires du cardinal *de Retz*. On imagina d'imprimer ceux de *Joly*, son secrétaire. Ils étaient encore dans la bibliothèque de M. *de Caumartin*, qui eut de la répugnance à les rendre publics,

----

RETZ, dont l'audace plus qu'humaine,
Relevait les cœurs abattus ;
Sur ton troupeau qui te réclame,
Sur un Sénat dont tu fus l'ame,
Daignes encor jeter les yeux ;
Tends-leur d'en-haut un bras propice
Qui les sauve du précipice
Dont tu garantis leurs aïeux (*).

(5) Dans ce passage que nous avons beaucoup abrégé, et qui est peut-être encore trop long, M. *d'Argenson* en revient toujours à dire que *de Retz* voulut imiter les *Gracques* et *Catilina*, auxquels il compare le Coadjuteur. Voyez les réflexions qui précèdent ces jugemens.

(*) *Joseph de la Grange-Chancel*, né en 1676, près de Périgueux, mourut en 1758, à 82 ans ; il était plein de fiel. Il a fait plusieurs Tragédies. Ce qui le rendit célèbre, ce furent les *Philippiques*, libelle contre le *Régent*, qui, après l'avoir fait enfermer, lui accorda la liberté de se promener ; liberté dont *La Grange* profita pour s'évader. Le Régent aurait pu le faire reprendre, mais ce Prince savait pardonner.

parce que le Cardinal y est bien plus maltraité qu'il ne se maltraite lui-même. Mais le Régent voulait achever de décrier le cardinal *de Retz* et dégoûter ceux qui voudraient l'imiter. Les Mémoires de *Joly* ne produisirent point cet effet. Ecrits d'une façon moins attachante que ceux du Cardinal, ils révoltèrent contre leur auteur. L'on jugea (6) que c'était un serviteur ingrat et malhonnête qui décriait celui dont il avait long-tems mangé le pain ; au lieu que la franchise du Cardinal avait intéressé pour lui. Enfin quoi qu'on ait pu faire, les brouillons ont continué d'aimer le cardinal *de Retz*, et personne ne s'est déclaré en faveur de M. *Joly.* »

MARMONTEL.

JEAN-FRANÇOIS MARMONTEL, né en 1723, à Bort, petite ville du Limousin, mort en 1799, à 78 ans, de l'Académie française, historiographe de France, député au Conseil des Anciens d'où il fut exclus le 18 fructidor. Ecrivain estimable. Sa prose est préférable à ses vers ; les morceaux dont il a enrichi l'Encyclopédie valent mieux que ses Contes ; ses Contes que son *Bélisaire,* ses *Incas* et ses traductions qui le cèdent à ses Mémoires, dont le premier volume est rempli d'intérêt : il rappelle les *Confessions de Rousseau,* tout en les critiquant avec beaucoup trop d'amertume. *Marmontel* joignait aux talens dont il était doué, des qualités

---

(6) Et l'on avait grandement raison.

qui le rendirent cher à la société. Il fut bon mari, bon père et bon ami.

Marmontel se demande à lui-même si le cardinal *de Retz*, tel qu'il s'est peint dans ses Mémoires, aurait été plus grand homme sur un plus grand théâtre. Et comme il avait décidé la question avant de se la faire (ainsi qu'il arrive ordinairement), c'est une tournure qu'il a prise pour déclarer son opinion.

« J'oserais douter, dit-il, que *de Retz* eût été plus grand. La tragi-comédie de la Fronde paraît avoir été faite exprès pour ce caractère héroï-comique. *Turenne* et *Condé* y étaient déplacés : *de Retz* s'y trouvait dans son centre. Il fallait aux Anglais un factieux comme *Cromwel* ; aux Parisiens il en fallait un comme le cardinal *de Retz*. Chacun des deux fut le *Catilina* de son pays, *cujuslibet rei simulator ac dissimulator* ; mais chacun des deux à sa manière. *Cromwel*, en politique sombre, en triste et profond hypocrite : *de Retz*, en intrigant adroit, hardi, déterminé, habile, prompt à changer de rôle et jouant toujours au naturel celui qui convenait le mieux au moment, à la scène, au caractère des esprits et au genre d'illusion et d'émotion qu'il voulait répandre. »

Ailleurs *Marmontel* raisonne plus conséquemment lorsqu'il dit :

« Les Mémoires du cardinal *de Retz* sont le derrière de la toile du singulier spectacle de la Fronde, et dans les portraits qu'il nous trace des principaux personnages de cette scène héroï-comique, il nous fait voir souvent ce que l'action même ne nous aurait point appris. »

M. DE LA HODE.

Le nom de *la Hode* est supposé, il a été pris par le P. *Delamothe*, ex-jésuite, sur lequel nous n'avons aucuns renseignemens. Il a fait l'*Histoire des Révolutions de France :* 4 vol.

(*Histoire de Louis XIV.*) « La vérité n'est point du tout le caractère des Mémoires du cardinal *de Retz* (1). Je doute même qu'elle s'y trouve par rapport aux peintures que l'auteur y a faites de lui-même. Si elles étaient vraies, elles prouveraient que la plus grande faute qu'eût faite *Anne d'Autriche*, aurait été de le mettre en place (2). Ses duels, ses amours, qu'il décrit avec complaisance, l'ambition dont il se glorifie, l'hypocrisie qu'il s'attribue, sa détermination à faire le mal par principes, digne fruit d'une retraite qu'il fit à Saint-Lazare ; l'aveu qu'il fait lui-même qu'il avait l'ame la moins ecclésiastique qui fût jamais (3) ; tant de traits que la sincérité ne demandait pas, que la pudeur, la bienséance même devaient supprimer, forment un portrait plus scandaleux encore qu'il n'est odieux. »

____

(1) Si cette assertion était vraie, il faudrait rectifier l'idée qu'on s'est faite du Coadjuteur d'après ses aveux, et corriger *toutes* les histoires de France, puisque dans *toutes* il est cité comme une autorité.

(2) La faute d'*Anne d'Autriche* fut de se moquer de *Gondi* et de le tourner en ridicule, au lieu de s'en faire un partisan.

(3) Cet aveu était nécessaire. *De Retz* eût été bien plus coupable s'il eût lui-même fait choix de son état, si sa famille ne l'eût point forcé de l'embrasser, et si le jeune abbé n'eût pas fait, quand il en était tems encore, tout ce qui dépendait de lui pour en sortir.

M. DE MAILLY.

Jean-Baptiste de Mailly, ancien professeur d'humanité, professeur d'histoire au Collége Godran, à Dijon; jadis pensionnaire de l'Académie de cette ville, naquit à Dijon en 1744. Il est auteur d'une *Epître aux Rois conquérans;* de l'*Esprit de la Fronde*, en 5 volumes; de l'*Esprit des Croisades*, 4 volumes; des *Affiches de Bourgogne; des Fastes Juifs, Romains et Français*, etc. Il a publié un recueil intitulé : *Poësies de deux Amis* (MM. *de Mailly* et *François de Neufchâteau*).

M. *de Mailly* est mort en 1806.

(*Esprit de la Fronde, t. I, p. 22.*) « Celui qui avait tant ambitionné les honneurs et la gloire à sa manière, l'auteur de ces Mémoires ne s'imaginait guères, en les composant, qu'il trouverait cétte gloire où il ne la cherchait pas : qu'après avoir eu tant de conformité avec *César* (1), il laisserait encore comme lui, la réputation du plus grand peintre qui ait jamais manié le pinceau de l'histoire; qu'enfin, comme le disait *Hirtius* des Commentaires du César romain, les Mémoires du César français feraient tomber la plume des mains à quiconque voudrait broder sur ce canevas. Je les ai bien

____

(1) *César* fut un grand homme, *de Retz* est un homme célèbre, qui peut-être eût été comme *César*, s'il se fût trouvé dans les mêmes circonstances et s'il eût vécu dans le même siècle. Le seul rapport qui puisse exister entre ces deux personnages, est celui d'écrivain. L'un et l'autre ont laissé des Mémoires qui sont des modèles.

éprouvés ces dégoûts présagés par *Cicéron*, au téméraire qui oserait lutter contre le génie. Vingt fois le
style brûlant et impétueux de *Gondi*, a accusé bien
désagréablement pour l'amour-propre d'un auteur, la
faiblesse du mien ; vingt fois j'ai appelé douloureuse-
ment à moi la noblesse et l'énergie d'expressions qui
le caractérisent ; vingt fois enfin, humilié du parallèle,
j'ai été sur le point de rendre au feu des tableaux que
le feu du cardinal *de Retz* n'avait point animés ; mais
une espérance m'a soutenu : en perdant celle de mieux
dire, je n'ai point abandonné celle de dire plus vrai,
et l'amour-propre s'est consolé. En effet, quoique
nous n'ayons dans notre langue rien de comparable
aux Mémoires du cardinal *de Retz*, quoiqu'ils soient
autant au-dessus des narrations un peu romanesques
des *S*ᵗ*-Réal* et des *Vertot*, que le génie de *de Retz* était
supérieur au leur ; quoiqu'ils effacent peut-être et les
pompeuses déclamations de *Salluste*, en faveur d'une
vertu qu'il ne pratiquait guères, et les sombres tableaux
que l'indignation autant que la vérité suggérait à *Tacite ;* quoiqu'enfin ces Mémoires égalent, s'ils ne sur-
passent pas, tous les chefs-d'œuvre en ce genre, soit
par la profondeur, la finesse, la vérité des maximes
que *Gondi* y a semées, soit par la connaissance intime
qu'il possédait du cœur humain, par l'audace des pensées, la vérité des portraits, les saillies vives et brillantes qui les animent, et sur-tout par la sincérité de
l'auteur qui lui fait dévoiler tous ses défauts ; on demanderait cependant quelque chose après les avoir
lus ; on demanderait que le philosophe n'eût point vu
toujours avec les yeux d'un chef de parti ; qu'il n'en
eût pas souvent conservé ou l'aigreur, ou l'enthousiasme ; qu'en appréciant les hommes, il n'eût pas
absolument jugé du degré de leur mérite par celui
qu'ils pouvaient avoir pour la faction ; qu'il n'eût pas sou-

vent écrit de mémoire, parce qu'elle est d'autant plus
infidèle que les événemens ont été plus compliqués ;
qu'en dévoilant avec naïveté ses vertus et ses passions, ses mœurs et ses égaremens, il eût conservé
un peu plus de respect pour les unes et d'horreur
pour les autres, et cherché à faire partager ses sentimens à ses lecteurs ; qu'en affichant le ton de la vérité,
il eût toujours dit la vérité ; que l'amour-propre ne lui
eût pas suggéré, en se déchirant lui-même, des réti-
cences toujours condamnables, dès-lors qu'on a commencé à parler avec sincérité ; qu'il ne se fût pas si
souvent donné le mérite des événemens qu'il devait
au hazard ; que ce même amour-propre ne se fût pas
trahi à chaque page de ses Mémoires où toutes les vues
ont été combinées, tous les moyens discutés, tous les
résultats prévus, tandis qu'il est notoire que ces vues,
ces moyens, ces résultats, n'ont été ajustés qu'après
coup.

» Voilà ce qu'on pourrait demander avec assez de
justice pour la perfection des Mémoires du Cardinal ;
mais ce qui ne doit pas empêcher qu'on ne les regarde
comme un des plus beaux monumens laissés par le
siècle de *Louis XIV,* à la littérature française. Il faut
se souvenir, en les lisant, qu'il est presque impossible qu'un auteur, et un historien sur-tout, soit sans
défaut, qu'il n'écrive souvent d'après les suggestions
de quelques passions secrètes et inconnues pour lui-
même, de quelques préjugés invisibles à l'œil le plus
clairvoyant. Avant de finir cet article, il faut que je
réponde à une réflexion qu'ont occasionnée ces Mémoires. On a demandé comment il était possible qu'un
homme ait eu le courage ou plutôt la folie de dire plus
de mal de lui-même, que n'en eût pu dire son plus
grand ennemi ? Le mot de cette énigme ne me paraît
pas difficile à trouver. D'abord il n'est point vrai que

Gondi ait dit de lui-même plus de mal que n'en aurait pu dire son plus cruel ennemi. *Joly*, son domestique, l'a beaucoup plus maltraité dans ses Mémoires que le Cardinal ne s'était maltraité lui-même. Il le peint comme un intrigant subalterne, dévoré de petites passions et recourant à de petits moyens, comme une ame retrécie, vile, abjecte, et sans cesse en proie à la bizarrerie, aux soupçons, à l'inconstance. Pour infirmer ce jugement, il faut se souvenir que *Joly* était un de ces esprits noirs et bilieux qui s'irritent de tout, dont l'ame, aussi vaine que celle du cardinal *de Retz* était orgueilleuse (2), ne pouvait cependant atteindre à sa hauteur. Ensuite *Gondi* était philosophe et philosophe dans toute la force du terme. Tout ce que nous respectons lui paraissait autant de préjugés. Toutes nos institutions religieuses, politiques et sociales, étaient, à ses yeux fascinés, autant de chimères qu'un homme d'esprit, selon ses idées, pouvait ou dédaigner, ou vénérer selon que son intérêt le demandait. D'après ces principes, il n'est pas étonnant qu'il ait consenti à passer pour un prélat débauché, pour un citoyen ambitieux, pour un sujet factieux, pour un ami peu fidèle (5), pourvu qu'on lui

---

(2) L'épithète de *fière* aurait été plus juste. On reprochait à une Anglaise d'être orgueilleuse. Elle répondit qu'elle n'était que *fière*, ajoutant que l'orgueil était *offensif*, et la fierté *défensive*. Distinction heureuse. L'orgueil est l'apanage d'un sot, et *de Retz*, en sentant ce qu'il valait, n'en avait pas de vanité: mais il pouvait être fier, parce qu'il savait valoir mieux qu'on ne croyait.

(3) Cette assertion est hazardée. *De Retz* était *ami fidèle*, et ne consentait pas du tout à ne point le paraitre. Ce sont, en grande partie, ses prétentions, ses demandes pour les gens dévoués à sa cause, qui le perdirent, et hâtèrent son emprisonnement.

accordât une ame forte , un cœur intrépide , un génie
vaste , et toutes ces qualités sublimes qui forment
souvent le grand - homme , sans former l'honnête-
homme (4). »

(*T. I, p.* 325 *et suiv.*) « *Gondi* avait reçu de la nature
toutes les qualités de l'esprit qui peuvent attirer l'ad-
miration des autres hommes... Génie hardi , subtil,
vaste , et même un peu romanesque.... Dans une
république il eût été *César;* dans une monarchie il fut
un peu moins méchant que *Catilina.* Sans inclination
pour l'état qu'il avait embrassé , la contrainte seule et
l'ambition l'y conduisirent... On a dit que le personnage de rebelle était ce qui le flattait le plus dans sa
rébellion ; c'est ce qu'il sera difficile de persuader. Il
se plaisait au personnage de rebelle , parce que ce titre
le tirait de l'obscurité. Si la jalousie de *Mazarin* avait
pu lui permettre d'être quelque chose à la Cour , le
roi n'aurait peut - être pas eu de sujet plus fidèle. Au
reste , plein de courage , d'élévation d'esprit , insensible
à la haine , incapable d'envie , d'une humeur douce,
complaisante , facile ; il sé montra toujours avec gloire

---

(4) A quelques corrections près, ce jugement nous paraît plus
voisin de la vérité que le plus grand nombre de ceux qu'on a
portés sur *Paul de Gondi.* Nous ajouterons , relativement aux
motifs que prête au Cardinal l'auteur de l'*Esprit de la Fronde,*
qu'il en est un dont il ne dit rien : et nous pensons même que
c'est le seul qui ait engagé *de Retz* à parler de lui avec autant
de sincérité. Il connaissait la mauvaise opinion qu'on avait de
lui : en tenant sur lui-même un langage tout à la fois véridique et fier, il s'est livré , sentant , encore une fois , qu'il valait
mieux qu'on ne le croyait. Il a bien fait : sans ses Mémoires il
n'eût passé que pour un intrigant : son mérite n'eût pas été
connu ; et son nom serait presque oublié. L'aveu de ses fautes,
de ses vices mêmes , a plus fait pour sa réputation que sa
conduite.

dans les vicissitudes de sa vie (5). Ses malheurs ne l'avilirent point, et sa réputation n'en fit qu'augmenter. Pour tout dire, il avait au suprême degré les vices et les vertus qui, tournés d'un ou d'autre côté, vus dans un certain jour, placés dans telle ou telle circonstance, accompagnés de plus ou moins de bonheur, forment les héros ou les scélérats. »

ANQUETIL.

Louis-Pierre Anquetil, membre de l'Institut national et de la Légion d'honneur, naquit à Paris en 1723, et mourut dans cette capitale le 8 septembre 1806. Cet historien estimable a suivi la carrière dans laquelle il y a le moins d'orages, et sa tranquillité n'a été troublée qu'à l'époque où il n'y avait plus en France de paix pour personne. Encore son amour pour les lettres répandit-il des charmes sur sa captivité. La vie de M. *Anquetil* fut embellie par la vertu autant que par la gloire littéraire. Il ne lui manque, pour être placé à côté du meilleur de nos historiens, que ce coup-d'œil sûr qui embrasse tous les rapports et les fait sentir, qu'une élégance plus soutenue dans son style quelquefois incorrect.

---

(5) L'auteur de l'*Esprit de la Fronde*, dans ses cinq mortels volumes, traite ensuite formellement de *scélérat* cet homme qu'il peint ici *plein d'élévation d'esprit*, *insensible à la haine*, *incapable d'envie*, *doux*, *complaisant*, *facile*, etc. Comment concilier tout cela avec de la scélératesse ?

(*Intrigues du Cabinet*, *t. III*, *p.* 232 *et* 234.) « *Gondi* s'est, pour ainsi dire, confessé au public dans ses Mémoires.... Il insinue qu'il aurait pu rester sujet soumis sans les conseils de ses parens et de ses amis, qui l'irritèrent et soufflèrent le feu. Mais il convient qu'ils trouvèrent les matières bien préparées ; de sorte que de son aveu et pour appeler les choses par leur nom, *Jean-François-Paul de Gondi*, archevêque de Corinthe et coadjuteur de Paris, était un ingrat, un factieux, un brouillon (1), un homme déréglé, un ambitieux, un hypocrite, à qui il n'a manqué que de pouvoir jeter dans les affaires, une étincelle de fanatisme, pour embrâser le royaume. »

M. *Anquetil* ne marchande pas ses conclusions.

Sa description de la Fronde va nous fournir l'occasion de faire une remarque que nous soumettons au lecteur.

(*Page* 187.) « La nation reprit tout à coup ce caractère vif, léger, badin, qui la distingue : les troubles même de la Fronde ne l'altérèrent pas. On l'a vue, dans ces troubles, s'amuser des affaires publiques sans trop s'en occuper ; se passionner pour les partis sans s'acharner à les détruire ; lire avidement les libelles et n'en retenir que les plaisanteries ; se faire la guerre, sans se haïr ; se battre avec bravoure et ne mêler aux hostilités ni atrocités, ni noirceurs ; passer, sans presque aucun intervalle, de la tranquillité au tumulte, de la révolte à la soumission. »

---

(1) Expressions copiées de M. *d'Argenson*. Voyez son article. M. *Anquetil* a répété mot pour mot ce passage, et s'est copié lui-même, sans *variante*, dans son *Abrégé de l'Histoire universelle*, à l'article des troubles de la Fronde.

Comment le chef d'un des deux partis trouve-t-il sa place dans une guerre où l'on ne commit aucune noirceur, lui qui était *ambitieux*, *brouillon*, *factieux* et *hypocrite*, et comment, puisqu'il y joue un des principaux rôles, n'a-t-il rien fait d'odieux?

BOURBON-CONDÉ.

Louis-Joseph de Bourbon-Condé, ou plutôt l'Anonyme qui a pris ce nom dans l'ouvrage intitulé : *Essai sur la vie du grand-Condé, par son quatrième descendant :* un volume in-8°, 1806.

Cet ouvrage a paru nouvellement. Nous l'avons lu avec attention, et nous n'en parlons que parce qu'il y est souvent question du cardinal *de Retz*. Nous le croyons *pseudonyme :* mais nous avouons en même tems que le seul motif que nous ayons est le sentiment que nous avons éprouvé en lisant cet essai. Nous nous sommes dit à chaque page, l'arrière-petit-fils du grand *Condé* n'a pu tenir ce langage, n'a pu écrire avec ces prétentions. Nous croyons avoir su distinguer le rhéteur du guerrier, et malgré l'invitation répétée par l'éditeur, d'aller voir le manuscrit chez *Léopold Collin*, nous n'avons pas pris cette peine : elle eût été inutile, quand bien même nous eussions vu un manuscrit bien conditionné , écrit de Chantilly et même , s'il était possible , paraphé du prince. Nous respectons les rangs ; mais ce que nous avons à dire est entièrement étranger au descendant du grand *Condé*. Il est des convenances, et le pseudonyme n'en a observé aucune ; c'est donc de *l'auteur* que nous allons parler et non d'un prince.

Cet essai n'est qu'un long panégyrique, une oraison funèbre ; le style est sempiternellement oratoire ; point de repos ; point d'abandon ; point de négligence ; c'est une amplification de rhétorique sur un sujet donné ; tout est au *présent*, il *marche*, il *court*, il *vole*, etc. On n'a jamais contesté les talens militaires de *Condé*, et cet *Essai* ne peut rien ajouter à sa gloire. Tout ce que l'historien rapporte est connu, excepté un fait notoirement faux , dont nous parlerons.

Nous avons dit que toutes les convenances avaient été négligées. Un prince ne peut et ne doit pas écrire comme un académicien ; encore moins un prince guerrier. Un style toujours recherché, d'une élégance soutenue avec affectation, ne peut être le sien ; et le style de cet ouvrage est toujours le même, toujours déclamatoire.

On pourrait supposer qu'il existait à Chantilly des manuscrits intéressans sur la famille *de Condé*, et l'on serait fondé à croire qu'un prince de cette maison en aurait fait usage en publiant des Mémoires sur un de ses ancêtres. Mais en pensant que l'*Essai sur la vie de Condé* a été fait sur ces manuscrits et rédigé par un prince, on commettrait une erreur que dissipe aussitôt la lecture de l'ouvrage dont nous parlons. C'est une répétition de tout ce que l'on sait.

Passons à ce qui concerne le cardinal *de Retz*. Il est toujours représenté comme un *vil intrigant*. L'arrière-petit-fils de *Condé*, ou plutôt celui qui a pris audacieusement son nom, a oublié que le vainqueur de Rocroy estimait le Coadjuteur, que tous les deux se reconcilièrent et se visitèrent à la fin de leur vie, quand l'un fit succéder une retraite ombragée de lauriers, au tumulte des camps où il les avait moissonnés, et lorsque l'autre eut apprécié l'ambition à sa juste valeur. Certes, *Condé* n'eût pas tenu sur *de Retz*, qu'il avait protégé dans plusieurs circonstances, le langage que lui prête l'usurpateur du nom d'un de ses descendans. Mais passons aux faits.

On sait que *Mazarin* craignant, avec raison, l'union du Coadjuteur et de *Condé*, et voulant les brouiller, fit accroire au Prince que *de Retz* avait voulu l'assassiner. Le ministre feignit même une tentative. *Condé*, dupe de l'italien, *demande justice au Parlement* (dit l'auteur de l'Essai , page 91), *et paraît accuser le Coadjuteur qui se défend avec une éloquence d'autant plus persuasive que , pour cette fois , elle était fondée sur la vérité.* Il semble que *de Retz* n'ait été qu'une seule fois innocent.

Nous avons rapporté le danger que courut le Coadjuteur lorsque *la Rochefoucault* le serra en fermant une porte au Parlement. Ce fait conté par *de Retz*, l'est , et avec les mêmes circonstances , par Mad^me *de Motteville* , par *Joly* , dont le témoignage ne peut être suspect, et par d'autres contemporains , entre autres l'abbé *de Choisy.* Voici comme le conte le pseudonyme , bien plus instruit que ses devanciers , quoiqu'il ait vécu plus d'un siècle après l'événement. « *Gondi* eut tant de peur qu'il » voulut se réfugier dans la grand'-chambre ; » mais le duc *de la Rochefoucault* eut l'adresse » de fermer la porte du parquet des huissiers , » dans le moment où il passait et le prit par le » cou en fermant la barre. Plusieurs poignards » furent levés sur lui, mais *la Rochefoucault* » ne voulut pas se souiller d'un crime. *Cham-* » *platreux* , conseiller, dégagea le prélat, par » pitié. »

De Retz est traité à différentes reprises de *vil prélat* (page 140).

Voici le fait notoirement faux dont nous avons parlé.

(*Pages* 82 *et* 83.) « M. le duc *de Beaufort*
» sort de Paris avec 6000 hommes, pour s'em-
» parer de Corbeil. M. le Prince, averti de son
» projet, se porte au moulin de Charenton,
» et ces guerriers redoutables disparaissent
» aussitôt. *Condé* se décide à s'emparer de vive
» force (quoique les guerriers *eussent dis-*
» *paru !*) des postes de Charenton. La nuit du
» 7 au 8 février il fait ses dispositions et charge
» de cette attaque le duc *de Châtillon* son
» ami. Quinze mille Parisiens commandés par
» un prêtre (le Coadjuteur), sortent de leurs
» murs et se mettent en bataille. Mais cet effort
» de courage fut le seul de cette multitude qui,
» se croyant une armée, ne s'entretenait que
» de sa gloire et frémissait à l'aspect du danger.
» Le poste est défendu avec vigueur, mais il
» est bientôt emporté, etc. »

Nous observerons qu'il est faux que *de Retz*
ait jamais *commandé* 15,000 hommes, et nous
ferons remarquer qu'il est contradictoire de
dire que ces guerriers redoutables disparaissent, et qu'ils défendent cependant le poste
qui leur était confié. Malgré cette *disparition,*
Châtillon, Clausen, chef de l'armée des Frondeurs, moururent en combattant.

En voilà beaucoup trop sur un ouvrage dont

nous n'aurions point parlé sans le nom sous lequel on l'a fait paraître.

M. MERCIER ET Mme DE GENLIS (1).

Nous terminerons ces jugemens sur le cardinal *de Retz*, par l'opinion de deux auteurs qui ont publié, dans des genres différens , un grand nombre d'ouvrages ; qui ont tous deux acquis de la célébrité , et sont encore vivans.

Tout en reconnaissant dans M. *Mercier* un talent réel , une imagination brillante , on s'est élevé contre plusieurs opinions singulières qu'il a mises en avant et vivement défendues. Mais comme cet écrivain n'a attaqué que des systêmes qui appartiennent aux sciences ou à la littérature , on n'a jamais soupçonné sa bonne foi , et l'on convient que son expression fut toujours l'interprète fidèle de sa pensée : ce qui caractérise la *probité littéraire*, qualité précieuse dans un auteur qui , croyant que la liberté dont on jouit dans la république

---

(1) M. *Louis-Sébastien Mercier*, membre de l'Institut, est né en 1740.

Mme *Stéphanie-Félicité Ducrest*, d'abord comtesse *de Genlis*, puis Mme *de Sillery*, puis Mme *Brulard*, puis Mme *de Genlis*, fut choisie par le feu duc d'Orléans pour être *gouverneur* de ses enfans. Elle a publié des ouvrages sous ces différens noms, excepté *les Leçons d'une* GOUVERNANTE, et une brochure anonyme tendant à la défense de M. *Suard*.

des lettres, lui donne le droit de suivre les routes tracées ou d'en tracer de nouvelles, énonce avec franchise ses opinions et n'offense personne. Un écrivain qui se mêle de la conduite des autres, qui donne des leçons dogmatiques, qui déclame sans cesse contre telle ou telle classe de la société, fait naître l'envie de vérifier si sa conduite supporterait l'examen rigoureux que ses écrits provoquent, et si, exempt de reproches et d'inconséquences, il a toujours été en harmonie avec ses préceptes : mais M. *Mercier* ne s'est jamais avisé de se faire précepteur.

M. *Mercier*, dans son *Histoire de France*, tome IV, chapitre intitulé : *Du Siècle littéraire de Louis XIII*, réclame, pour ce règne, un grand nombre des hommes célèbres que l'on place ordinairement sous celui de *Louis XIV*.

« Quand une erreur, dit-il, est déposée dans
» un livre, elle se répète dans une infinité
» d'autres, et bientôt elle deviendrait univer-
» selle, si elle n'était combattue par l'amour
» de la vérité qu'il faut respecter dans les dé-
» tails, comme dans les grands traits. Telle est
» l'erreur qui dépossède gratuitement le siècle
» de *Louis XIII* de ses plus beaux ornemens,
» pour en parer le siècle de *Louis XIV*, déjà si
» riche par lui-même. Le siècle de *Louis XIV*,
» le plus long de la monarchie, a obtenu une

» si grande faveur sous la plume d'un écrivain
» célèbre et brillant, qu'on lui attribue aujour-
» d'hui ce qui appartient incontestablement au
» règne de *Louis XIII.* »

Pour détruire cette erreur, M. *Mercier* cite
les noms suivans d'hommes qui eurent de la
célébrité avant la majorité de *Louis XIV :*
*Descartes, Malherbe, Rotrou, Corneille,
de Thou, Regnier, Gassendi, Pascal, de
Retz, Vouet, Condé, Rubens, Davaux,
Molière, Bossuet* et *La Fontaine.* « Avant le
» règne de Louis XIV, *Venceslas*, *le Cid*, et
» plusieurs comédies de *Molière* avaient paru :
» *Christine* avait accueilli *Descartes ; Pascal*
» avait fait ses expériences ; *Condé* avait vaincu
» à Rocroy (2). »

Après avoir tâché de prouver que plusieurs
écrivains et artistes célèbres que l'on confond
avec ceux du siècle de *Louis XIV,* appartiennent au règne précédent ou à l'intervalle qui
sépare les deux règnes, M. *Mercier* parle du
Coadjuteur.

« Le cardinal *de Retz,* dit-il, n'avait-il pas
» donné l'exemple de la plus forte, de la plus

---

(2) *Voltaire* a effectivement enrichi le *Siècle de Louis XIV*
d'hommes qui ne lui appartiennent pas ; mais l'auteur du
Tableau de Paris en donne à celui de *Louis XIII* quelques-
uns du règne de *Henri IV.* — (*Regnier*, *de Thou*, etc.)

» nerveuse éloquence ? En quoi ressemble-t-il
» à *Boileau*, à *Quinault*, panégyristes de
» *Louis XIV* (3) ? »

Dans un autre chapitre on trouve ce passage :
« L'auteur des barricades, le cardinal *de Retz*,
» boute-feu de la guerre civile, semblait s'a-
» muser de tous ces troubles, et être plutôt
» l'ennemi de *Mazarin* que de la Cour. »

Au moment de l'impression des premières
feuilles de ce volume, il a paru un livre de
Mad^me *de Genlis*, intitulé : *Suite des Souvenirs de Félicie*. On y lit ce passage :

« Les Mémoires du cardinal *de Retz* sont les
» plus spirituels que l'on connaisse ; le style en
» est vif et naturel ; la manière de conter de
» l'auteur est piquante et parfaite : il observe
» avec sagacité, il peint avec génie ; mais c'est
» l'ouvrage d'un factieux, d'un ambitieux, d'un
» homme à bonnes fortunes : on le lit avec dé-
» fiance et sans fruit : on ne le cite jamais
» comme une autorité. »

L'auteur célèbre de plusieurs romans sur

----

(3) Il est bien clair qu'il n'y a aucune *ressemblance*. Mais
que prouve le contraire ? *Quinault* a-t-il ressemblé à *Boileau*,
à *Bossuet*, à *Fénélon*, etc. ? quelle conclusion peut-on tirer
de cette *dissemblance* ? aucune. M. *Mercier* ne conclut rien lui-
même : et tout ce qu'on peut dire, c'est que la question est
étrange.

l'éducation, nous permettra-t-elle de lui faire, avec tout le respect que l'on doit à son sexe comme à ses talens, quelques observations sur le passage qu'on vient de lire ?

La première partie de son article sur le Cardinal, nous paraît de la plus grande vérité ; mais les réflexions qui le terminent ont besoin d'éclaircissement. Mad^me *de Genlis* décide que les Mémoires du Cardinal sont l'ouvrage d'un factieux, ce qui semble dire qu'on y trouve des principes dangereux et attentatoires à l'autorité royale : cette interprétation serait fausse. Le Coadjuteur a pu être *un factieux*, mais son ouvrage n'est pas *d'un factieux :* distinction nécessaire et qu'on ne prendra pas pour une vaine subtilité. Il écrivit ses Mémoires dans sa retraite, désabusé de toutes les illusions, revenu de toutes les erreurs : il les composa dans un âge et dans des circonstances qui semblent (ainsi que tout le mal qu'il dit de lui) être garant de sa sincérité.

On le lit avec défiance et sans fruit : on ne le cite jamais comme une autorité. C'est la première fois qu'on a fait ce reproche et cette injure au Cardinal (4). Bien certainement Mme *de Genlis* a lu l'*Intrigue du Cabinet*, par

---

(4) A l'exception de M. *de la Hode*, écrivain obscur que nous avons cité plus haut.

M. *Anquetil*; *l'Esprit de la Fronde*; les différentes *Histoires de France* : or, parmi les historiens qui se sont occupés de retracer les troubles de la Fronde, *il n'en est aucun qui ne
cite*, et ne cite souvent, comme une *autorité*,
les Mémoires du cardinal *de Retz*. Ceux même
(tel que M. *Anquetil*) qui ont le plus déprécié
le caractère de ce grand personnage, n'ont point
hésité à s'appuyer sur son témoignage oculaire, en racontant les troubles qui agitèrent
la minorité.

Mad^me *de Genlis* nous expliquera sans doute
comment on peut lire *sans fruit, les Mémoires
les plus spirituels que l'on connaisse;* et dont
l'auteur *observe avec sagacité et peint avec
génie?*

RÉSUMÉ DES JUGEMENS

Sur le cardinal de Retz.

Nous ne nous permettrons aucune réflexion sur l'étrange *diversité* des jugemens qu'on vient de lire ; mais il semble nécessaire de faire un résumé ou plutôt un rapprochement propre à justifier notre entreprise, ainsi que les réflexions que nous avons soumises au lecteur, et à motiver l'espèce *d'appel* que nous faisons à l'opinion publique.

De Retz parut ambitieux sans l'être (*la Rochefoucault*). Il avait une ambition démesurée (Mad^{me} *de Motteville*). Il était poltron (*Guy-Joly*). Il avait plus d'ostentation que de vrai courage (*la Rochefoucault*).

Il était intrépide, fier, capable de commander (*Saint-Evremont*). Il avait un courage indomptable (*Désormeaux*).

Il aimait l'intrigue pour intriguer, et n'eut aucune passion réelle (*Hénaut*). Il avait un génie puissant, lumineux, aurait tout osé pour satisfaire ses passions (*Désormeaux*).

Intrigant sans motif, vrai brouillon (*d'Argenson*). Ingrat, ambitieux, déréglé, hypocrite (*Anquetil*). Intrigant, adroit, hardi, déterminé, habile (*Marmontel*).

D'un génie ferme, d'un caractère si haut qu'on ne pouvait l'aimer ni l'estimer à demi (*Bossuet*). Il avait un génie supérieur, de la grandeur d'ame, ne concevait rien qui ne fût grand (*Sénac*). Son ame était d'un ordre supérieur; il avait pour règle de faire ce qu'il y a de plus grand et de plus héroïque; c'était le plus généreux et le plus noble de tous les hommes (Mad^e *de Sévigné*).

Il n'avait point d'esprit : son esprit était pénétrant et d'une étendue assez vaste; il avait assez d'esprit (Mad^{me} *de Nemours*).

Il avait beaucoup d'esprit (Mad^{me} *de Motteville*). C'était l'homme de la plus charmante société qu'on pût voir (Mad^e *de Sévigné*).

Il n'a pas ménagé ses amis : il était insensible à l'amitié (*la Rochefoucault*).

Jamais ami n'a été plus chaud : il exposa pour les siens sa fortune et sa vie (*Saint-Evremont*).

Il fut fidèle aux particuliers (*Bossuet*). Inaccessible à la haine (*Mailly*).

Il nous serait facile de prolonger ce bizarre exposé de contradictions inexplicables; mais en parcourant tous les articles de ce chapitre, et en les comparant entre eux, le lecteur a pu juger par lui-même de ces contradictions. Nous observerons que les huit premiers témoignages sont des contemporains du cardinal de Retz; que dans ces huit, trois seulement sont défavorables; que dans ces trois, deux étaient du parti opposé au Coadjuteur (*la Rochefoucault* et Mad^{me} *de Nemours*), et le troisième un serviteur ingrat (*Joly*); que dans les cinq autres on remarque Mad^me *de Sévigné*, de ses intimes amies, parlant de lui avec enthousiasme ; un père de l'église, d'une éloquence mâle et noble, tenant un langage plein de dignité, et faisant naître des idées qui éloignent celles d'intrigue et d'hypocrisie ; enfin un écrivain aimable (*Saint-Evremont*), louant M. *de Retz*, du fond d'une retraite et dans des circonstances où son témoignage ne pouvait être suspect.

Quant aux opinions de ceux qui ont écrit l'histoire et qui sont venus après le Cardinal, nous ferons remarquer que, soit dans le bien, soit dans le mal qu'on en dit, plusieurs se sont copiés. *Hénaut*, particuliérement, l'a été par un grand nombre dont nous avons supprimé les témoignages comme des répétitions inutiles.

Selon nous, on doit plutôt en croire des contemporains sur le caractère du personnage qui a vécu au milieu d'eux, que ceux qui sont venus après. Un historien impartial, en racontant les événemens de l'époque où vécut le cardinal *de Retz*, aurait dû faire remarquer les contradictions qui existent dans les témoignages des auteurs qui lui servaient d'autorité, et c'est ce que personne n'a fait.

D'après cet exposé *du pour et du contre*; d'après le tableau des jugemens portés sur le cardinal *de Retz*, il nous semble qu'on est en droit de nous demander une espèce de résumé qui serve à fixer toute incertitude , et à déterminer notre opinion particulière. Nous avons parlé avec la plus grande impartialité. Nous avons rapporté les témoignages les plus défavorables, sans les altérer, et en étouffant l'indignation que causaient en nous l'injustice ou les préventions que nous croyions y remarquer. Voici nos aveux.

Il y a , selon nous , dans la conduite que l'on a tenue envers le cardinal *de Retz* et dans celle qu'il tint , un contraste frappant, tout entier à l'avantage du Cardinal. Disons d'abord qu'une fois entré dans le parti qu'il prit , il n'a pas fait , à beaucoup près , à ses ennemis le mal qu'il pouvait leur faire. Un autre , à sa place , remplissant le rôle qu'il a joué , n'eût probablement pas agi avec la modération qu'il conserva. Il n'est pas une action noire, pas une intention méchante , ni dans ses démarches, ni dans les mesures qu'il conseillait à la Fronde.

Quelques personnes ont laissé entendre que rien n'était sacré pour lui , et que *per fas et nefas* , il voulait arriver à son but. Mais il aurait fallu prouver cette assertion par des faits. J'en cherche vainement : je n'en trouve aucun d'odieux , tandis que je vois ses ennemis conduits par le principe qu'on lui attribue. *Gourville* tente plusieurs fois de l'enlever pendant la nuit, avec une troupe de gens armés. *La Rochefoucault* veut qu'on le tue au milieu du Parlement. *Fouquet* propose à la reine de le faire assassiner. Elle en discute les moyens et ne renonce à ce crime que, parce que s'il était facile à commettre, il ne l'était pas autant, à beaucoup près, de l'ensevelir dans l'oubli. Quand le Coadjuteur est en prison, on hésite si on ne l'empoisonnera pas (1). Lorsqu'il en est

____

(1) Dans le journal de l'Empire, du 11 juin 1807, on lit ce passage : « Nous parlerons de l'anecdote fabuleuse d'une boîte » de contre-poison, envoyée par la duchesse *de Lesdiguières* » au cardinal *de Retz*, prisonnier à Vincennes. L'auteur (*de* » *l'Histoire du donjon et du château de Vincennes*) prétend que » cette boîte ayant été remise à la Reine-mère, le secrétaire » d'Etat *Servien*, conseilla, devant tous les Ministres, d'y subs- » tituer du poison véritable, et de la faire passer ensuite au » Cardinal. Nous ferons observer à l'auteur, que quand on » avance de semblables choses, on cite ses autorités. » Comme nous n'avons pas cité les nôtres en parlant du même fait, nous pourrions être exposés au même reproche. Nous nous hâtons de réparer cet oubli, en convenant de la justesse de l'observa- tion du critique, qui a droit en effet d'exiger que l'on cite l'autorité sur laquelle on s'appuie pour raconter un fait de cette importance, et nous dirons que, tome 5ᵉ des *Mémoires du cardinal de Retz*, faisant le 1ᵉʳ des *Mémoires de Guy-Joly*, on lit, page 342 (*), ce passage : « La duchesse *de Lesdiguières* fit » aussi une chose à bonne intention, et qui pouvait être utile, » et qui pensa le (*de Retz*) perdre : car s'étant imaginée qu'il » pourrait avoir besoin de contre-poison, elle en donna deux » petites boîtes au marquis *de Villequier*, qui l'avait arrêté, » pour les lui faire tenir. Mais le Marquis les ayant aussitôt » remises entre les mains de la Reine, S. M. proposa la chose

(*) Edition in-12. Genève 1777.

sorti, une troupe de gens armés sont à sa poursuite, avec ordre de le tuer.

—————————

» au conseil où *Servien* fut d'avis d'en ôter le contre-poison et » d'y mettre du poison véritable, pour être ensuite rendu au » prisonnier. Lâche conseil! mais le sieur *Le Tellier* opina au » contraire, et dit qu'il n'y avait qu'à jeter les boîtes, et n'en » plus parler. La Reine suivit cet avis. »

Il faudrait décider si *Guy-Joly* mérite d'être cru. Si l'on admet son témoignage dans ses nombreuses diatribes contre son maître, il me semble injuste et déraisonnable de ne le croire que lorsqu'il parle mal du Coadjuteur. Si l'autorité de *Joly* est nulle (ce à quoi je consens), il faut réformer la mauvaise opinion que beaucoup de gens se sont faite, d'après son témoignage, sur le compte du Cardinal.

On a vu dans l'extrait que nous avons rapporté des *Mémoires chronologiques* du P. *d'Avrigny*, que *Servien* et *Fouquet* persuadèrent à la Reine de perdre le cardinal de Retz à la première occasion.

Ce témoignage du P. *d'Avrigny*, rend le trait raconté par *Guy-Joly* bien moins invraisemblable aux yeux de ceux qui savent qu'*Abel Servien* était le moins délicat de tous les hommes sur les moyens de parvenir à un but desiré. Du reste, nous n'avons parlé de ces deux faits que dans une note, page 107 : ce qui prouve que nous y attachions fort peu d'importance. Nous n'avons pas eu besoin d'employer des allégations fausses ou douteuses pour justifier le Coadjuteur : nous citons assez de beaux traits qui honorent sa vie, sans aller chercher dans la méchanceté de ses rivaux ou de ses envieux, des excuses ou des palliatifs aux actions du Cardinal. Cependant je crois devoir dire, 1°. que dans l'*Esprit de la Fronde*, tom. *V*, les deux traits dont j'ai brièvement parlé (le premier relatif à l'abbé *Fouquet*, qui dit qu'il ferait *saler* le Coadjuteur ; et le second sur la substitution du poison à l'antidote proposée par *Servien*), sont rapportés. 2°. Que l'abbé *de Choisy*, dans ses *Mémoires pour servir à l'Histoire de Louis XIV*, page 74, rapporte le fait sur la boîte d'antidote et la proposition de *Servien* d'y substituer du poison, avec les mêmes circonstances que *Joly*. L'abbé dit le tenir de M. *de Caumartin*. Voilà, ce me semble, assez d'autorités.

Voilà des faits , des faits incontestables. On n'en cite aucun de cette espèce dans la vie du Cardinal. Pourquoi donc tant de faiseurs de portraits lui ont-ils donné cette méchanceté qu'il n'avait pas? pourquoi supposent-ils que rien n'était sacré pour lui? Je pense que cette opinion , démentie par les faits et l'examen le plus scrupuleux et le plus impartial de la conduite du Cardinal, vient de la lecture de ses Mémoires. On y voit que le Coadjuteur y discute le peu de valeur de certaines considératious qui agissent sur la masse des hommes ; qu'il démontre qu'ils sont, en général , bien moins retenus par les vrais principes que par les préjugés ; que le crime heureux est justifié et souvent honoré par le succès même ; que les circonstances semblent très-souvent influer sur un fait au point de faire croire , en quelque sorte, que c'est d'elles que dépend le bien ou le mal : que la renommée à laquelle on attache tant de prix, est soumise à mille incidens qui en changent la nature; que les moyens les plus contradictoires, et le vice ou la vertu ont un égal empire sur l'opinion. En se persuadant, d'après les aveux du Cardinal lui-même , que cette Eminence avait secoué beaucoup de préjugés et s'était affranchie d'un grand nombre de liens respectés par les hommes , et qu'il avait apprécié à leur juste valeur la plupart des considérations qui les conduisent ; en analysant ses principes, sa doctrine, on a conclu que *rien n'était sacré* pour lui (ce qui est exagéré), et qu'il avait dû se conduire conformément à cette doctrine (ce qui est faux). Mais comme sa vie, en y comprenant même les quatre années des troubles de la Fronde, n'offre rien de méchant ; comme on le voit bien plus souvent sur la défensive que sur l'offensive ; comme on ne trouve rien qui justifie cette supposition, on doit en conclure qu'elle est gratuite.

Le Cardinal avait de l'ambition. Si la Reine, au lieu de le tourner en ridicule eût voulu diriger cette ambition, elle en aurait fait un de ses plus chauds partisans.

C'est *Mazarin* (2), et non l'autorité légitime, qui était la cause et l'objet de la révolte de *Gondi*. On voit que dans le moment où la Fronde se faisait craindre, le cardinal *de Retz* parle toujours du roi avec respect ; que rien n'est dirigé par lui contre le chef de l'Etat, mais

---

(2) *Mazarin* fut tellement odieux à la France, que la plus grande injure était d'être traité de *Mazariniste*. Les particuliers perdaient leurs procès quand cette allégation était intentée. Il y a un arrêt curieux du Parlement qui défend d'appeler quelqu'un *Mazariniste*, comme l'injure la plus forte. Ce tribunal suprême aima mieux prendre ce biais, que d'ordonner aux juges de ne point faire attention à l'accusation de *Mazariniste*, parce qu'il savait la haine générale vouée au ministre. Le caustique *Guy-Patin* définissait le cardinal *Mazarin* : *animal rubrum, callidum, et rapax, capax et vorax omnium beneficiorum.*

contre *Mazarin*. Le jour des barricades, il fait briser un hausse-col qui portait l'image de l'assassin d'*Henri III*, et fait crier *vive le roi*. Enfin, on voit dans ses Mémoires que toutes ses réflexions sont contre les vexations des ministres, l'abus que trop souvent ils faisaient de la confiance du roi et non contre l'autorité royale.

Ce court exposé réduit toute la question à deux particuliers entre lesquels il s'est établi une lutte, *Mazarin* et *de Retz* : et dès-lors on peut bien, sans témérité, préférer l'un à l'autre.

§. IV.

PORTRAITS (1).

PORTRAIT DU CARDINAL DE RICHELIEU.

Sa jeunesse jeta des étincelles de son mérite, il se distingua en Sorbonne. On remarqua de fort bonne heure qu'il avait de la force et de la vivacité dans l'esprit. Il prenait d'ordinaire très-bien son parti. Il était homme de parole où un grand intérêt ne l'obligeait pas au contraire, et en cela il n'oubliait rien pour sauver les apparences de la bonne foi. Il n'était pas libéral; mais il donnait plus qu'il ne promettait, et il assaisonnait admirablement ses bienfaits. Il aimait la gloire beaucoup plus que la morale ne le permet; mais il faut avouer qu'il n'abusait qu'à proportion de son mérite, de la dispense qu'il avait prise sur le point de l'excès de son ambition. Il n'avait ni l'esprit, ni le cœur au-dessus des périls : il n'avait ni l'un ni l'autre au-dessous; et l'on peut dire qu'il en prévint

____

(1) Les Mémoires du cardinal *de Retz*, dit *Beauzée*, sont une magnifique galerie de tableaux parfaits.

plus par sa sagacité qu'il n'en surmonta par sa fermeté. Il était bon ami : il eût même souhaité d'être aimé du public ; mais quoiqu'il eût la civilité, l'extérieur et d'autres parties propres à cet effet, il n'en eut jamais ce je ne sais quoi, qui est encore en cette matière plus requis qu'en toute autre. Il anéantissait par son pouvoir et par son faste royal, la majesté personnelle du Roi. Mais il remplissait avec tant de dignité les fonctions de la royauté, qu'il fallait n'être pas du vulgaire pour ne pas confondre le bien et le mal en ce fait. Il distinguait plus judicieusement qu'homme du monde entre le mal et le pis, entre le bien et le mieux ; ce qui est une grande qualité à un ministre. Il s'impatientait trop facilement dans les petites choses, qui étaient les préalables des grandes ; mais ce défaut qui vient de la sublimité de l'esprit, est toujours joint à des lumières qui le suppléent. Il avait assez de religion pour ce monde : il allait au bien ou par inclination, ou par bon sens, toutes les fois que son intérêt ne le portait point au mal, qu'il connaissait parfaitement quand il le faisait. Il ne considérait l'État que pour sa vie ; mais jamais ministre n'a eu plus d'application à faire croire qu'il en ménageait l'avenir. Enfin, il faut confesser que tous ses vices ont été de ceux que la grande fortune rend aisément illustres, parce qu'ils ont été de ceux qui ne peuvent avoir pour instrumens que de grandes vertus. *Richelieu* était un très-grand homme, mais il avait, au souverain degré, le faible de ne point mépriser les petites choses.

Vous jugez facilement qu'un homme qui a d'aussi grandes qualités, et autant d'apparence de celles qu'il n'avait pas, se conserve assez aisément dans le monde cette sorte de respect qui démêle le mépris d'avec la haine, et qui, dans un Etat où il n'y a plus de lois, supplée au moins pour quelque tems à leur défaut.

Il faut confesser, à la louange du cardinal *de Richelieu*, qu'il avait formé un dessein que je trouve presqu'aussi vaste que ceux des *César* et des *Alexandre* : celui d'abattre la formidable maison d'Autriche. Ce dessein, que personne n'avait imaginé, était bien avancé à sa mort (1).

LE CARDINAL MAZARIN (2).

Le cardinal *Mazarin* était d'un caractère tout contraire. Sa naissance était basse et son

---

(1) *Armand-Jean du Plessis*, cardinal *de Richelieu*, naquit en 1585, et mourut en 1642.

(2) Il ne faut pas juger *Mazarin* tout à fait d'après le cardinal *de Retz* ; ces deux cardinaux se détestaient.

Mazarin avait de l'esprit, de la douceur ; il était dissimulé,

enfance honteuse. Au sortir du Colysée il apprit à piper, ce qui lui attira des coups de bâton. Il fut capitaine d'infanterie en Valteline, et *Bagni*, qui était son général, m'a dit qu'il ne passa dans la guerre, qui ne fut que de trois mois, que pour un escroc. Il eut, par la faveur du cardinal *Antoine Barberini*, la nonciature extraordinaire en France, qui ne s'acquérait pas, en ce tems-là, par de bons moyens.

---

ou plutôt il avait encore plus de fausseté que de dissimulation, puisqu'il exprimait souvent des dispositions toutes contraires aux intentions secrètes qu'il avait. On ne sait trop s'il faut croire ce que disait de lui son frère le cardinal *Sainte-Cécile : Mio fratello e un coglione, fate rumore, egli avra paura.* Il a en effet eu peur du bruit, et s'est sauvé plusieurs fois de la capitale; mais, d'un autre côté, on raconte un trait de sa jeunesse qui prouve quelque courage, et l'on peut dire de lui qu'au moins il fut brave une fois dans sa vie.

Le grand mérite de *Mazarin* est de n'avoir pas fait répandre le sang de ses ennemis lorsque, régnant sous le nom de *Louis XIV*, il pouvait impunément exercer des vengeances. Il était puissant : il avait l'exemple de *Richelieu* : il était Sicilien, et ne se vengea du Coadjuteur que par la prison.

Son grand malheur a été de prêter à rire dans un pays où les plaisans abondent, et où le rang et les distances ne mettent point à l'abri de l'arme du ridicule. Il est moins pardonnable à un ministre de dire des sottises que d'en faire, et *Mazarin* a fait l'un et l'autre.

Guy-Patin ne laisse jamais passer l'occasion de tourner *Mazarin* en ridicule. Dans la lettre 252ᵉ du recueil qu'on a fait des Lettres de ce docteur, il parle de *Richelieu* et de *Mazarin*. « Le cardinal de *Richelieu*, dit-il, ressemblait à *Tibère, erat » asper et immitis, omnium cervicibus imminebat et dominabatur » in virga ferrea.* C'était un atrabilaire qui voulait régner :

Il plut à *Chavigny* par les contes libertins d'Italie, et par *Chavigny* à *Richelieu* qui le fit Cardinal, par le même esprit, à ce que l'on a cru, qui obligea *Auguste* à laisser à *Tibère* la succession de l'Empire. La pourpre ne l'empêcha pas de demeurer valet sous *Richelieu*. La Reine l'ayant choisi, faute d'autres, ce qui est vrai quoi qu'on en dise, il parut d'abord l'original de *Trivelino principe*. Sa fortune l'ayant ébloui et tous les autres, il s'érigea et on l'érigea en *Richelieu*; mais il n'en eut que l'impudence de l'imitation. Il se fit de la honte de tout ce que l'autre s'était fait de l'honneur. Il se moqua de la religion. Il promit tout parce qu'il ne voulut rien tenir. Il ne fut ni doux, ni cruel, parce qu'il ne se souvenait ni des bienfaits, ni des injures. Il s'aimait trop, ce qui est

----

» *Erat Jupiter mactator. Durum est servire Domino feroci.* Le
» *Mazarin* n'aimait pas tant la vengeance, ni le sang, mais il
» était grand coupeur de bourses: *Paucorum sanguinem effudit,*
» *quia omnium sanguinem suxit.* Tout le monde parle encore
» ici de lui, mais personne n'en dit du bien; on dit seulement
» qu'il est mort » (Lettre de Paris, le 26 Avril 1661.)

Lorsque le père du cardinal *Mazarin* mourut, M. *de Liancourt* proposa à M. *de Mortemart* d'aller rendre visite au ministre. *Il est fort affligé*, lui disait-il: — *Il a raison*, reprit M. *de Mortemart, c'est peut-être le seul homme qui pouvait mourir sans qu'il en héritât.*

Mazarin répondit au reproche d'avoir ruiné la France par ses exactions, ce mot connu: *Laissons crier les poules dont nous mangeons les œufs.*

le naturel des ames lâches. Il se craignait trop peu, ce qui est le caractère de ceux qui n'ont pas le soin de leur réputation. Il prévoyait assez bien le mal, parce qu'il avait souvent peur ; mais il n'y remédiait pas à proportion, parce qu'il n'avait pas tant de prudence que de peur. Il avait de l'esprit, de l'insinuation, de l'enjouement, des manières ; mais le vilain cœur paraissait toujours au travers, et au point que ces qualités eurent dans l'adversité tout l'air du ridicule, et ne perdirent pas dans la prospérité celui de fourberie. Il porta le filoutage dans le ministère, ce qui n'est jamais arrivé qu'à lui, et le filoutage faisait que le ministère même heureux et absolu, ne lui séyait pas bien, et que le mépris s'y glissa, qui est la maladie la plus dangereuse d'un Etat, et dont la contagion se répand le plus aisément et le plus promptement du chef dans les membres.

La petite finesse qui infectait toujours la politique quoiqu'habile du cardinal *Mazarin*, lui donnait du goût à laisser devant nos yeux et, pour ainsi dire, entre lui et nous, des gens avec qui il pût se raccommoder contre nous-mêmes. Ces mêmes gens l'amusaient à leur tour, par des négociations. Il les croyait tromper par la même voie. Il arriva qu'il s'en forma une nuée dans laquelle les frondeurs s'enveloppèrent eux-mêmes à la fin : mais ils y enflammèrent les exhalaisons et y forgèrent des foudres.

~~~~~~~~~~

M. DE NEMOURS.

M. *de Nemours* était moins que rien pour la capacité.

~~~~~~~~~~

LA REINE-MÈRE (1).

La Reine avait, plus que personne que j'aie jamais vu, de cette sorte d'esprit qui lui était nécessaire pour ne pas paraître sotte à ceux qui ne la connaissaient pas. Elle avait plus d'aigreur que de hauteur, plus de hauteur que de grandeur, plus de manière que de fonds, plus d'application à l'argent que de libéralité, plus de libéralité que d'intérêt, plus d'intérêt que de désintéressement, plus d'attachement que de passion, plus de dureté que de fierté, plus de mémoire des injures que des bienfaits, plus d'intention de piété que de piété, plus d'opiniâtreté que de fermeté, et plus d'incapacité que de tout ce que j'ai dit ci-dessus.

La reine n'était espagnole ni d'esprit, ni de corps. Elle n'avait ni le tempérament, ni la

____

(1) *Anne d'Autriche*, fille aînée de *Philippe III*, roi d'Espagne, épouse de *Louis XIII*, morte en 1666.

vivacité de sa nation. Elle n'en tenait que la coquetterie, mais elle l'avait au souverain degré. M. *de Bellegarde*, vieux, mais poli et galant à la mode de la Cour de *Henri III*, lui avait plu. Elle s'en était dégoûtée, parce qu'en prenant un jour congé d'elle, lorsqu'il alla commander l'armée à la Rochelle, et lui ayant demandé en général la permission d'espérer une grâce avant son départ, il s'était réduit à la supplier de vouloir bien mettre la main à la garde de son épée. Elle trouva cette manière si sotte qu'elle n'en put jamais revenir. Elle avait agréé la galanterie de M. *de Montmo-rency*, beaucoup plus qu'elle n'avait aimé sa personne. L'aversion qu'elle avait pour les manières de M. le cardinal *de Richelieu*, qui était aussi pédant en amour qu'il était honnête-homme pour les autres choses, avait fait qu'elle n'avait jamais pu souffrir la sienne.... *Buckin-gham* disait qu'il avait aimé trois reines et qu'il avait été obligé de les gourmer toutes trois.

Après la mort de *Louis XIII*, la reine accorda, pendant un moment, tout ce qu'on lui demandait en la flattant ; ce qui faisait dire à *la Feuillade*, qu'il n'y avait plus que quatre petits mots dans la langue française : *la reine est si bonne !* A la mort du roi elle était adorée beaucoup plus par ses disgrâces que par son mérite. On ne l'avait vue que persécutée, et la souffrance aux personnes de ce rang, tient lieu de vertu. On se voulait imaginer qu'elle avait eu de la patience, qui est très-souvent figurée par l'indolence. Enfin il est constant que l'on en espérait des merveilles, et *Bautru* disait qu'elle faisait des miracles, parce que les plus dévots avaient déjà oublié ses coquetteries.

Quand le Parlement eut confirmé la régence, tous les exilés furent rappelés ; tous les prisonniers remis en liberté ; tous les criminels furent justifiés : tous ceux qui avaient perdu des charges y rentrèrent : on donnait tout, on ne refusait rien. Mad^{me} *de Beauvais*, entr'autres, eut permission de bâtir dans la Place-Royale. Je ne me souviens plus du nom de celui à qui on expédia un brévet pour un impôt sur les messes.

M. LE DUC D'ORLÉANS (1).

Il avait, à l'exception du courage, tout ce qui était nécessaire à un honnête homme ; mais comme il n'avait rien, sans exception, de tout ce qui peut distinguer un grand homme, il ne trouvait rien dans lui-même qui pût suppléer, ni même soutenir sa faiblesse. Comme elle

____

(1) *Gaston Jean-Baptiste* de France, né en 1608, mourut à Blois en 1660.

régnait dans son cœur par la frayeur , et dans son esprit par l'irrésolution , elle salit tout le cours de sa vie. Il entra dans toutes les affaires, parce qu'il n'avait pas la force de résister à ceux même qui l'y entraînaient pour leur intérêt ; mais il n'en sortit jamais qu'avec honte , parce qu'il n'avait pas le courage de les soutenir. Cet ombrage amortit en lui, dès sa jeunesse, les couleurs même les plus vives et les plus gaies qui devaient briller naturellement dans un esprit beau et éclairé , dans un enjouement aimable , dans une intention très-bonne , dans un désintéressement complet , et dans une facilité de mœurs incroyable.

M. LE PRINCE (1).

M. le Prince est né capitaine , ce qui n'est jamais arrivé qu'à lui , à *César* , à *Spinola*. Il a égalé le premier, il a passé le second. L'intrépidité est l'un des moindres traits de son caractère. La nature lui avait fait l'esprit aussi grand que le cœur. La fortune , en le donnant à un siècle de guerre , a laissé au second toute son étendue ; la naissance , ou plutôt l'éducation dans une maison attachée et soumise au

____

(1) *Louis de Bourbon*, duc d'Enguien, prince de Condé, en 1646, mort en 1686.

cabinet , a donné des bornes trop étroites au premier. On ne lui a pas inspiré de bonne heure les grandes et générales maximes , qui sont celles qui font et qui forment ce que l'on appelle l'*esprit de suite*. Il n'a pas eu le tems de les prendre par lui-même, parce qu'il a été prévenu , dès sa plus tendre jeunesse , par la chûte imprévue des grandes affaires , et par l'habitude au bonheur. Ce défaut a fait , qu'avec l'ame du monde la moins méchante , il a fait des injustices ; qu'avec le cœur d'*Alexandre* il n'a pas été exempt non plus que lui de faiblesses ; qu'avec un esprit merveilleux il est tombé dans des imprudences ; qu'ayant toutes les qualités de *François de Guise* , il n'a pas servi l'Etat , en de certaines occasions , aussi bien qu'il le devait ; et qu'ayant toutes celles de *Henri du* même nom , il n'a pu remplir son mérite ; c'est un défaut , mais il est rare , mais il est beau.

M. DE LONGUEVILLE.

M. de *Longueville* avait, avec le beau nom d'*Orléans* , de la vivacité , de l'agrément , de la dépense , de la libéralité , de la justice , de la valeur , de la grandeur , et il ne fut jamais qu'un homme médiocre , parce qu'il eut toujours des idées qui furent infiniment au-dessus de sa ca-

pacité. Avec la capacité et les grands desseins,
on n'est jamais compté pour rien : quand on
ne les soutient pas l'on n'est pas compté pour
beaucoup, c'est ce qui fait le médiocre.

M. DE BEAUFORT.

M. de *Beaufort* n'en était pas jusqu'à l'idée
des grandes affaires ; il n'en avait que l'intention. Il en avait ouï parler aux importans , et il
avait un peu retenu de leur jargon ; et cela,
mêlé avec les expressions qu'il avait tirées
très-fidèlement de Mad^e *de Vendôme* , formait une langue qui aurait déparé le bon sens
de *Caton*. Le sien était court et lourd, et d'autant plus qu'il était obscurci par la présomp-
tion. Il se croyait habile, et c'est ce qui le faisait paraître artificieux , parce que l'on connaissait d'abord qu'il n'avait pas assez d'esprit
pour cette fin. Il était brave de sa personne et
plus qu'il n'appartenait à un fanfaron ; il l'était
en tout sans exception , et jamais plus faussement
ment qu'en galanterie. Il parlait, il pensait
comme le peuple dont il fut l'idole quelque
tems.

M. D'ELBEUF (1).

M. d'*Elbeuf* n'avait du cœur que parce qu'il est impossible qu'un prince de la maison de Lorraine n'en ait point. Il avait tout l'esprit qu'un homme qui a beaucoup plus d'art que de bon sens peut avoir. C'était le galimatias du monde le plus fleuri. Il a été le premier Prince que sa pauvreté a avili ; et peut-être jamais homme n'a eu moins que lui l'art de se faire plaindre dans sa misère. La commodité ne le releva pas ; et s'il fût parvenu jusqu'à la richesse, on l'eût envié comme un partisan, tant la gueuserie lui paraissait propre et faite pour lui.

M. DE BOUILLON.

M. *de Bouillon* était d'une valeur éprouvée et d'un sens profond. Je suis persuadé , par ce que j'ai vu de sa conduite , que l'on a fait tort à sa réputation quand on l'a décriée. Je ne sais si l'on n'a pas fait quelque faveur à son mérite , en le croyant capable de toutes les grandes choses qu'il n'a point faites.

---

(1) *Charles de Lorraine*, second du nom , mort en 1657.

M. DE TURENNE (1).

M. *de Turenne* a eu dès sa jeunesse toutes les bonnes qualités, et il a acquis les grandes d'assez bonne heure. Il ne lui en a manqué aucune que celles dont il ne s'est point avisé. Il avait presque toutes les vertus comme naturelles ; il n'a jamais eu le brillant d'aucune. On l'a cru plus capable d'être à la tête d'une armée que d'un parti ; et je le crois aussi parce qu'il n'était pas naturellement entreprenant : mais toutefois qui le sait ? Il a toujours eu en tout, comme en son parler, de certaines obscurités qui ne se sont développées que dans les occasions , mais qui ne s'y sont jamais développées qu'à sa gloire.

M. LE MARÉCHAL DE LA MOTHE (2).

LE Maréchal *de la Mothe* avait beaucoup de cœur. Il était capitaine de la seconde classe ; Il n'était pas homme de beaucoup de sens. Il avait assez de douceur et de facilité dans la vie

---

(1) *Henri de la Tour-d'Auvergne*, né en 1611, tué en 1675.

(2) *Philippe de la Mothe-Houdancourt*, mort en 1657.

civile. Il était très-utile dans un parti , parce qu'il y était très-commode.

M. LE PRINCE DE CONTI.

J'OUBLIAIS presque M. le Prince *de Conti*, ce qui est un bon signe pour un chef de parti. Je ne crois pas vous le pouvoir mieux dépeindre qu'en vous disant que .... ce chef de parti était un zéro qui ne se multipliait que parce qu'il était Prince du sang : voilà pour le public. Pour ce qui est du particulier , la méchanceté faisait en lui ce que la faiblesse faisait en M. le duc d'*Orléans :* elle inondait toutes les autres qualités qui n'étaient d'ailleurs que médiocres et toutes semées de faiblesses.

MME. LA PALATINE (1).

MADAME la *Palatine* estimait autant la galanterie qu'elle en aimait le solide. Je ne crois pas que la reine *Elisabeth* d'Angleterre ait eu plus de capacité pour conduire un Etat. Je l'ai vue dans la faction , je l'ai vue dans le cabinet,

____

(1) *Anne de Gonzagues-Clèves*, femme d'*Edouard de Bavière,* prince Palatin du Rhin : fille de *Charles*, duc de Mantoue-Nevers.

et je lui ai trouvé partout également de la sincérité.

~~~~~~~~~~

MME. DE MONTBAZON.

Madame *de Montbazon* était d'une très-
grande beauté ; la modestie manquait à son air.
Sa morgue , si l'on peut le dire , et son jargon
eussent suppléé dans un tems calme à son peu
d'esprit. Elle eut peu de foi dans la galanterie,
nulle dans les affaires. Elle n'aimait rien que son
plaisir ; et au-dessus de son plaisir , son intérêt.
Je n'ai jamais vu personne qui ait conservé
dans le vice si peu de respect pour la vertu.

~~~~~~~~~~

M. MOLÉ, PREMIER PRÉSIDENT (1).

Si ce n'était pas une espèce de blasphême
de dire qu'il y a quelqu'un dans notre siècle
plus intrépide que le grand *Gustave* et M. *le
Prince*, je dirais que ç'a été M. *Molé*, premier
Président. Il s'en est fallu de beaucoup que son
esprit ait été aussi grand que son cœur. Il ne
laissait pas d'y avoir quelques rapports par une
ressemblance qui n'y était toutefois qu'en laid.

----

(1) *Mathieu Molé*, sieur de *Lassy* et de *Champlatreux*, né en
1584, mort en 1656.

Je vous ai déjà dit qu'il n'était point congru dans sa langue, et il est vrai ; mais il avait une sorte d'éloquence qui, en choquant l'oreille, saisissait l'imagination. Il voulait le bien de l'Etat préférablement à toutes choses, même à celui de sa famille, quoiqu'il parût l'aimer trop pour un magistrat ; mais il n'eut pas le génie assez élevé pour connaître d'assez bonne heure le bien qu'il eût pu faire. Il présuma trop de son pouvoir ; il s'imagina qu'il modérerait la Cour et sa Compagnie. Il ne réussit ni à l'un ni à l'autre : il se rendit suspect à toutes deux, et ainsi il fit du mal avec de bonnes intentions. La préoccupation y contribua beaucoup : elle était extrême en tout, et j'ai même observé qu'il jugeait toujours des actions par les hommes, mais presque jamais des hommes par les actions. Comme il avait été nourri dans les formes du palais, tout ce qui était extraordinaire lui était suspect. Il n'y a guères de disposition plus dangereuse en ceux qui se rencontrent dans les affaires où les règles ordinaires n'ont plus lieu.

M. DE LA ROCHEFOUCAULT.

Il y a toujours eu du je ne sais quoi en tout M. *de la Rochefoucault*. Il a voulu se mêler d'intrigues dès son enfance , et en un tems où il ne sentait pas les petits intérêts qui n'ont jamais été son faible , et où il ne connaissait pas les grands qui , d'un autre sens , n'ont pas été son fort. Il n'a jamais été capable d'aucune affaire , et je ne sais pourquoi ; car il avait des qualités qui eussent suppléé en tout autre celles qu'il n'avait pas.

Sa vue n'était pas assez étendue , et il ne voyait pas même tout ensemble ce qui était à sa portée: mais son bon sens , très-bon dans la spéculation , joint à sa douceur , à son insinuation , et à sa facilité de mœurs qui est admirable , devait récompenser plus qu'il n'a fait le défaut de sa pénétration. Il a toujours eu une irrésolution habituelle , mais je ne sais même à quoi attribuer cette irrésolution. Elle n'a pu venir en lui de la fécondité de son imagination qui n'est rien moins que vive. Je ne la puis donner à la stérilité de son jugement ; car quoiqu'il ne l'ait pas exquis dans l'action , il a un bon fonds de raison. Nous voyons les effets de cette irrésolution , quoique nous n'en connaissions pas la cause. Il n'a jamais été guerrier , quoiqu'il fut très-soldat. Il n'a jamais été par lui-même bon courtisan , quoiqu'il ait eu toujours bonne intention de l'être. Il n'a jamais été bon homme de parti , quoique toute sa vie il y ait été engagé. Cet air de honte et de timidité que vous lui voyez dans la vie civile, s'était tourné dans les affaires en air d'apologie. Il croyait toujours en avoir besoin ; ce qui, joint à ses Maximes, qui ne marquent pas assez de foi à la vertu ; et à sa pratique, qui a toujours été de sortir des affaires avec autant d'impatience qu'il y était entré, me fait conclure qu'il eût beaucoup mieux fait de se connaître et de se réduire à passer, comme il eût pu, pour le courtisan le plus poli et pour le plus honnête homme, à l'égard de la vie commune, qui eût paru dans son siècle.

MME. DE LONGUEVILLE.

Madame *de Longueville* a naturellement bien du fonds d'esprit, mais elle en a encore plus le fin et le tour. Sa capacité, qui n'a jamais été aidée par sa paresse, n'est pas allée jusqu'aux affaires dans lesquelles sa haine contre M. *le Prince* l'a portée, et dans lesquelles la galanterie l'a maintenue. Elle avait une langueur dans les manières qui touchait plus que le brillant de celles même qui étaient plus belles. Elle en avait une même dans l'esprit qui avait ses charmes, parce qu'elle avait, si l'on peut le dire, des réveils lumineux et surprenans. Elle eût eu peu de défauts, si la galanterie ne lui en eût donné beaucoup. Comme sa passion l'obligea de ne mettre la politique qu'en second dans sa conduite, d'héroïne, d'un grand parti, elle en devint l'aventurière. La grace a rétabli ce que le monde ne lui pouvait rendre.

MME. DE CHEVREUSE (1).

MADAME *de Chevreuse* n'avait plus même de restes de beauté quand je l'ai connue. Je n'ai jamais vu qu'elle en qui la vivacité suppléât au jugement. Elle lui donnait même assez souvent des ouvertures si brillantes, qu'elles paraissaient comme des éclairs ; et si sages, qu'elles n'eussent pas été désavouées par les plus grands hommes de tous les siècles. Ce mérite toutefois ne fut que d'occasion. Si elle fût venue dans un siècle où il n'y eût point eu d'affaires, elle n'eût pas seulement imaginé qu'il y en pût avoir. Si le prieur des chartreux lui eût plu, elle eût été solitaire de bonne foi. M. *de Lorraine*, qui s'attacha à elle, la jeta dans les affaires. Le duc *de Buckingham* et le comte *de Hollandt* l'y maintinrent ; M. *de Châteauneuf* l'y amusa. Elle s'y abandonna,

_____

(1) *Marie de Rohan*, femme en secondes noces de *Charles de Lorraine*, duc de Chevreuse.

parce qu'elle s'abandonnait à tout ce qui plaisait à celui qu'elle aimait , sans choix , et purement parce qu'il fallait qu'elle aimât quelqu'un. Il n'était pas même difficile de lui donner un amant de partie faite ; mais dès qu'elle l'avait pris, elle l'aimait uniquement et fidellement. Elle nous a avoué, à Mad^me *de Rhodes* et à moi , que par un caprice , disait-elle, de la fortune , elle n'avait jamais aimé ce qu'elle estimait le plus , à la réserve toutefois , ajouta-t-elle , du pauvre *Buckingham*. Son dévouement à la passion , que l'on pourrait dire éternelle , quoiqu'elle changeât d'objet, n'empêchait pas qu'une mouche ne lui donnât des distractions ; mais elle en revenait toujours avec des emportemens qui les faisaient trouver agréables. Jamais personne n'a moins fait d'attention sur les périls , et jamais femme n'a eu plus de mépris pour les scrupules et pour les devoirs. Elle ne connaissait que celui de plaire à son amant.

M^ELLE. DE CHEVREUSE (1).

MADEMOISELLE *de Chevreuse* , qui avait plus de beauté que d'agrément , était sotte jusqu'au ridicule par son naturel. La passion lui don-

---

(1) *Charlotte-Marie*, dite Mademoiselle *de Chevreuse*.

nait de l'esprit , et même du sérieux et de l'a-
gréable, uniquement pour celui qu'elle aimait;
mais elle le traitait bientôt comme ses jupes,
qu'elle mettait dans son lit quand elles lui
plaisaient, et qu'elle brûlait par une pure aversion deux heures après.

Mad^{lle} *de Chevreuse* n'avait que de la beauté
de laquelle on se rassasie lorsqu'elle n'est pas
accompagnée. Elle n'avait de l'esprit que pour
celui qu'elle aimait : mais comme elle n'aimait
jamais long-tems , on ne trouvait pas aussi
long-tems qu'elle eût de l'esprit. Elle s'indi-
gnait contre ses amans comme contre ses hardes.
Les autres femmes s'en lassent ; elle les brûlait,
et ses filles avaient toutes les peines du monde
à sauver une jupe, des coëffes, des gants, un
point de Venise. Je crois que si elle eût pu
mettre au feu ses amans quand elle s'en lassait,
elle l'eût fait du meilleur de son cœur.

M. L'ARCHEVÊQUE DE PARIS,
ONCLE DU COADJUTEUR.

M. l'archevêque de Paris avait peu de sens ,
et le peu qu'il en avait n'était pas droit. Il
était faible , timide et jaloux de son neveu
jusqu'au ridicule. Il avait promis à la reine
qu'il irait prendre sa place au Parlement.

MM. *de Brissac*, *de Retz* et moi, allâmes en famille le prier de ne pas s'y rendre. Nous ne tirâmes de lui que des impertinences et des vanteries, comme par exemple, qu'il me défendrait mieux que je ne me défendrais moi-même. Remarquez, s'il vous plaît, que bien qu'il jasât comme une linotte en particulier, il était toujours muet comme un poisson en public. Un chirurgien qu'il avait à son service, vint me trouver un quart d'heure après notre visite, pour me dire qu'il était entré chez lui dès que nous avions été sortis, qu'il l'avait loué de la fermeté avec laquelle il avait résisté à ses neveux qui le voulaient enterrer tout vif ; qu'ensuite il l'avait exhorté à se lever en diligence pour aller au Palais, mais qu'aussitôt qu'il fut hors du lit, il lui avait demandé d'un ton effaré, comment il se portait ? que M. de Paris lui avait répondu je me porte bien : à quoi il avait réparti, cela ne se peut, vous avez trop mauvais visage ; qu'après cela lui ayant tâté le pouls, vous avez, lui dit-il, la fièvre. Sur cela M. de Paris s'était remis au lit, d'où tous les rois et toutes les reines du monde ne le feraient pas sortir de quinze jours.

LE MARÉCHAL DE LA MEILLERAYE (1).

LE maréchal de *la Meilleraye* était de tous les hommes le plus bas à la cour. La nour-

---

(1) *Charles de la Porte*, maréchal de *la Meilleraye*, mourut en 1664.

La haute fortune du maréchal *de la Meilleraye* est racontée d'une manière plaisante par l'abbé *de Choisy* (dans ses *Mémoires sur Louis XIV*, page 47). « *Conchini* devenu premier ministre,
» se souvint dans sa gloire de son ami M. *Barbin*, qu'il fit faire,
» par la reine, contrôleur-général des finances. M. *Barbin* se
» souvint de son ami *Boutillier*, avocat, qui, pendant qu'il
» n'était que procureur du roi, à Melun, lui donnait une
» chambre chez lui quand il était à Paris. L'avocat *Boutillier*
» avait été clerc du vieux avocat *la Porte*. Cet avocat *la Porte*
» était fils d'un apothicaire de Parthenai en Poitou, à qui le
» peuple avait donné le nom de *la Porte*, à cause que sa bou-
» tique était sur la porte de la ville. Il fit gagner une cause
» importante à Messieurs de Malte, qui, par reconnaissance,
» reçurent son fils chevalier sans faire de preuve, et ce fut le
» grand-prieur *de la Porte*. Son fils aîné se nomma M. *de la*
» *Meilleraye*, et son petit-fils fut le marquis, depuis maréchal
» *de la Meilleraye*. M. *Boutillier* ayant fait connaître à la reine
» le protonotaire *du Plessis*, fils d'une *la Porte*, ce petit pro-
» tonotaire devint bientôt le plus puissant et fit la fortune des
» autres. C'est le cardinal *de Richelieu* qui poussa le maréchal
» *de la Meilleraye*, son cousin-germain. »
Cette espèce de *généalogie* aurait pu fournir à *Picart* le sujet d'un récit piquant dans sa pièce des *Ricochets*.
Lorsque le maréchal *de la Meilleraye* mourut, une ame pieuse voulut faire concevoir des craintes à sa veuve sur le salut du maréchal. Elle lui répondit : *Allez, allez, Monsieur, Dieu y regardera à deux fois avant de damner une personne de cette qualité.*

riture qu'il avait prise à celle de M. le cardinal *de Richelieu*, avait fait de si fortes impressions dans son esprit, que bien qu'il eût beaucoup d'aversion pour le cardinal *Mazarin*, il tremblait dès qu'il entendait prononcer son nom. Une fois même il me parut ému au-delà de ce que la bienséance eût pu permettre.... il préparait des prétextes. Cette conduite est ordinaire à tous ceux qui ont plus d'artifice que de jugement : mais elle n'est pas sûre à ceux qui ont plus d'impétuosité que de bonne foi.

M. LE COMTE DE SOISSONS (1).

M. le comte *de Soissons* avait toute la hardiesse du cœur que l'on appelle communément vaillance, au plus au point qu'un homme puisse l'avoir, et il n'avait pas, même dans le degré le plus commun, la hardiesse de l'esprit qui est, ce qu'on nomme résolution. La première est ordinaire et même vulgaire ; la seconde est même plus rare que l'on ne se le peut imaginer. Elle est toutefois encore plus nécessaire que l'autre pour les grandes actions, et y a-t-il une action au monde plus grande que celle d'un parti ? Celle d'une armée a, sans comparaison, moins de

---

(1) *Louis de Bourbon*, comte de Soissons, tué à la bataille de la Marfée, près de Sédan, en 1641.

ressorts : celle d'un Etat en a davantage, mais les ressorts n'en sont pas, à beaucoup près, si fragiles ni si délicats. Enfin, je suis persuadé qu'il faut de grandes qualités pour former un bon chef de parti, et que dans le rang des qualités qui le composent, sa résolution marche de pair avec le jugement : je dis avec le jugement héroïque, dont le principal usage est de distinguer l'extraordinaire de l'impossible.

La qualité la plus souvent et la plus indispensablement praticable dans un bon chef de parti, est de supprimer en beaucoup d'occasions, et de cacher en toutes, les soupçons même les plus légitimes.

M. LE COMTE DE FIESQUE.

Le comte *Jean-Louis de Fiesque* se connaissant d'un esprit porté aux grandes choses, et voyant bien qu'il serait un jour capable de ramener ses inclinations générales à quelque dessein particulier et important pour son élévation, il se donna tout entier à cette pensée : et comme il avait de lui-même une ardeur incroyable pour la gloire, et beaucoup d'adresse pour accroître sa réputation, il vivait de manière que toutes les grandes qualités que l'on remarquait en lui paraissaient venir du fond de son naturel, et non pas d'une conduite étudiée. Il avait un air toujours égal, ouvert, agréable, et même enjoué. Il était civil avec tout le monde ; mais avec des distinctions obligeantes suivant le mérite et la qualité. Sa libéralité était si grande, qu'il allait au-devant du besoin de ses amis. Il gagnait de la sorte les pauvres par ses largesses, et les riches par son honnêteté. Il observait religieusement sa parole. Il avait une chaleur à obliger qui ne se relâchait jamais : sa maison et sa table étaient ouvertes à tous venans. Il était magnifique en toutes choses jusqu'à la profusion ; et jamais personne n'a été mieux persuadé que lui que l'avarice, la sécheresse et l'orgueil ternissent les plus belles qualités des grands hommes. Mais ce qui donnait un lustre merveilleux aux siennes, c'est qu'il était bien fait de sa personne, et que tout ce qu'il faisait était accommodé d'un air noble et grand qui sentait sa naissance illustre, et qui attirait l'inclination et le respect de tout le monde.

Cette conduite lui assura tellement les cœurs de ses amis, que pas un de ceux qui lui avaient promis de le servir ne manqua de foi ni de discrétion dans une affaire si délicate : chose extraordinaire, à la vérité, dans les conjurations, où il faut tant d'acteurs et tant de secret, que quand il n'y aurait point d'infidèle, il est mal-aisé qu'il ne s'y trouve toujours quelque imprudent. Mais ce qu'il y eut de plus admirable en celle-ci, ce fut que ses ennemis voyant son procédé toujours égal , ils n'en prirent aucun ombrage , parce qu'ils attribuaient plutôt ce qu'il y avait de trop éclatant dans ses actions à son humeur naturelle, qu'à un dessein formé.

Quelques personnes ont prétendu que ce fut une imprudence extrême au Sénat, de souffrir que le comte *de Fiesque* obligeât tout le monde, et s'acquît avec tant de soin les cœurs de ses concitoyens. Je ne puis désavouer que la maxime qui sert de fondement à cette opinion ne soit un trait de fine politique, et il semble qu'ayant pour but la médiocrité des particuliers, elle doive avoir pour effet la sureté générale : mais je suis persuadé qu'elle est fort injuste, en ce qu'elle corrompt la nature des bonnes qualités, qui deviennent par cette raison nuisibles ou dangereuses à celui qui les possède. Je la crois même pernicieuse, parce qu'en rendant le mérite suspect, elle étouffe toutes les semences de la vertu , et dégoûte tellement de l'amour de la gloire, qu'on ne se porte jamais qu'avec crainte aux belles actions, et que l'on se détourne de celles qui pourraient être utiles à l'Etat, pour éviter de donner de l'ombrage au gouvernement. Il arrive aussi qu'au lieu de retenir les hommes de grand cœur dans les bornes de cette égalité qu'elle prescrit, elle les porte quelquefois à donner un cours plus libre à leur ambition, et à prendre des résolutions extrêmes pour secouer le joug d'une loi si tyrannique.

ORIGINE DE LA CABALE
Appelée *les Importans*.

(1643.) M. *de Beaufort*, qui avait le sens beaucoup au-dessous du médiocre, voyant que la reine avait donné sa confiance à M. le cardinal *Mazarin*, s'emporta de la manière du monde la plus imprudente. Il refusa tous les avantages qu'elle lui offrait avec profusion. Il fit vanité de donner toutes les démonstrations d'un amant irrité. Il ne ménagea en rien *Monsieur*. Il brava dès les premiers jours de la régence M. *le Prince*. Pour soutenir ce qu'il faisait contre la régente, contre le ministre et contre tous les princes du sang, il forma une cabale de gens qui sont tous morts fous, mais qui dès ce tems-là ne me paraissaient guères sages : tels que *Beaupré, Fontrailles, Fiesque*. *Montrésor*, qui avait la mine de *Caton*, mais qui n'en avait pas le jeu, s'y joignit avec *Béthune*. Le premier était mon proche parent et

le second était assez de mes amis. Ils obli-
gèrent M. *de Beaufort* à me faire beaucoup
d'avances, et je les reçus avec beaucoup de
respect : mais je n'entrai en rien. Je m'en ex-
pliquai même à *Montrésor,* en lui disant que
je devais la coadjutorerie de Paris à la reine,
et que la grace était assez considérable pour
m'empêcher de prendre aucune liaison qui pût
ne lui être pas agréable. *Montrésor* m'ayant
répondu que je n'en avais nulle obligation à la
reine, qui n'avait fait que ce que lui avait publiquement ordonné le roi, et que d'ailleurs la
grace m'avait été faite dans un tems où la reine
ne donnait rien, à force de ne rien refuser ; je
lui dis ces propres mots : *Vous me permettrez
d'oublier tout ce qui pourrait diminuer ma
reconnaissance, et de ne me ressouvenir que
de ce qui la peut augmenter.*

Le parti formé dans la Cour par M. *de Beaufort,* n'était composé que de quatre ou cinq
mélancoliques qui avaient la mine de penser
creux. Cette mine, ou fit peur au cardinal
Mazarin, ou lui donna lieu de feindre qu'il
avait peur.... En moins de rien on tourna en
ridicule la morgue qui avait donné aux amis de
M. *de Beaufort* le nom d'importans ; et l'on se
servit en même tems, très-habilement, des
grandes apparences que M. *de Beaufort,* suivant le style de tous ceux qui ont plus de vanité

que de sens, ne manqua pas de donner en toutes sortes d'occasions aux moindres bagatelles. On tenait cabinet mal à propos ; on donnait des rendez-vous sans sujet ; les chasses même paraissaient mystérieuses. Enfin l'on fit si bien que l'on se fit arrêter au Louvre (1) par *Guitant*, capitaine des gardes de la reine. Ces *importans* furent chassés et dispersés.

---

(1) M. *de Beaufort* fut arrêté le 2 septembre 1643, et mené à Vincennes, d'où il se sauva le 31 mai 1648.

§. V.

PENSÉES ET MAXIMES.

1.—Il faut toujours respecter le gouvernement présent du pays où l'on est.

2.—Il y a assez souvent de la folie à conjurer; mais il n'y a rien de pareil pour faire les gens sages dans la suite, au moins pour quelque tems. Comme le péril dans ces sortes d'affaires dure même après les occasions, l'on est prudent et circonspect dans les momens qui le suivent.

3. —Il n'y a rien de plus mal-habile que de se faire croire capable de choses dont les exemples sont à craindre.

4. — Les circonstances extraordinaires sont d'un merveilleux poids dans les révolutions populaires.

5.—C'est une chose rare et souhaitable tout ensemble de se trouver dans une occasion où l'on soit obligé, par le motif du bien public et de sa gloire particulière, de se mettre une couronne sur la tête.

6. — Rien n'anime et n'appuie plus un mouvement que le ridicule de ceux contre lesquels on le fait.

7. — Le sort de l'irrésolution est de n'avoir jamais plus d'incertitude que dans la conclusion.

8. — Il n'y a de véritables histoires que celles écrites par des hommes qui ont été assez sincères pour parler véritablement d'eux-mêmes.

9. — Le grand secret de ceux qui entrent dans les emplois, est de saisir d'abord l'imagination des hommes par une action que quelques circonstances leur rendent particulière.

10. — Descendre jusqu'aux petits est le plus sûr moyen pour s'égaler aux grands.

11. — La mode qui a du pouvoir en toutes choses, ne l'a si sensible en aucune, qu'à être bien ou mal à la Cour. Il y a des tems où la disgrâce est une manière de feu qui purifie toutes les mauvaises qualités et qui illumine toutes les bonnes. Il y a des tems où il ne sied pas bien à un honnête-homme d'être disgracié.

12. — On prend souvent l'indolence pour la patience.

13. — Tout ce qui paraît grand est heureux, donne de la dignité et n'a rien d'odieux. Ce qui attire souvent je ne sais quoi d'odieux sur

les actions des ministres , même les plus nécessaires, c'est que pour les faire ils sont presque
toujours obligés de surmonter des obstacles ,
dont la victoire ne manque jamais de porter
avec elle de l'envie et de la haine. Quand il se
présente une occasion considérable , dans laquelle il n'y a rien à vaincre , parce qu'il n'y a
rien à combattre , ce qui est très-rare , elle
donne à leur autorité un éclat pur , innocent,
non mélangé , qui ne l'établit pas seulement ,
mais qui leur fait même tirer, dans la suite, du
mérite de tout ce qu'ils ne font pas , presque
également que de tout ce qu'ils font.

14. — La Cour prit ombrage de moi dans le
tems même où je n'avais pas seulement fait
réflexion que je lui en pusse donner. Ce qui
me fit penser que l'on était plus souvent dupe
par la défiance que par la confiance.

15. — Il y a plus de 1200 ans que la France
a des rois ; mais ces rois n'ont pas été absolus
au point qu'ils le sont aujourd'hui. Leur autorité n'a jamais été réglée comme celle des rois
d'Angleterre et d'Arragon , par des lois écrites :
elle a été seulement tempérée par des coutumes
reçues et comme mises en dépôt au commencement dans les mains des Etats-Généraux , et
depuis dans celles des Parlemens. Les enregis-
tremens des traités faits entre les couronnes et

les vérifications des édits pour les levées d'argent, sont des images presque effacées de ce sage milieu que nos pères avaient trouvé entre la licence des rois et le libertinage des peuples. Ce milieu a été considéré par les sages et les bons princes, comme un assaisonnement de leur pouvoir, très-utile même pour le faire goûter à leurs sujets : il a été regardé par les mal habiles et les mal intentionnés, comme un obstacle à leurs déréglemens et à leurs caprices. *Joinville* nous fait voir clairement que *Saint-Louis* l'a connu et estimé, et les ouvrages d'*Oresme*, évêque de Lisieux, et du fameux *Juvénal des Ursins*, nous convainquent que *Charles V*, qui a mérité le titre *de Sage*, n'a jamais cru que sa puissance fût au-dessus des lois et de son devoir. *Louis XI*, plus artificieux que prudent, donna sur ce chef, aussi bien que sur tous les autres, atteinte à la bonne foi. *Louis XII* l'eût rétabli si l'ambition du cardinal d'*Amboise*, maître absolu de son esprit, ne s'y fût opposée. L'avarice insatiable du connétable *de Montmorency*, lui donna bien plus de mouvement à étendre l'autorité de *François I*er qu'à la régler. Les vastes et lointains desseins de Messieurs *de Guise*, ne leur permirent pas, sous *François II*, de penser à y donner des bornes. Sous *Charles IX* et sous *Henri III*, la Cour fut si fatiguée des troubles, que l'on y prit pour révolte ce qui n'était pas soumission. *Henri IV*, qui ne se défiait pas des lois parce qu'il se fiait en lui-même, marqua combien il les estimait, par la considération qu'il eut pour les remontrances très-hardies de *Miron*, prévôt des Marchands, touchant les rentes de l'Hôtel-de-Ville. M. *de Rohan* disait que *Louis XIII* n'était jaloux de son autorité qu'à force de ne la pas connaître. Le maréchal *d'Ancre* et M. *de Luynes*, n'étaient que des ignorans incapables de l'en informer. Le cardinal *de Richelieu*, qui leur succéda, fit, pour ainsi parler, un fonds de toutes les mauvaises intentions et de toutes les ignorances des deux derniers siècles, pour s'en servir selon ses intérêts. Il les déguisa en maximes utiles et nécessaires pour établir l'autorité royale ; et la fortune secondant ses desseins, par le désarmement du parti protestant en France, par les victoires des Suédois, par la faiblesse de l'Empire, par l'incapacité de l'Espagne, il forma, dans la plus légitime des monarchies, la plus scandaleuse et la plus dangereuse tyrannie qui ait peut-être jamais asservi un Etat. L'habitude qui a eu la force, en quelques pays, d'accoutumer les hommes au feu, nous a endurcis à des choses que nos pères ont appréhendé plus que le feu même. Nous ne sentons plus la servitude qu'ils ont détestée, et le cardinal *de*

Richelieu a fait des crimes de ce qui faisait autrefois des vertus. Il a commencé à punir les magistrats pour avoir avancé des vérités pour lesquelles leur serment les obligeait d'exposer leur propre vie. Les rois qui ont été sages et qui ont connu leurs véritables intérêts, ont rendu les Parlemens dépositaires de leurs ordonnances, particuliérement pour se décharger d'une partie de l'envie et de la haine que l'exécution des plus saintes et même des plus nécessaires produit quelquefois. Ils n'ont pas cru s'abaisser en s'y liant eux-mêmes : semblables à Dieu qui obéit toujours à ce qu'il a commandé une fois. Les ministres qui sont toujours assez aveuglés par leur fortune pour ne se pas contenter de ce que les ordonnances permettent, ne s'appliquent qu'à les renverser ; et le cardinal *de Richelieu*, plus qu'aucun autre, y a travaillé avec autant d'imprudence que d'application. Il n'y a que Dieu qui puisse subsister par lui-même. Les monarchies les mieux établies, et les monarques les plus autorisés, ne se soutiennent que par l'assemblage des armes et des lois ; et cet assemblage est si nécessaire que les unes ne se peuvent maintenir sans les autres. Les lois, sans le secours des armes, tombent dans le mépris. Les armes qui ne sont point modérées par les lois, tombent dans l'anarchie. L'Empire romain mis à l'encan, et celui des

Ottomans exposé tous les jours au cordeau, nous marquent par des caractères bien sanglans l'aveuglement de ceux qui ne font consister l'autorité que dans la force.

16. — L'affaiblissement et le changement des lois de l'Etat plaît toujours d'abord aux princes peu éclairés, parce qu'ils s'imaginent y voir l'agrandissement de leur autorité, et qui dans la suite servent de prétexte aux grands et de motifs aux peuples pour se soulever.

17. — Le dernier point de l'illusion en matière d'Etat est une espèce de léthargie qui n'arrive jamais qu'après de grands symptômes. Le renversement des anciennes lois, l'anéantissement de ce milieu qu'elles ont posé entre les rois et les peuples, l'établissement de l'autorité purement et absolument despotique, sont les symptômes qui ont jeté originairement la France dans ces convulsions dans lesquelles nos pères l'ont vue. *Richelieu* la traita comme un empyrique, avec des remèdes violens qui lui firent paraître de la force, mais une force d'agitation qui en épuisa le corps et les parties. *Mazarin*, comme un médecin très-inexpérimenté, ne connut point son abattement ; il ne se soutint point par les secrets chimiques de son prédécesseur. Il continua de l'affaiblir par des saignées. Elle tomba en léthargie, et il fut

assez mal habile pour prendre ce faux repos pour une véritable santé. Les Parlemens qui avaient tout nouvellement gémi sous la tyrannie, étaient comme insensibles aux misères présentes, par la mémoire encore trop vive et trop récente des passées. Les grands qui, pour la plupart, avaient été chassés du royaume, s'endormaient paresseusement dans leurs lits qu'ils avaient été ravis de retrouver. Si cette indolence générale eût été plus ménagée, l'assoupissement eût peut-être duré plus long-tems. Mais comme le médecin ne le prenait que pour un doux sommeil, il n'y fit aucun remède. Le mal s'aigrit, la tête s'éveilla, Paris se sentit ; il poussa des soupirs et l'on n'en fit point de cas. Il tomba en frénésie.

18. — L'extrémité du mal n'est jamais à son période que quand ceux qui commandent ont perdu la honte : parce que c'est justement le moment dans lequel ceux qui obéissent perdent le respect ; et c'est dans ce même moment que l'on revient de la léthargie, mais par des convulsions.

19. — Le prince d'Orange, par le sort réservé aux grands génies, qui voient avant tous les autres le point de la possibilité, conçut et enfanta la liberté des Bataves.

20. — Ce qui cause l'assoupissement dans les

Etats qui souffrent, est la durée du mal, qui saisit l'imagination des hommes et leur fait croire qu'il ne finira jamais. Aussitôt qu'ils trouvent jour à en sortir, ce qui ne manque jamais lorsqu'il est venu jusqu'à un certain point, ils sont si surpris, si aises et si emportés, qu'ils passent tout d'un coup à l'autre extrémité, et que bien loin de considérer les révolutions comme impossibles, ils les croient faciles, et cette disposition toute seule est quelquefois capable de les faire.

21. — (*Troubles de* 1648.) . . . . Il paraît un peu de sentiment, une lueur ou plutôt une étincelle de vie. Ce signe de vie, dans les commencemens presque imperceptible, ne se donne point par *Monsieur;* il ne se donne point par M. *le Prince ;* il ne se donne point par les Provinces. Il se donne par le Parlement qui, jusqu'à notre siècle, n'avait jamais commencé de révolution, et qui certainement aurait condamné, par des arrêts sanglans, celle qu'il faisait lui-même, si tout autre que lui l'eût commencée. Il gronda sur l'édit du tarif; et aussitôt qu'il eut seulement murmuré, tout le monde s'éveilla. On chercha en s'éveillant, comme à tâtons, les lois : on ne les trouva plus. L'on s'effara ; l'on cria ; l'on se les demanda, et dans cette agitation les questions que leurs explications firent naître, d'obscures

qu'elles étaient et vénérables par leur obscurité, devinrent problématiques ; et de là, à l'égard de la moitié du monde, odieuses. Le peuple entra dans le sanctuaire ; il leva le voile qui doit toujours couvrir tout ce que l'on peut dire et tout ce que l'on peut croire du droit des peuples et de celui des rois, qui ne s'accordent jamais si bien ensemble que dans le silence. La salle du Palais profana ces mystères.

22. — Il y a des personnes d'autant plus dangereuses pour conseiller les grandes choses, qu'elles les ont beaucoup plus dans l'esprit que dans le cœur. Les gens de ce caractère n'exécutent rien, et par cette raison ils conseillent tout. Ceux qui sont très-braves et très-présomptueux, osent tout ce que ceux en qui ils ont confiance leur persuadent.

23. — Au tems où les bêtes parlaient, dit un apologue italien, le loup assura à un troupeau de brebis, qu'il les protégerait contre tous ses camarades, pourvu que l'une d'entre elles allât tous les matins lécher une blessure qu'il avait reçue d'un chien.

24. — Il sied plus mal à un ministre de dire des sottises que d'en faire.

25. — Auprès des princes il est aussi dangereux et presque aussi criminel de pouvoir le bien que de vouloir le mal.

26. — L'aveugle témérité et la peur outrée produisent les mêmes effets, lorsque le péril n'est pas connu.

27. — Il n'y a rien de si dangereux que la flatterie dans les conjonctures où celui que l'on flatte peut avoir peur. L'envie qu'il a de ne la pas prendre fait qu'il croit tout ce qui l'empêche d'y remédier.

28. — Il est bien plus naturel à la peur de consulter que de décider.

29. — J'ai observé qu'à Paris, dans les émotions populaires, les plus échauffés ne veulent pas ce qu'ils appellent se *desheurer*.

30. — Il est important de faire paraître au peuple, même quand on attaque, que l'on ne songe qu'à se défendre.

31. — On a plus de peine, dans les partis, à vivre avec ceux qui en sont, qu'à agir contre ceux qui y sont opposés.

32. — Dans les émotions populaires, une mauvaise nouvelle n'est jamais seule.

33. — Les plus grands dangers ont leurs charmes, pour peu que l'on aperçoive de gloire dans la perspective des mauvais succès. Les médiocres dangers n'ont que des horreurs, quand la perte de la réputation est attachée à la mauvaise fortune.

34. — Les extrêmes sont toujours fâcheux ; mais ce sont des moyens sages quand ils sont nécessaires. Ce qu'ils ont de consolant, est qu'ils ne sont jamais médiocres et qu'ils sont décisifs quand ils sont bons.

35. — Il y a des conjonctures où la prudence même ordonne de ne consulter que le chapitre des accidens.

36. — Les gens qui sont naturellement faibles à la Cour, ne peuvent jamais s'empêcher de croire tout ce qu'elle prend la peine de leur vouloir faire croire.

37. — Il n'y a rien dans le monde qui n'ait son moment décisif, et le chef-d'œuvre de la bonne conduite est de connaître et de prendre ce moment. Si on le manque, sur-tout dans la révolution des Etats, on court fortune ou de ne pas le retrouver, ou de ne le pas apercevoir.

38. — Une des qualités les plus nécessaires à un ministre est de se faire honneur de la nécessité. Dans la suite on s'approprie la plus grande partie du mérite des choses auxquelles on s'était le plus opposé.

39. — On ne doit considérer les petits incidens que comme des victimes que l'on doit toujours sacrifier aux grandes affaires.

40. — Lorsque les Compagnies souveraines

font du mal, ce n'est que parce qu'elles ne savent pas bien faire le bien même qu'elles veulent.

41. — La capacité d'un ministre qui sait ménager les particuliers et les corps, les tient dans l'équilibre où les compagnies souveraines doivent être naturellement et dans lequel elles réussissent, par un mouvement qui balance ce qui est de l'autorité des princes et de l'obéissance des peuples.

42. — Les corps poussent toujours avec trop de vigueur les fautes des ministres.

43. — Le Parlement pensa déchirer le voile qui couvre le mystère de l'Etat. Chaque monarchie a le sien : celui de la France consiste dans une espèce de silence religieux et sacré, dans lequel on ensevelit, en obéissant presque toujours aveuglément aux rois, le droit que l'on ne veut croire avoir de s'en dispenser, que dans les occasions où il ne serait pas même de leur service de plaire à leurs rois. Ce fut un miracle que le Parlement ne levât pas dernièrement ce voile, et ne le levât pas en forme et par arrêt : ce qui serait bien d'une conséquence plus dangereuse et plus funeste que la liberté que les peuples ont pris depuis quelque tems de voir à travers. Si cette liberté, qui est déjà dans la salle du Palais, était passée jusques dans

la grand'chambre, elle ferait des lois révérées de ce qui n'est encore que question problématique, et de ce qui n'était, il n'y a pas long-tems, qu'un secret ou inconnu, ou du moins respecté.

44. — (Le cardinal *de Retz* voulait engager le prince *de Condé* à prendre parti dans les troubles). — Je lui tins un discours qui ne le persuada point, ajoute-t-il ; il ne répondit à mes raisons particulières que par les générales : ce qui est assez de son caractère. Les héros ont leurs défauts : celui de M. *le Prince* est de n'avoir pas assez de suite dans l'un des plus beaux esprits du monde. Quoique les gens de ce caractère voyent très-bien les inconvéniens et les avantages des deux partis, sur lesquels ils balancent à prendre leur résolution, et quoiqu'ils les voyent même ensemble, ils ne les pèsent pas ensemble. Ainsi ce qui leur paraît aujourd'hui plus léger, leur paraît demain plus pesant.

45. — (Le Coadjuteur voulant former un parti, hésita sur celui qu'il mettrait à la tête)... —Je ne voulais qu'un nom, dit-il, pour animer ce qui, sans nom, n'était qu'un fantôme. Je me répondais de M. *de Longueville,* qui aimait le mieux le commencement de toutes les affaires. Je voyais le maréchal *de la Motte* enragé contre

la Cour ; M. *de Bouillon* très-mécontent. J'avais considéré tous ces gens-là , mais je ne les avais considérés que dans une perspective éloignée , parce qu'il n'y en avait aucun de tous ceux-là qui fût capable d'ouvrir la scène. M. *de Longueville* n'était bon que pour le second acte. Le maréchal *de la Motte ,* bon soldat , mais de très-petit sens, ne pouvait jamais jouer le premier personnage. M. *de Bouillon* l'eût pu soutenir , mais sa probité était plus problématique que son talent. Le prince *de Conti,* par sa qualité , conciliait et rapprochait tout ce qui paraissait le plus éloigné à l'égard des uns et des autres.

46. — *Mazarin* disait des sottises , ce qui n'est pas même ordinaire à ceux qui en font dans ces postes élevés.

47. — Le crédit parmi les peuples, cultivé et nourri de longue main , ne manque jamais à étouffer , pour peu qu'il ait de tems pour germer , ces fleurs minces et naissantes de la bienveillance publique , que le pur hasard fait quelquefois pousser.

48. — Les gens faibles ne plient jamais quand ils le doivent.

49. —Rien ne touche et n'émeut tant les peuples, et même les compagnies qui tiennent beaucoup du peuple, que la variété des spectacles.

50. — L'esprit, dans les grandes affaires, n'est rien sans le cœur.

51. — Les exemples du passé touchent, sans comparaison, mieux les hommes que ceux de leur siècle. Nous nous accoutumons à tout ce que nous voyons, et je ne sais si le consulat du cheval de *Caligula* nous aurait autant surpris que nous nous l'imaginons.

52. — Les compagnies qui sont établies pour le repos, ne peuvent jamais être propres au mouvement.

53. — Beaucoup de gens contestent ce qu'ils ne croient pas pouvoir obtenir.

54. — Il y a dans les débats des grandes assemblées des conjonctures fàcheuses, où le seul remède est de planer dans les momens où ce que l'on vous objecte peut faire plus d'impression que ce que vous pouvez répondre ; et de relever dans ceux où ce que vous pouvez répondre peut faire plus d'impression que ce que l'on vous objecte.

55. — Les pouvoirs populaires ne se font croire que quand ils se font sentir, et il est très-souvent de l'intérêt et de l'honneur de ceux entre les mains de qui ils sont, de les faire moins sentir que croire.

56. — Le moment où l'on reçoit les plus

heureuses nouvelles est celui où il faut redoubler son attention pour les petites.

57. — Le pouvoir dans les peuples est fâcheux en ce qu'il nous rend responsables même de ce qu'ils font malgré nous.

58. — L'une des plus grandes incommodités des guerres civiles, est qu'il faut encore plus d'application à ce que l'on ne doit pas dire à ses amis qu'à ce que l'on doit faire contre ses ennemis.

59. — En matière de sédition, tout ce qui la fait croire, l'augmente.

60. — Il n'y a point de qualités qui déparent tant un grand-homme, que de n'être pas juste à prendre le moment décisif de sa réputation. On ne le manque presque jamais que pour mieux prendre celui de sa fortune, et c'est en quoi l'on se trompe, pour l'ordinaire, doublement.

61. — Il y a des occasions où l'on n'est point habile, parce qu'on y veut être fin.

62. — Un des malheurs des guerres civiles, est qu'on y fait souvent des fautes par bonne conduite.

63. — Il est, à mon sens, d'un plus grand-homme de savoir avouer sa faute, que de savoir ne la pas faire.

64. — Bien des gens répondent à leurs pensées plutôt qu'à ce qu'on leur dit : ce qui ne manque presque jamais en ceux qui savent qu'on peut leur reprocher quelque chose avec justice.

65. — Il est plus ordinaire aux hommes de se repentir en spéculation d'une faute qui n'a pas eu un bon événement, que de revenir dans la pratique, de l'impression qu'ils ne manquent jamais de recevoir du motif qui les a portés à la commettre.

66. — La vue la plus commune, dans les imprudences, est celle que l'on a de la possibilité des ressources.

67. — La guerre civile est une de ces maladies compliquées, dans lesquelles le remède que vous destinez pour la guérison d'un symptôme en aigrit quelquefois trois ou quatre autres.

68. — Ce n'est pas toujours jeu sûr de refuser de plus grand que soi.

69. — Le comte *Maurice* avait accoutumé de reprocher à *Barnevelt*, à qui depuis il fit trancher la tête, qu'il renverserait la Hollande en donnant toujours le change aux Etats par la supposition de ce qui faisait la question.

70. — Toute compagnie est peuple : ainsi

tout y dépend des instans. Les propositions n'y ont qu'une fleur, et telle qui plaît fort aujourd'hui y déplaît demain à proportion.

71. — Il y a plus de perte à manquer une chose en la proposant légérement, qu'il n'y a d'avantage à l'emporter en la proposant à propos.

72. — Tout ce qui paraît hazardeux et ne l'est pas, est presque toujours sage.

73. — Je n'ai jamais vu personne qui fût si éloquent que M. *de Bouillon* pour persuader aux gens que les *fièvres quartes leur étaient bonnes.*

74. — Celui qui dans les grandes affaires donne lieu au manquement des autres, est souvent plus coupable qu'eux.

75. — Il n'y a point de petits pas dans les grandes affaires.

76. — Il n'y a rien de si dangereux que les propositions qui paraissent mystérieuses et qui ne le sont pas, parce qu'elles allient toute l'envie qui est inséparable du mystère, et qu'elles sont même un obstacle aux avantages que l'on prétend en tirer.

77. — La Providence de Dieu par des secrets ressorts, inconnus à ceux même qu'elle fait agir, dispose les moyens pour leur fin.

78. — Il faut confesser à la louange de M. le cardinal *de Richelieu*, qu'il avait conçu deux desseins que je trouve presque aussi vastes que ceux des *César* et des *Alexandre*. Celui d'abattre le parti de la religion avait été formé par M. le cardinal *de Retz*, mort en 1622. Celui d'attaquer la maison d'Autriche n'avait été imaginé de personne. Il a consommé le premier, et à sa mort il avait bien avancé le second. La valeur de M. *le Prince* n'altéra pas les choses. La fameuse bataille de Rocroy (1643), donna autant de sûreté au royaume qu'elle lui apporta de gloire , et ces lauriers couvrirent le berceau de *Louis XIV*.

79. — Les gens irrésolus prennent toujours avec facilité toutes les ouvertures qui les mènent à deux chemins.

80. — Rien ne persuade tant les gens qui ont peu de sens , que les choses qu'ils n'entendent pas.

81. — Tout ce qui est nécessaire n'est pas hasardeux.

82. — Il n'est pas sage de faire dans les factions , où l'on n'est que sur la défensive , ce qui n'est pas pressé.

83. Les familles médiocres sont toujours les plus redoutables dans les révolutions.

84. — Dans les factions, les chefs ne sont maîtres qu'autant qu'ils savent prévenir ou apaiser les murmures.

85. — Dans les affaires publiques la morale est de plus d'étendue que dans les particulières.

86. — Quand la frayeur est venue jusqu'à un certain point, elle produit les mêmes effets que la témérité.

87. — Rien ne jette tant de défiance dans les réconciliations nouvelles, que l'aversion qu'on témoigne à être obligé à ceux avec qui l'on se réconcilie.

88. — Parler trop n'est pas le défaut le plus commun des gens qui sont accoutumés aux grandes affaires.

89. — Un des plus grands malheurs que l'autorité despotique des ministres du dernier siècle ait causés dans l'Etat, est la pratique que leurs intérêts particuliers mal entendus y ont introduite, de soutenir toujours le supérieur contre l'inférieur. Cette maxime est de *Machiavel*, que la plupart des gens qui le lisent n'entendent pas, et que les autres croient avoir été habile, parce qu'il a toujours été méchant. Il s'en faut de beaucoup qu'il fût habile, et il s'est très-souvent trompé, mais en nul endroit, à mon opinion, plus qu'en celui-ci.

90. — Il ne faut pas si fort nous choquer des fautes de ceux qui sont nos amis, que nous en donnions de l'avantage à ceux contre qui nous agissons.

91. — Le talent d'insinuer est plus d'usage que celui de persuader, párce que l'on peut insinuer à tout le monde, et qu'on ne persuade presque jamais personne.

92. — Il n'y a rien de si fâcheux que d'être le ministre d'un Prince dont on n'est pas le favori.

93. — Dans les matières qui ne sont pas favorables par elles-mêmes, tout changement qui n'est pas nécessaire est pernicieux, parce qu'il est odieux.

94. — Les grands noms, quoique peu remplis et même vides, sont toujours dangereux.

95. — La révocation met toujours le prétendant au-dessous de ce qu'il était avant d'avoir prétendu.

96. — En faisant voir aux gens faibles toutes sortes d'abîmes, c'est le vrai moyen de les obliger à se jeter dans le premier chemin qu'on leur ouvre.

97. — On doit hasarder le possible toutes les fois que l'on se sent en état de profiter même du manquement de succès.

98. — Quand les hommes ont balancé long-tems à entreprendre quelque chose, par la crainte de n'y pas réussir, l'impression qui leur reste de cette crainte fait, pour l'ordinaire, qu'ils vont ensuite trop vîte dans la conduite de leurs affaires.

99. — Il est moins imprudent d'agir en maître que de ne point parler en sujet.

100. — Tous les irrésolus ne se déterminent que difficilement pour les moyens, quoiqu'ils soient déterminés pour la fin.

101. — Avec les gens qui croient qu'il y a toujours une porte de derrière partout où il y a de la place pour la mettre, c'est presque jeu sûr de leur faire croire que l'on veut tromper ceux que l'on veut servir.

102. — Les esprits irrésolus ne suivent jamais ni leurs vues, ni leurs sentimens, tant qu'il leur reste une excuse pour se déterminer.

103. — L'un des plus grands embarras que l'on ait auprès des Princes, c'est que l'on est souvent obligé par la considération de leur propre service, de leur donner des conseils dont on ne peut dire la véritable raison.

104. — La plupart des hommes ne font les grands maux que par les scrupules qu'ils ont des moindres.

105. — Aux yeux de certaines gens tout ce qui paraît le plus fin est le plus vrai.

106. — Le tems donne des prétextes, quelquefois même des raisons qui sont des manières de dispenses pour les bienfaits.

107. — On ne se doit jamais jouer avec la faveur ; on ne la peut trop embrasser quand elle est véritable ; on ne la peut trop éloigner quand elle est fausse.

108. — La plupart des hommes périssent parce qu'ils ne sont qu'à demi méchans.

109. — Il y a toujours de l'inconvénient à s'engager sur des suppositions de ce que l'on croit impossible.

110. — La peur qui est flattée par la finesse, est insurmontable.

111. — La plupart des hommes examinent moins les raisons de ce qu'on leur propose contre leur sentiment, que celles qui peuvent obliger celui qui les propose de s'en servir.

112. — Un homme qui ne se fie pas à soi-même, ne se fie jamais à personne.

113. — Le seul remède contre la prévention est l'espérance.

114. — Les gens dont le génie n'est capable de juger que par l'événement, ne raisonnent jamais constamment des effets à leur cause.

115. — Tout ce qui est vide dans les tems de faction et d'intrigue, passe pour mystérieux à ceux qui ne sont pas accoutumés aux grandes affaires.

116. — L'aversion que la plupart des hommes ont à se dessaisir, fait qu'ils ne le font jamais assez tôt, même dans les rencontres où ils sont les plus résolus de le faire.

117. — Les grands noms sont toujours de grandes raisons aux petits génies.

118. — Le faux trompe quelquefois, mais il ne trompe pas long-tems quand il est relevé par d'habiles gens.

119. — On est et l'on sera toujours éternellement dupe en ce qui flatte son aversion.

120. — Par une imperfection assez bizarre de la nature humaine, il arrive que dans une circonstance heureuse où l'on a obtenu tout ce que l'on désirait, les premiers momens surprennent davantage les gens qui les attendent avec le plus d'impatience.

121. — C'est un grand défaut que la finesse dans les hommes qui occupent de grandes dignités. Ils ne s'en corrigent jamais, parce que le respect que l'on a pour eux, et qui étouffe les plaintes, fait qu'ils demeurent presque toujours persuadés qu'ils attrapent tout le monde, même dans les occasions où ils ne trompent personne.

122. — Il faut s'appliquer dans les grandes affaires, encore plus que dans les autres, à se défendre du goût que l'on trouve à la plaisanterie.

123. — On s'engage souvent plus par un mot que par une action, et l'on ne peut assez peser les moindres mots dans les grandes affaires.

124. — Il y a une règle infaillible à observer avec les gens artificieux, c'est de ne leur répondre que d'une façon qui les oblige à s'expliquer les premiers.

125. — (Le cardinal *de Retz*, en parlant du pontificat d'*Alexandre VII*, rapporte contre ce Pape une pasquinade qui peint ce Pontife en peu de traits). — Marforio ayant demandé à Pasquin ce qu'*Alexandre VII* avait dit aux Cardinaux en mourant, Pasquin répondit :

Maxima de se ipso, plurima de parentibus, parva de principibus, Turpia de Cardinalibus, pauca de Ecclesiá, de Deo nihil.

126. — La faiblesse d'*Alexandre VII* pour les grandes choses augmentait à mesure de son attachement pour les petites.

127. — J'ai toujours comparé une grande faction à une grande nuée, dans laquelle chacun se figure ce qu'il lui plaît.

128. — Il n'y a que la continuation du bonheur qui fixe la plupart des amitiés.

129. — Souvent dans la disgrace on manque du plus nécessaire, parce qu'on n'a jamais craint, dans le bonheur, de manquer du superflu.

130. — Il n'y a personne qui ne croye faire honneur à un malheureux quand il le sert. Cette disposition se glisse si imperceptiblement dans l'esprit de ceux qu'elle domine, qu'ils ne la sentent pas eux-mêmes. Elle est de la nature de l'ingratitude.

131. — Que de personnes diminuent, dans leur imagination, le poids des obligations qu'ils ont à leurs bienfaiteurs !

132. — La familiarité que permettent les grands Seigneurs produit d'abord la liberté de parler, qui est bientôt suivie de la liberté de se plaindre.

133. — Tout ce que l'homme puissant fait pour ses amis de plus difficile, n'est que devoir : tout ce qu'il ne fait pas, même de plus impossible, est ingratitude ou dureté.

134. — C'est un malheur ordinaire aux plus grands Princes de ne considérer pas assez les hommes de service, quand une fois ils croient être assurés de leur fidélité.

135. — Le moyen d'être en considération dans un parti est d'y apporter d'abord un grand avantage.

136.— Ceux qui prennent de l'ombrage dans les premières places, ne songent jamais aux intérêts de celui qui le donne, que pour le ruiner.

137. — Il ne faut jamais rien attendre des personnes qui se font craindre, qu'une extrême défiance et un abaissement continuel de ceux qui ont quelque mérite.

138. — Il n'y a rien de plus difficile dans des affaires d'importance, que de prendre sur le champ une dernière résolution, parce que la quantité de considérations qui se détruisent l'une l'autre, et qui viennent en foule dans l'esprit, font croire que l'on n'a jamais assez délibéré.

139. — Les actions extraordinaires ressemblent aux coups de foudre ; le tonnerre ne fait jamais de violens éclats, ni des effets dangereux, que quand les exhalaisons dont il se forme se sont long-tems combattues. Il en est ainsi des révolutions dans les grandes affaires : si elles n'ont pas été méditées long-tems, leur effet est presque nul.

140. — On ne doit jamais faire la moindre démonstration de colère contre ceux que l'on hait, que dans le moment où l'on porte le coup qui doit les abattre.

141. — *Jeannetin Doria*, suivait cette méchante maxime, qui dit que la rudesse et la fierté sont les plus sûrs moyens pour régner, et qu'il est inutile de ménager par la douceur, ceux que l'on peut retenir dans leur devoir par la crainte et par l'intérêt.

142. — Dans toutes les actions qui peuvent être attribuées indifféremment au vice ou à la vertu, quand il n'y a que la seule intention de celui qui les fait qui peut les justifier, les hommes qui ne sauraient juger que par les apparences, expliquent rarement les plus innocentes en bonne part.

143. — On a beaucoup de raison de plaindre le malheur de ceux qui sont embarqués dans les grandes affaires, parce qu'ils sont comme sur une mer agitée où l'on ne découvre aucun endroit qui ne soit marqué par quelque naufrage.

144. — C'est un mauvais chef de parti que celui qui juge des autres par rapport à lui plutôt qu'à eux, et qui regarde comme ils peuvent les servir, et non pas comme ils le doivent ou comme ils le veulent pour leur intérêt ; il ne faut pas que de ce qu'il croit pouvoir, il fasse la règle de ce qu'il peut.

145. — Les fortunes qui s'élèvent sans peine à des degrés éminens, tombent presque tou-

jours d'elles-mêmes , parce que ceux qui ont de l'ambition et les qualités propres pour y monter , n'ont pas d'ordinaire celles qu'il faut avoir pour s'y soutenir ; et lorsque quelqu'un de ceux que le bonheur a portés à ces élévations précipitées, atteint le comble sans broncher , il faut qu'il ait trouvé dès le commencement beaucoup de difficultés qui l'aient formé peu à peu à se soutenir sur un endroit si glissant.

146. — *César* avait toutes les qualités nécessaires à un grand Prince , et néanmoins il est certain que ni sa courtoisie , ni sa prudence , ni son courage , ni son éloquence , ni sa libéralité ne l'eussent pas élevé à l'Empire du monde, s'il n'eût trouvé de grandes résistances dans la république Romaine. Le prétexte que lui fournit la persécution de *Pompée* , la réputation que leurs démêlés lui donnèrent occasion d'acquérir , le profit qu'il tira des divisions de ses concitoyens , ont été les véritables fondemens de sa puissance.

147. — Ceux qui servent un rebelle croient toujours l'obliger si fortement , que n'en pouvant jamais être récompensés selon leur gré , ils deviennent presque toujours ses ennemis.

148. — Ceux qui roulent d'une montagne , sont fracassés par les mêmes pointes des ro-

chers auxquelles ils s'étaient pris pour y monter, et ceux qui tombent d'une fortune extrêmement élevée , sont presque toujours ruinés par les moyens qu'ils avaient employés pour y arriver.

149. — Si l'ambition modérée fait les hautes vertus , son excès fait aussi les grands crimes.

15o. — Il s'est trouvé bien des conquérans qui ont ravagé des Etats et renversé des couronnes , et qui n'avaient pas cette grandeur de courage qui fait regarder d'un œil indifférent les élévations et les abaissemens , le bonheur et le malheur, les plaisirs et les peines , la vie et la mort : et cependant c'est cet amour de la belle gloire et cette hauteur d'ame qui fait les hommes véritablement grands , et les élève au-dessus du reste du monde.

151. — Lorsqu'on endure l'oppression avec une soumission lâche , il est naturel de cacher ses déplaisirs et de chercher des excuses à sa faiblesse.

152. — Pour connaître si un homme est né pour les choses extraordinaires , il ne faut pas seulement le considérer selon les avantages de la nature et de la fortune , parce qu'il s'est trouvé quantité de personnes qui ont parfaitement possédé les uns et les autres , et qui sont néanmoins demeurées toute leur vie dans le

train d'une conduite fort commune. Mais il faut remarquer si, se trouvant dans des conjonctures extrêmement mauvaises et dans un pays où une tyrannie se forme, il résiste à la contagion.

i53. — Il y a des vertus si belles, qu'elles forcent l'envie même de leur rendre hommage.

i54. — La haine s'accroît à mesure que le mérite s'élève.

i55. — C'est se tromper que de croire que la fortune ne fait monter ceux que nous haïssons, au comble du bonheur, que pour nous donner le plaisir de les voir tomber.

i56. — Toutes les grandeurs ne sont pas voisines des précipices ; tous les usurpateurs n'ont pas été malheureux, et le ciel ne punit pas toujours les méchans à point nommé, pour réjouir les bons et les garantir de la violence de ceux qui les veulent opprimer.

i57. — La nature nous enseigne d'aller au-devant du mal qui nous menace : il devient incurable pendant que la prudence délibère sur les remèdes.

i58. — Toutes les affaires ont deux visages différens, et les mêmes politiques qui blâment *Pompée* d'avoir affermi la puissance de *César* en l'irritant, ont loué la conduite de *Cicéron* dans la ruine de *Catilina*.

159. — Les belles connaissances que la nature a données aux grands-hommes, ne doivent
pas ressembler à ces lumières faibles et stériles
qui n'ont qu'un peu d'éclat, et qui n'ont aucune chaleur. Il faut qu'elles soient comme la
lumière du soleil qui produit ce qu'elle éclaire.
Il faut que les grandes pensées soient suivies
de grands effets.

160. — Une ame délicate et jalouse de la
gloire, a peine à souffrir de se voir ternie par
les noms terribles de rebelle, de factieux et de
traître. Cependant ces fantômes d'infamie que
l'opinion publique a formés pour épouvanter
les ames du vulgaire, ne causent jamais de
honte à ceux qui les portent pour des actions
éclatantes, quand le succès en est heureux. Les
scrupules et la grandeur ont été de tous tems
incompatibles ; et ces faibles préceptes d'une
prudence ordinaire, sont plus propres à débiter
à l'école du peuple qu'à celle des grands seigneurs.

161. — Chaque condition des hommes a sa
réputation particulière. L'on doit estimer les
petits par la modération, et les grands par l'ambition et par le courage. Un misérable pirate qui
s'amusait à prendre de petites barques du tems
d'*Alexandre*, passa pour un infâme voleur,
et ce grand conquérant, qui ravissait les royau-

mes entiers, est encore honoré comme un héros : et si l'on condamne *Catilina* comme un traître, l'on parle de *César* comme du plus grand prince qu'on ait vu.

162. — En vous mettant devant les yeux (dit *Verrina* à *J. Louis de Fiesque*), tous les princes qui règnent aujourd'hui dans le monde, je vous demanderais si ceux dont ils tiennent leurs couronnes ne furent pas des usurpateurs.

163. — Il y a comme une fatalité secrète, mais inévitable, qui marque de certaines bornes à la révolution des Etats.

164. — On ne peut résister à la tyrannie qu'en établissant une monarchie légitime.

165. — Il se trouve assez de personnes qui ont du mérite, du courage et de l'ambition, et qui roulent dans leur esprit des pensées générales de s'élever et de rendre leur condition meilleure ; mais il s'en rencontre rarement qui, après les avoir formées, sachent faire le choix des moyens qui sont propres à l'exécution, et qui ne se relâchent pas du soin continuel qu'il faut avoir pour les faire réussir ; ou quand ils s'en donnent la peine, c'est presque toujours à contre-tems, et avec trop d'impatience d'en voir le succès. Cela est si vrai, que dans les affaires de cette nature, la plupart

des hommes prennent d'ordinaire plus de loisir qu'il ne faut pour s'y résoudre ; mais ils n'en prennent jamais autant qu'il est nécessaire pour exécuter ce qu'ils ont résolu. On les voit souvent changer de vue tout à coup : leur esprit paraît inquiet et surchargé du secret et du poids de leur entreprise ; et dans les changemens et l'irrégularité de leur conduite, ils laissent toujours échapper quelque chose qui peut donner prise à leurs surveillans, et de l'ombrage à leurs ennemis.

166. — Il faut, dans les conjurations, tant d'acteurs et tant de. secret, que quand il n'y aurait point d'infidèle, il est mal aisé qu'il ne s'y trouve toujours quelqu'imprudent.

167. — Dans les affaires où il s'agit de notre vie et de l'intérêt général de l'Etat, la franchise n'est pas une vertu de saison ; la nature nous faisant voir, dans l'instinct des moindres animaux, qu'en ces extrémités l'usage des finesses est permis pour se défendre de la violence qui veut nous opprimer.

168. — Il n'est que trop vrai que le bon ou le mauvais événement est la règle ordinaire des louanges ou du blâme que l'on donne aux actions extraordinaires.

169. — On a une grande pente à ne se point aigrir dans les bons événemens.

170.—Il y a des matières sur lesquelles il est constant que le monde veut être trompé. Les actions justifient assez souvent, à l'égard de la réputation publique, les hommes de ce qu'ils font contre leurs professions : je n'en ai jamais vu qui les justifient de ce qu'ils disent, qui y soit contraire.

171.—Il y a des choses qu'il est très-sage de penser, et plus honnête de dire.

172.—On ne monte jamais si haut que quand on ne sait où l'on va.

173.—M. *de la Rochefoucault* a dit très-sagement, qu'il n'y avait rien de si nécessaire que de savoir s'ennuyer.

174.—On ne connaît pas ce que c'est que parti, quand on s'imagine que le chef en est le maître. Son véritable service y est presque toujours combattu par l'intérêt même, assez souvent imaginaire, des subalternes ; et ce qui est encore plus fâcheux, est que quelquefois son honnêteté, et presque toujours sa prudence, prennent parti avec eux contre lui-même.

175.—La subdivision est ce qui perd presque tous les partis, particuliérement quand elle est introduite par cette sorte de finesse qui est directement opposée à la prudence ; et c'est ce que les Italiens appellent *comedia in comediá.*

176.—Tous les hommes ont une inclination naturelle à chercher plutôt le soulagement présent, que ce qui leur en doit faire un jour.

177.—On prend souvent le détour de courir les plus grands dangers, pour éviter les plus petits.

178.—La source la plus ordinaire des manquemens des hommes, est qu'ils s'effrayent trop du présent, et qu'ils ne s'effrayent pas assez de l'avenir.

179.—M. *de Bouillon* savait mieux qu'aucun que j'aye connu, parler le plus quand il disait le moins.

180.—Un particulier qui se tire adroitement d'un mauvais pas, acquiert ou conserve sa réputation. Mais l'adresse ne suffit pas pour les Princes, parce que leur naissance et leur élévation étant toujours plus que suffisantes pour tirer leur personne et leur fortune du naufrage, ils n'en peuvent jamais sauver leur réputation par les mêmes excuses qui en préservent les subalternes.

181.—Pour obtenir des succès à la guerre, il faut la faire comme si l'on ne devait jamais penser à faire la paix.

182.—*Sola mihi obsequii gloria relicta est.*

183.—On s'expose à la haine des deux partis, en disant trop la vérité de tous les deux.

184.—L'irrésolution de *Monsieur* était d'une espèce toute particulière. Elle l'empêchait d'agir quand il était le plus nécessaire d'agir, et elle le faisait agir quand il était le plus nécessaire de ne point agir.

185.—Un historien qui écrit les tems éloignés de son siècle, cherche des liaisons à des incidens invraisemblables et contradictoires, quand il n'y en a aucune. Les fautes capitales font, par des conséquences presqu'inévitables, que ce qui paraît et ce qui est en effet le plus étrange et le plus extravagant, est possible.

186.— On dit que l'on ne doit jamais combattre contre les principes : ceux de la peur se doivent et se peuvent encore moins attaquer que tous les autres. Ils sont inabordables.

187.—*Monsieur* voulait la paix quand il ne tenait qu'à lui de faire la guerre. Il voulut la guerre quand il ne put plus faire ni la guerre, ni la paix.

188.—Ce qui distingue le plus les hommes, est que ceux qui ont fait de grandes actions ont vu, devant les autres, le point de leur possibilité.

189.—Il y a des gens qui préfèrent au succès la satisfaction qu'ils trouvent dans eux-mêmes.

190. — Beaucoup de gens s'étaient fourrés dans le parti de la Fronde, s'accordant en un point, qui était qu'ils espéraient beaucoup, pour leur intérêt particulier, de mon accommodement : ce qui était une disposition prochaine à croire que j'aurais pu faire tout ce que je n'aurais pas fait pour eux. Ces sortes de gens sont très-fâcheux, parce que dans les partis ils font une multitude d'hommes auxquels, pour mille différens respects, l'on ne se peut ouvrir de ce que l'on peut ou de ce que l'on ne peut pas, et auprès desquels, par conséquent, on ne se peut jamais justifier.

191. — J'ai observé que les inimitiés dès cours qui ne sont pas bien fondées, sont les plus opiniâtres. La raison en est claire. Comme les offenses de cette espèce ne sont que dans l'imagination, elles ne manquent jamais de croître et de grossir dans un fonds qui n'est toujours que trop fécond en mauvaises humeurs qui les nourrissent.

192. — Les bonnes intentions se doivent moins outrer que quoi que ce soit.

193.—A la réserve de la religion et de la bonne foi, tout doit être égal aux hommes.

194.—J'accoutumai mon garde à ne me plus tourmenter, à force de lui prouver que je ne me tourmentais de rien.

195.—Dans ma prison je fis une étude particulière de la langue latine, qui me fit connaître que l'on ne peut jamais trop s'y appliquer.

196.—La vue de me trouver, tous les matins en me réveillant, dans les mains de mes ennemis, me faisait sentir que je n'étais rien moins que stoïque. Ame qui vive ne s'aperçut de mon chagrin : mais il fut extrême par cette unique raison. C'est un effet de l'orgueil humain.

197.—Ceux qui préparent des prétextes, au lieu de recevoir des raisons, croient qu'on leur déguise la vérité. Cette conduite est ordinaire à tous ceux qui ont plus d'artifice que de jugement : mais elle n'est pas sûre à ceux qui ont plus d'impétuosité que de bonne foi.

198.—Les gens les plus défians sont très-souvent les plus dupes.

199. — Un projet extraordinaire ne paraît possible qu'après l'exécution à ceux qui ne sont capables que de l'ordinaire.

200.—Dans les grandes affaires on ne doit jamais compter pour quelque chose les fatigues, le péril et la dépense.

201.—Il m'a paru, en plus d'une occasion, que le Conseil d'Espagne péche autant par l'attachement trop opiniâtre qu'il a à ses maximes générales, que l'on péche en France par le mépris que l'on fait des générales et des particulières.

202.—Il est toujours facile aux supérieurs de s'égayer.

203.—C'est l'ordinaire des peuples de commencer par se réjouir d'un événement, par la seule raison qu'il est nouveau.

204.—J'ai eu souvent devant les yeux le grand exemple de l'instabilité du peuple, et beaucoup d'aversion naturelle aux moyens violens qui sont nécessaires pour le fixer.

205.—Il n'y a rien qui flatte si puissamment un homme de cœur, et qui le porte à des résolutions si hazardeuses, que de se voir recherché par des personnes qui sont beaucoup au-dessus des autres, ou par leur dignité ou par leur réputation.

206.—Les Compagnies vont toujours devant elles, quand elles ont été jusqu'à un certain point, et leur retour n'est point à craindre quand elles sont fixées.

207.—La tendresse du duc *de Bouillon* pour sa femme, qu'il appelait une faiblesse, était une de ces sortes de choses que la politique condamne, mais que la morale justifie, parce qu'elles sont une marque de la bonté d'un cœur qui ne peut être supérieur à la politique qu'il ne le soit en même tems à l'intérêt.

208.—M. *de Longueville* était un esprit qui ne se pouvait empêcher de *traitailler* dans le tems même où il avait le moins d'intention de s'accommoder.

209.—Il ne se faut point jouer avec ceux qui ont en main l'autorité royale. Quelques défauts qu'ils aient, ils ne sont jamais assez faibles pour ne pas mériter qu'on les ménage. Leurs ennemis ne les doivent jamais mépriser, parce qu'il n'y a au monde que ces sortes de gens à qui il ne convienne pas quelquefois d'être méprisés (1).

210.—Toute licence qui ne convient pas à une faction, lui est presque toujours funeste, parce qu'elle la décrie.

211.—Il y a des tems où certaines gens ont toujours raison, et par la raison des contraires; *Mazarin* avait toujours tort.

212.—*Monsieur* avait deux qualités. C'était

---

(1) On voit que le Cardinal avoue, d'une manière indirecte, la faute qu'il fit en se *jouant avec Mazarin* qui avait en main l'autorité royale.

d'avoir toujours peur, et de ne se fier jamais à personne.

213.—*Monsieur* était faible, défiant et couvert. Il n'y a que l'expérience qui puisse faire connaître combien l'union de ces qualités dans un même homme le rend d'un commerce difficile et épineux.

214.— Ce qui paraissait désintéressement dans le tems où je me soutenais, eût passé pour duperie en celui où j'eusse été abattu. Il n'y a rien de si louable que la générosité, mais il n'est rien qui se doive moins outrer.

215.—Il y a bien loin d'être simplement persuadé, à l'être assez pour agir dans les choses qui sont contre notre inclination.

216. — *Monsieur* faisait en toutes choses comme font la plupart des hommes quand ils se baignent. Ils ferment les yeux en se jetant dans l'eau. Il fallait tenir les siens ouverts par des peurs successives.

217.—On fait quelquefois grace à l'impertinence en faveur de l'extravagance.

218.—On comptait la foi de M. *de Beaufort* pour rien, et son pouvoir pour peu de chose.

219.—Il y avait bien des étages dans la faiblesse de *Monsieur*. Il y avait très-loin de la velléité à la volonté, de la volonté à la résolution, de la résolution au choix des moyens, du choix des moyens à l'application, au milieu de laquelle il lui arrivait souvent de demeurer tout court.

220.—Ce qui me faisait honte dans le fond du cœur, paraissait grand au vulgaire, parce qu'il était haut ; et excusable aux autres, parce qu'il était nécessaire.

221. — J'avais trouvé l'art de concilier des occupations contradictoires, et cet art justifie, à l'égard du monde, tout ce qu'il concilie.

222. — Il n'y a rien de si dangereux dans une faction que de mêler sans nécessité ce qui en a la figure.

223. — Dans les compagnies telles qu'un Parlement, le bien qui n'est pas dans les formes, y est toujours criminel à l'égard des particuliers.

224. — Les gens lourds ont toutes les peines du monde à comprendre ce qui est double.

225. — Les gens qui mettent du mystère à tout, s'imaginent qu'on ne pense qu'à les amuser.

226. — Il n'y a rien qui effraie tant une ame faible que de lui approcher d'abord toute l'action à laquelle on veut l'engager.

227. — Quand on se trouve obligé à faire un discours que l'on prévoit ne devoir pas agréer, l'on ne peut lui donner trop d'apparence de sincérité, parce que c'est l'unique voie pour l'adoucir.

228. — On passe quelquefois pour l'auteur de ce dont on n'a été que le prophête.

229. — Il y a des points inexplicables dans les affaires et inexplicables même dans leur instant. Ne doit-on pas admirer l'insolence des historiens vulgaires, qui croiraient se faire tort s'ils laissaient un seul événement dans leurs ouvrages, dont ils ne démêlassent pas tous les ressorts qu'ils montent et relâchent presque toujours sur des cadrans de collége?

230. — Un esprit sage ne peut jamais aimer la faction; mais il est de la sagesse de cacher son aversion quand on a le malheur d'y être engagé.

231. — *Teligny*, gendre de l'amiral *Coligny*, disait, la veille de la Saint-Barthélemi, *que son beau-père avait plus perdu dans le parti des huguenots en laissant pénétrer sa lassitude, qu'en perdant les batailles de Mont-Contour et de Saint-Denis.*

232. — M. le Cardinal disait que M. *de Bullion* employait douze heures du jour à la création

de nouveaux offices de finances , et les douze autres à leur suppression. *Matha* appliquait cette remarque à M. *de la Rochefoucault*, en disant qu'il faisait tous les matins une brouillerie , et que tous les soirs il travaillait à un *r'habillement* (c'était son mot).

233. — Les ames timides tombent presque toujours dans des inconvéniens très-effectifs , par la frayeur qu'elles prennent de ceux qui ne sont qu'imaginaires.

234. — *Monsieur* donnait carte-blanche avec facilité quand il se trouvait dans l'embarras.

235. — De toutes les passions la peur est celle qui affaiblit davantage le jugement. Ceux qui en sont possédés retiennent aisément les impressions qu'elle leur inspire , même dans le tems où ils se défendent , ou plutôt où on les défend des mouvemens qu'elle leur donne.

236. — Il est aussi dangereux que maladroit de jeter de la défiance dans les esprits lorsque la confiance est nécessaire.

237. — Mes entretiens avec la reine-mère , m'ont fait souvent observer qu'il est impossible que la Cour conçoive jamais ce que c'est que le public. La flatterie qui en est la peste, l'infecte toujours à un tel point , qu'elle lui cause un délire incurable sur cet article.

238. — Par une rencontre assez bizarre, il arriva que dans la négociation entamée pour pacifier les troubles de la Fronde, tous les négociateurs se trouvaient avoir éminemment, au moins pour cette occasion très-épineuse en elle-même, toutes les qualités les plus propres à rompre l'accommodement du monde le plus facile. *Monsieur* ne voulait rien conclure parce que sa faiblesse naturelle lui faisait toujours voir ce qu'il appréhendait comme infaillible et même proche.

239. — *Mazarin* était l'homme du monde qui reçut toujours, en apparence, le plus agréablement ce qu'il ne voulait pas en effet.

240. — La confiance de *Monsieur*, quand il lui arrivait d'en avoir pour quelqu'un, n'a jamais tenu un quart-d'heure contre sa peur.

241. — La peur ne jette point d'ordinaire les princes dans l'assoupissement, mais elle produit très-souvent cet effet sur les particuliers.

242. — *Monsieur*, qui avait beaucoup d'esprit, reconnaissait la frivolité des raisonnemens qu'il avait faits, dès qu'il se voyait hors du péril que la peur lui avait inspiré. Mais comme il est plus aisé de s'apercevoir du mal que du remède, il le cherchait long-tems sans le trouver, parce qu'il ne le cherchait que dans les moyens de satisfaire et les uns et les autres. Il

y a des occasions où ce parti est absolument impossible , et quand il l'est , il est pernicieux en ce qu'il mécontente infailliblement les deux partis. Il n'est pas moins incommode aux négociateurs , parce qu'il a toujours un air de fourberie.

243. — *Mazarin* suppliait la reine de ne rien refuser de ce qu'on lui demanderait contre lui , parce qu'il était persuadé que le plus que l'on désirerait, après l'excès auquel on s'était porté , tournerait plutôt en sa faveur qu'autrement , ce qu'il y aurait d'esprits modérés , et parce qu'il convenait assez à son service que l'on amusât les *fâcheux* (c'était son mot) à des clabauderies qui ne pouvaient plus être que des répétitions fort inutiles.

244. — Quand , dans des troubles , on fait le premier une proposition agréable à la multitude , on a la *fleur de la gloire* : ce qui , dans le peuple , est le principal.

245. — Quand on pressait *Monsieur* sur une chose qui lui plaisait, il s'en défendait toujours d'abord , par la seule habitude qu'ont tous les hommes à se faire prier , même des choses qu'ils désirent.

246. — J'ai remarqué plus de vingt fois , dans les délibérations du Parlement , que ce qui y passait dans un moment pour incontesta-

blement bon , y eût passé dans le suivant pour incontestablement mauvais , si l'on eût donné un autre tour à une forme souvent légère , à une parole quelquefois frivole. Le secret est, dans les compagnies, de savoir discerner et prendre les instans.

247. — Il y a, dans les tems de troubles, une foule de mouvemens tout opposés , une contra-riété , une confusion qu'on admire dans les histoires et qu'on ne sent pas dans l'action.

248. — Le propre de la préoccupation est de s'armer particuliérement contre les faits et de tirer même ombrage de ceux qui doivent être les plus clairs.

249. — Dans mon entrevue avec la reine j'éclaircis le passé par l'avenir. Je sais qu'il ne se faut pas jouer avec tout le monde par ces sortes de diversions : elles ne sont bonnes qu'avec les gens qui ont peu de vues et qui sont emportés. La reine était rarement capable de lumière et de raison.

250. — La peur n'applique jamais de remèdes à propos.

251. — Je remarquais un empressement ridi-cule de négocier dans tous les subalternes des deux partis. Cet empressement n'est jamais sans négociation , mais il est constant qu'il en pro-duit encore plus d'imaginaires que d'effectives.

252. — L'expérience seule fait concevoir le malheur où l'on tombe dans les monarchies , quand ceux qui les gouvernent n'en connaissent pas les règles les plus légitimes et les maux les plus communs.

253. — Il y a toujours de grands inconvéniens à faire une cause particulière de la cause publique.

254. —Il y a des fautes que la politique condamne et que la morale justifie. *Et vice versâ.*

255. — Les effets de la faiblesse sont inconcevables , et je maintiens qu'ils sont plus prodigieux encore que ceux des passions les plus violentes. Elle assemble plus souvent qu'aucune autre passion , les contradictoires.

256. — La reine avait quelquefois pitié de *Monsieur,* mais de cette sorte de pitié qui porte au mépris et qui ramène aussitôt après à la colère. Elle disait en parlant de lui : il est plus difficile qu'on ne croit de dissimuler avec ceux que l'on méprise.

257. — Les hommes ne croient jamais les autres capables de ce qu'ils ne sont pas capables de faire eux-mêmes.

258. — Les petits esprits ne tiennent jamais pour naturel rien de ce que l'art peut produire. La reine était dans ce cas.

259. — Dans les compagnies, les vieillards ne portent jamais d'avis qui signifient quelque chose, lorsqu'on les fait opiner sur un sujet sur lequel ils ne sont pas préparés.

260. — Il n'est jamais permis à un inférieur de s'égaler en paroles à celui à qui il doit du respect, quoiqu'il s'y égale dans l'action.

261. — Tout homme que la fortune seule a fait homme public, devient presque toujours, avec un peu de tems, un particulier ridicule. On ne revient plus de cet état, et la bravoure de M. *de Beaufort* ne put le relever de sa chûte.

262. — La reine ne craignait rien et prévoyait peu.

263. — Le plus grand capitaine du monde, sans exception (*Condé*), connut au siége de Cognac, qu'il fut obligé de lever, ou plutôt fit connaître que la valeur la plus héroïque et la capacité la plus extraordinaire, ne soutiennent qu'avec beaucoup de difficulté les nouvelles troupes contre les vieilles.

264. — A voir les contradictions de tous les partis, on dirait que dans les tems de troubles il y a des torrens qui coulent avec une impétuosité qui agite les hommes en un même moment, de différens côtés. J'ai vu le Parlement

commander dans une même séance à des troupes de marcher, et leur défendre en même tems
de pourvoir à leur subsistance.

265. — Rien n'est plus peuple que les compagnies.

266. — L'air de sagesse est toujours bon,
parce que la prudence est celle des vertus sur
laquelle le commun des hommes distingue
moins justement l'essentiel de l'apparent.

267. — M. *de Gaucourt* s'était trop érigé en
négociateur ; ce qui n'est pas toujours la meilleure qualité pour la négociation.

268. — L'inclination et la facilité que M. *le
Prince* a à faire des merveilles étaient égalées
par l'aversion et par la peine qu'il avait à les
raconter.

269. — Il convenait à *Monsieur* de me faire
servir de prétexte à ce qu'il faisait, et presque
toujours à ce qu'il ne faisait point.

270. — Il est constant que l'on ne saurait
reconnaître l'esprit des délibérations qui se dis-
cerne assez souvent beaucoup plus par un coup-
d'œil, par un mouvement, par un air qui est
même quelquefois presqu'imperceptible, que
par la substance des choses qui paraissent les
plus importantes et qui sont toutefois les seules
dont les registres nous doivent tenir compte.

271. — Les fautes capitales font, par des conséquences presqu'inévitables , que ce qui paraît et est en effet le plus étrange et le plus extravagant , est possible.

272. — *Monsieur* était l'homme du monde qui gardait le moins de mesure et le moins de bienséance à l'égard des illusions , et qui les aimait le mieux là où elles n'étaient pas nécessaires. Il affectait de ne s'en point servir dans les occasions où un homme de bien eût pu les employer sans scrupules.

273. — Dans des tems de troubles les philolophes sont toujours comptés pour rien , parce qu'ils ne mettent jamais en main la hallebarde.

274. — Les chefs inspiraient au Parlement de ces sortes de peur qui ne manquent jamais de dégoûter dans les commencemens , et d'effaroucher dans les suites les compagnies ; et ils lui laissaient de ces sortes de liberté qui les accoutument d'abord à la résistance et qui la produisent infailliblement à la fin.

275. — M. le prince *de Condé* eût pu être le maître s'il eût été moins doux. Il est si beau à l'homme du monde du courage le plus héroïque, d'avoir péché par excès de douceur , que ce qui ne lui a pas réussi dans la politique doit être au moins admiré et exalté par tous les gens de bien , dans la morale.

276. — Il est de la prudence d'un chef de parti de souffrir tout ce qu'il doit dissimuler.

277. — Le prince *de Condé* qui n'était dans la faction que par force, n'étudiait pas avec assez d'application les principes d'une science dans laquelle l'amiral *de Coligny* disait que l'on ne pouvait jamais être docteur.

278. — Il faut s'attacher de bonne heure à connaître la différence qu'il y a entre la liberté et la licence des suffrages.

279. — Dans les compagnies, certains orateurs font des propositions qui, pour peu considérables qu'elles paraissent sur l'heure, n'en laissent pas moins dans les esprits de ces sortes d'impressions qui ne se sentent pas d'abord, mais qui se réveillent dans la suite.

280. — Le secret dans les grands inconvéniens est d'y retenir les gens dans l'obéissance par des frayeurs qui ne leur soient causées que par les choses dont ils aient été eux-mêmes les instrumens. Ces peurs sont, pour l'ordinaire, les plus efficaces et toujours les moins odieuses.

281. — La démangeaison de négociation était la maladie populaire du parti de M. *le Prince.*

282. — *Monsieur,* dont le caractère dominant était d'avoir toujours peur et défiance,

était celui de tous ceux que j'aie jamais vus, le plus capable de donner dans tous les faux pas, à force de les craindre tous. Il était en cela semblable aux lièvres.

283. — Le fort du cardinal *Mazarin* était proprement de ravauder, de donner à entendre, de faire espérer, de jeter des lueurs, de les retirer, de donner des vues, de les brouiller. Voilà un génie tout propre à se servir des illusions que l'autorité royale a toujours en main pour engager à des négociations.

284. — Le commun du monde, qui prend toujours plaisir à être mystérieux, voulait (en voyant *Monsieur* qui allait et venait sans cesse, parce qu'il ne demeurait jamais en place) que l'agitation qui lui était naturelle fût l'effet des différentes impressions que nous lui donnions.

285. — La bonne conduite veut que l'on ne perde pas les occasions naturelles d'amuser, quand on a affaire à des amuseurs en titre d'office.

286. — La plupart des hommes du commun qui raisonnent sur les actions de ceux qui sont dans les grands postes, sont tout au moins des dupes présomptueux.

287. — Il n'y a rien de si dangereux que les propositions qui paraissent mystérieuses et qui

ne le sont pas, parce qu'elles allient toute l'envie, qui est inséparable du mystère, et qu'elles sont même un obstacle aux avantages que l'on prétend en tirer.

288.—Il plaisait à tout le monde de se *fantaisier* sur mon sujet. J'étais continuellement exposé à la défiance des uns, à la frayeur des autres, et au raisonnement de tous. Ce personnage, qui n'est jamais que de pure défensive (et encore tout au plus), est très-dangereux dans les tems dans lesquels on le joue. Il est très-incommode dans ceux dans lesquels on le décrit, parce qu'il a toujours beaucoup d'apparence de vaine gloire et d'amour-propre.

289.—M. *de Beaufort* a dû apprendre plus d'une fois que qui assemble un peuple, l'émeut toujours.

290. — Le plus auguste Parlement du royaume, la cour des Pairs, se jouait, pour ainsi parler, d'elle-même, par des contradictions perpétuelles, et plus convenables à la légéreté d'un collége qu'à la majesté d'un Sénat.

291.—Il y a des gens qui ne peuvent rien dans les commencemens des troubles, et qui peuvent tout dans les fins.

292.—Les grandes affaires consistent encore plus dans l'imagination que les petites. Celle des peuples fait quelquefois toute seule la guerre civile.

293. — Ce n'est pas assez d'avoir raison en ce monde, et c'est encore moins de l'avoir eue.

294. — Le nombre des pacifiques est toujours le plus grand dans la fin des guerres civiles.

295. — Les courtisans se laissent toujours amuser aux acclamations du peuple, sans considérer qu'elles se font presque également pour tous ceux pour qui elles se font.

296. — Les scrupules ne réussissent pas dans les cours, au moins pour l'ordinaire.

297. — Ceux qui sont à la tête des grandes affaires, ne trouvent pas moins d'embarras dans leur propre parti, que dans celui de leurs ennemis.

298. — La faveur de M. le duc d'*Orléans* ne s'acquérait pas, mais elle se conquérait.

299. — *Monsieur* voulut douter de ce que je lui disais, quoiqu'il n'en doutât pas : c'est le premier mouvement des gens qui sont de cette humeur, et qui se trouvent dans cet état. Ils passent aussitôt après au second, qui est de chercher à se justifier de la précipitation qui les a jetés dans l'embarras.

300. — On m'avait dit que le cardinal *Mazarin*

était quelquefois bien empêché ; j'avais répondu : *donnez-moi le Roi de mon côté deux jours durant, et vous verrez si je le serai.* La Reine rit de bon cœur de cette sottise.

301. — *Prévôt*, chanoine de Notre-Dame et conseiller au Parlement, était fou autant qu'un homme le peut être, au moins de tous ceux à qui on laisse la clef de leur chambre.

302. — J'ai toute ma vie estimé les hommes plus par ce qu'ils ne faisaient pas en certaines occasions, que par tout ce qu'ils y eussent pu faire.

303. — Les favoris des deux derniers siècles n'ont su ce qu'ils ont fait, quand ils ont réduit en style l'égard effectif que les rois doivent avoir pour leurs sujets. Il y a des conjonctures dans lesquelles, par une conséquence nécessaire, l'on réduit en style l'obéissance réelle que l'on doit aux rois.

304. — M. le cardinal *de Richelieu* était un très-grand homme ; mais il avait, au souverain degré, le faible de ne point mépriser les petites choses.

305. — M. le cardinal *de Richelieu* aimait la raillerie ; mais il ne pouvait la souffrir, et toutes les personnes de cette humeur ne l'ont jamais que fort aigre. Pédant en rien, il l'était tout à fait en galanterie.

306.—Il y a des crimes qui paraissent consacrés par de grands exemples, justifiés et honorés par de grands périls. Mais ce n'en sont pas moins des crimes.

307.—M. *de Retz* disait au comte *de Soissons*, disgracié, pour l'empêcher de prendre les armes : La faveur publique est toujours beaucoup plus assurée par l'inaction que par l'action ; parce que la gloire de l'action dépend du succès, dont personne ne se peut répondre, et que celle que l'on rencontre en ces matières dans l'inaction est toujours sûre, étant fondée sur la haine dont le public ne se dément jamais à l'égard du ministre.

308. — J'avais prétendu connaître une personne qui n'a que de petits défauts, en ajoutant qu'il n'y avait aucun de ces défauts qui ne fût l'effet ou la cause de quelques bonnes qualités. Je crois cette chose vraisemblable, quoique contraire à une autre que je dis un jour au président *de Mesmes*, que M. le cardinal *de Richelieu* n'avait aucune grande qualité qui ne fût l'effet ou la cause de quelque grand défaut.

309. —Il est juste de rejeter sur l'imprudence de *Mazarin* ce que nous n'attribuons pas à sa faiblesse ; et ce Ministre est inexcusable de n'avoir pas prévu, et sur-tout de n'avoir pas prévenu les conjonctures dans lesquelles on ne

peut plus faire que des fautes. J'ai observé que la fortune ne met jamais les hommes en cet état, qui est de tous le plus malheureux, et que personne n'y tombe que ceux qui s'y précipitent par leur faute.

310. — A la bataille de Lens (Août 1648), le combat était presque perdu, lorsque M. *le Prince* le rétablit et le gagna par un seul coup de cet œil d'aigle qu'on lui connaît, qui voit tout dans la guerre et ne s'y éblouit jamais.

311. — Le comte *de Brion* avait été deux fois capucin, faisait un salmigondis perpétuel de dévotion et de péché. Il avait fort peu d'esprit, mais beaucoup de routine, qui, en beaucoup de choses, supplée à l'esprit.

312. — M. l'Archevêque de Paris (oncle du Coadjuteur), qui était le plus faible de tous les hommes, était, par une suite assez commune, le plus glorieux.

313. — Certaines choses dans les affaires ont l'air de n'être pas publiques, quoiqu'elles ne soient pas cachées. Cela paraît galimatias ; mais ce galimatias est de ceux que la pratique fait connaître quelquefois, et que la spéculation ne fait jamais entendre. J'en ai remarqué de cette sorte en tous genres d'affaires.

314. — Toutes les puissances ne peuvent rien

contre la réputation d'un homme qui la conserve dans son corps.

315.—Il y a des espèces de frayeurs qui ne se dissipent que par des frayeurs d'un plus haut degré.

316.—Dans une sédition, l'aveuglement des bien intentionnés est suivi pour l'ordinaire, bientôt après, de la pénétration de ceux qui mêlent la passion dans les intérêts publics, et qui voient le futur et le possible, dans le tems que les Compagnies réglées ne songent qu'au présent et à l'apparent. Cette petite réflexion marque la confusion où étaient les choses quand les barricades se firent, et l'erreur de ceux qui prétendent qu'il ne faut point craindre de parti quand il n'y a point de chefs. Ils naissent quelquefois dans une nuit.

317. — Ce qui paraît un prodige aux siècles à venir, ne se sent pas dans le tems.

318. — Ce que j'ai vu dans nos troubles m'a expliqué, dans plus d'une occasion, ce que je n'avais pu concevoir auparavant dans les histoires. On y trouve des faits si opposés les uns aux autres, qu'ils en sont incroyables : mais l'expérience nous fait connaître que tout ce qui est incroyable n'est pas faux.

319. — *Monsieur* ne reconnaissait presque

jamais de différence entre le difficile et l'impossible.

320. — Les hommes faibles tournent si court quand ils changent de sentiment, qu'ils ne mesurent plus leurs allures. Ils sautent au lieu de marcher. Ils essayent de se justifier par des illusions qui ne trompent personne et qui ne servent qu'à faire voir que l'on veut tromper.

321. — Les variations perpétuelles du Parlement m'ont bien souvent fait observer que rien n'est plus peuple que les compagnies.

322. — C'est une chose cruelle que de se trouver dans un état où l'on ne peut rien faire qui soit bien.

323. — Comme il est impossible de fixer une conversation dont le sujet est l'incertitude même, *Monsieur* se répondait au lieu de me répondre; et ce qui arrive toujours en ce cas, est que celui qui se répond ne s'en aperçoit jamais, et ainsi on ne finit point.

324. — Les fautes capitales qui se commettent dans les partis qui sont opposés à l'autorité royale, les déconcertent si absolument, qu'elles obligent presque toujours ceux qui y ont eu leur part, à une nécessité de faillir, quelque conduite qu'ils puissent tenir.

325. — Une faute capitale a des inconvéniens terribles, et l'on tombe presque toujours dans le plus dangereux de tous, qui est de ne point prendre de parti décisif. Alors on combat à la façon des anciens *Andabates* (1).

326. — Les hommes ont une pente merveilleuse à s'imaginer qu'ils amuseront les autres par les mêmes moyens par lesquels ils sentent eux-mêmes qu'ils peuvent être amusés.

327. — *Monsieur* n'agissait que quand il était pressé : on l'appelait l'*interlocutoire incarné*. De tous les moyens qu'on pouvait prendre pour le presser, le plus efficace et le plus infaillible était celui de la peur, et il se sentait, par la règle des contraires, une pente naturelle à ne point agir, quand il n'avait point de frayeur.

328. — La plus grande imperfection des hommes est la complaisance qu'ils trouvent à se persuader que les autres ne sont pas exempts des défauts qu'ils se reconnaissent à eux-mêmes.

329. — On serait tenté de croire que toutes les fautes ne sont pas humaines, parce qu'il y en a de si grossières, que des gens qui ont le sens commun ne les pourraient pas faire.

---

(1) C'est-à-dire, à tâtons. Les *Andabates* étaient des gladiateurs qui combattaient les yeux fermés.

330. — Ceux qui ne veulent que le bien de l'Etat ne peuvent rien dans le commencement des troubles : ils peuvent tout dans la fin.

331. — Dans les tems embarrassés et malheureux, tout ce qui passe pour mystère est odieux.

332. — Un des plus grands maux que le ministériat du cardinal *Mazarin* ait fait au royaume, est le peu d'attention qu'il a eu à en garder la dignité. Le mépris qu'il en a fait lui a réussi, et ce succès est un second malheur plus grand encore que le premier, parce qu'il couvre et qu'il pallie les inconvéniens qui arriveront infailliblement tôt ou tard à l'Etat, de l'habitude que l'on en a prise.

333. — L'indiscrétion est un défaut assez rare aux gens accoutumés aux grandes affaires.

334. — Ce qui est nécessaire n'est jamais ridicule.

335. — Ce sont des idiots ceux qui traitent, dans le cabinet, les affaires d'Etat comme ils traiteraient, en Sorbonne, des cas de conscience.

336. — Il y a autant de différence entre un récit que l'on fait sur des Mémoires quoique bons, et une narration de faits que l'on a vus soi-même, qu'il y en a entre un portrait auquel

on ne travaille que sur des ouï-dires et une copie que l'on tire sur les originaux.

537. — Dans les révolutions qui sont assez grandes pour tenir les esprits dans l'inquiétude, ceux qui priment sont toujours applaudis, pourvu que d'abord ils réussissent.

538. — Les hommes sont souvent estimés par les endroits par lesquels ils sont le plus blâmables. Souvent on a loué ma fermeté quand on devait blâmer mon imprudence.

539. — Il faut reconnaître de bonne foi qu'il n'y a que l'expérience qui puisse apprendre aux hommes à ne pas préférer ce qui les pique dans le présent, à ce qui les doit toucher bien plus essentiellement dans l'avenir.

540. — L'ambition des grands se sert des dispositions des peuples comme il convient à leur intérêt. Ils aident à aveugler le reste des hommes, et ils s'aveuglent encore eux-mêmes après, plus dangereusement que le reste des hommes.

341. — Les divisions domestiques font tomber même les meilleurs citoyens dans une sorte de léthargie.

342. — En fait de calomnie, tout ce qui ne nuit pas sert à celui qui est attaqué.

343. — Le présent touche toujours, sans comparaison, davantage les ames faibles, que l'avenir même le plus proche.

344.—L'incertitude de *Monsieur* était telle qu'il ne pouvait se déterminer pour l'action, même dans les choses les plus résolues.

345. — L'inaction n'est jamais bien sûre avec de certaines gens, dans les tems qui sont fort troublés.

346 — Une des sources de l'abus que les hommes font presque toujours de leurs dignités, est qu'ils s'en éblouissent d'abord qu'ils en sont revêtus, et l'éblouissement est cause qu'ils tombent dans les premières fautes qui sont les plus dangereuses par une infinité de raisons.

347. — Le plus grand de tous les secrets est de diminuer l'envie.

348. — Il n'y a que manière à la plupart des choses du monde.

349. — Il est autant de la politique que de l'honnêteté de ceux qui sont les plus puissans, de soulager la honte des moins considérables, et de leur tendre la main quand ils n'osent eux-mêmes la présenter.

350. — Il y a inconvénient dans les grandes affaires à rebattre le passé, si ce n'est pour

mémoire et simplement autant qu'il peut avoir rapport à l'avenir.

351. — Dans une guerre civile un chef de parti d'un caractère incertain, finit par choisir, lorsqu'il y a plusieurs partis à prendre, celui qui, tenant quelque chose de tous les autres, a presque tous les inconvéniens de chacun et qui n'a, à proprement parler, les avantages d'aucun.

352. — Pour bien faire la guerre, il la faut faire sans scrupule.

353. — Je n'ai vu aucune compagnie dans laquelle trois ou quatre jours d'habitude ne fassent recevoir pour naturel, ce qu'elles n'ont même commencé que par contrainte (1).

354. — Tout ce qui est haut et audacieux, est toujours justifié et même consacré par le succès.

355. — Les plus habiles courtisans peuvent être de fort grosses dupes quand ils se fondent trop sur leurs conjectures.

356. — Il n'y a rien où il faille plus de

______

(1) Les détails que donne le cardinal *de Retz*, sur les séances du Parlement, sur le conclave lors de l'élection d'*Alexandre VII*, prouvent la vérité de cette remarque, que des souvenirs plus récens confirment encore. On se rappelle que la constance à reproduire une proposition qui déplaisait, finissait par **y** accoutumer et par lasser les contradicteurs.

précautions qu'à tout ce qui regarde les peuples, parce qu'il n'y a rien de plus déréglé. Il n'y a rien où il les faille plus cacher, parce qu'il n'y a rien de plus défiant.

357.—Il est nécessaire de se hasarder quand on est assuré de rencontrer encore plus de précipices dans les voies ordinaires.

358. — Il n'y a rien de plus beau que de faire des graces à ceux qui nous manquent : il n'y a rien, à mon sens, de plus faible, que d'en recevoir.

359. — Le secret dans les grands inconvéniens est d'y retenir les gens dans l'obéissance, par des frayeurs qui ne leur soient causées que par les choses dont ils aient été eux-mêmes les instrumens. Ces peurs sont, pour l'ordinaire, les plus efficaces et les moins odieuses.

360. — Les grands hommes peuvent avoir des faibles, mais il y en a dont ils ne sont pas susceptibles ; et je n'ai jamais vu, par exemple, qu'ils aient entamé un grand emploi par des bagatelles.

361. — L'inquiétude des subalternes, dans un parti, est la chose la plus incommode ; ils croient que dès qu'on n'agit pas, tout est perdu.

362. — Il est dangereux de souffrir que nos ennemis fassent devant les peuples ce qui doit nous déplaire, parce que les peuples s'imaginent qu'ils le peuvent, puisqu'on le souffre.

363. — *Mazarin* ne pouvait jamais croire que personne lui parlât avec bonne intention.

364. — Il est aussi nécessaire de choisir les mots dans les grandes affaires, qu'il est superflu de les choisir dans les petites.

365. — La présence d'esprit est quelque chose de plus grand que la fermeté.

366. — Je n'ai jamais compris que l'on se puisse émouvoir de ce que fait un corps.

367. — On n'est jamais qu'un homme médiocre quand on a l'esprit plus grand que le cœur.

368. — La franchise est odieuse toutes les fois qu'on ne l'emploie qu'au défaut de l'artifice.

369. — Dans la passion il est difficile de conserver une conduite qui ne déborde pas.

370. — Les petites choses sont quelquefois de meilleures marques que les grandes.

371. — Les Ministres étrangers sont communément mal choisis dans les Etats qui sont

dans la prospérité, parce que leur incapacité se trouve suppléée par le respect qu'on a pour leur maître.

372.—Le cardinal *de Richelieu* avait affecté d'affaiblir les corps, mais il n'avait pas oublié de ménager les particuliers.

373. — Les peuples sont las quelquefois avant de s'apercevoir qu'ils le sont.

374. — Rien ne marque tant le jugement solide d'un homme, que de savoir choisir entre les grands inconvéniens.

375.—Les avis que l'on donne à un Ministre passent pour des crimes, toutes les fois qu'on ne lui est pas agréable.

376. — La flexibilité est de toutes les qualités, la plus nécessaire pour le maniement des grandes affaires.

377. — L'abomination jointe au ridicule, fait le plus dangereux et le plus irrémédiable de tous les composés.

378. — Les hommes faibles se laissent aller ordinairement au plus grand bruit.

REMARQUES

Sur les Pensées du cardinal DE RETZ.

PARMI les pensées du Coadjuteur, il en est d'obscures ou de hasardées : les premières ont besoin d'explication ; les secondes de correctif. Les unes et les autres sont en très-petit nombre : elles ont donné lieu aux observations que nous plaçons ici. Il ne faut pas oublier, en lisant ces pensées, l'époque et les circonstances dans lesquelles vivait le Cardinal.

N° 5. Cette pensée, qui semble être une prophétie réalisée de nos jours, rappelle ce mot peu connu : *Je trouve une couronne dans la boue ; je la nettoie ; je la pose sur ma tête.*

N° 16. La phrase, vers la fin, est louche et mal construite : c'est *l'affaiblissement des lois de l'Etat qui sert de prétexte aux grands, etc.*

N° 43. La seconde phrase est obscure, et le sens qu'on y découvre, hasardé. Elle paraît signifier que l'on ne doit pas désobéir au Prince, quand il donne des ordres contre les intérêts de ceux à qui ils sont adressés ; mais qu'on le peut seulement, quand ces ordres blessent les intérêts du Prince même qui les donne : supposition assez rare. La pensée est fausse en ce qu'il en résulterait, qu'on pourrait être juge de ce qui est avantageux ou non au Souverain, et dans la dernière alternative prendre un prétexte pour ne pas lui obéir. Maxime qui ne serait pas sans danger.

N⁰ˢ 54, 70. Ces deux pensées se ressemblent, et ce qui s'est passé dans nos premières assemblées en démontre la vérité.

N⁰ 78. De ces deux projets, celui d'abattre la maison d'Autriche est le seul qui mérite les éloges trop emphatiques, que le Coadjuteur donne à tous deux. Le bien qu'avait produit l'édit de Nantes, le mal qu'occasionna la révocation de cette loi sage, et les justes reproches adressés à *Louis XIV*, prouvent que *Richelieu* se trompa en voulant *abattre le parti de la religion réformée*. En la protégeant comme fit *Henri IV*; en la tolérant, comme *Louis XVI* sur la fin de son règne; et sur-tout en la mettant sur un pied égal à la religion dominante, comme a fait un grand génie, il n'y avait plus de *parti*.

N⁰ 111. La phrase est louche. Nous faisons moins d'attention aux conseils qu'on nous donne, qu'aux motifs pour lesquels on nous les donne.

N⁰ 117. C'est pour cela que les grands génies les emploient.

N⁰ 129. Par imprévoyance.

N⁰ˢ 139, 140. Ces deux pensées sont extraites de la conjuration de *Fiesque*, et concernent *Doria*, contre qui elle était dirigée. La dernière (140) est digne de *Machiavel*, que le Coadjuteur critique avec amertume, dans un autre endroit. Du reste, elle est de l'exhortation faite au comte *de Fiesque*.

N⁰ 156. Le Coadjuteur paraît avoir en vue *Cromwell*, qui, en faisant le procès à son Roi, en le détrônant, en répandant son sang, fut réellement un usurpateur; qualification que lui donne souvent le Cardinal dans ses mémoires.

N° 162. A l'époque où vivait le comte *de Fiesque* (en 1547), la majeure partie des Rois descendaient de chefs qui n'avaient pas été élus par le vœu général et librement exprimé du peuple.

N° 168. Cette pensée explique celle qui est sous le N° 158.

N° 170. Le Coadjuteur qui prétendait, avec raison, qu'il y avait moins d'inconvéniens pour un Ministre, de faire des sottises que d'en dire, met encore ici en opposition le langage et la conduite, et l'on s'aperçoit que *Mazarin* est son point de mire. Voyez les pensées 24, 46 et 123.

N° 182. Le Cardinal prononça ces mots dans une conférence avec *Monsieur* et d'autres Princes mécontens, après avoir énoncé son avis. Il aurait mieux fait de les dire au commencement des troubles et de tenir parole.

N° 265. Cette pensée n'est pas une simple répétition de la 70me; elle est plus énergique, et l'on voit que le Coadjuteur était persuadé de la justesse de son observation.

N° 307. Le Cardinal aurait dû garder ce conseil pour lui-même.

FIN.

TABLE.

FIN DE LA TABLE.

ERRATA.

Page 154, ligne 4. *Citer*, lisez : *rapporter*.
   163,   15. C'est par erreur qu'il y a des guillemets
        à cette note.
   257,   9. *Comme il eût pu*, lisez : *comme il l'eût pu.*

THÉORIE DES JARDINS, ou *l'Art des jardins de la Nature;* par *J.-M. Morel;* suivie d'un *Tableau Dendrologique.* — Deux vol. in-8°, avec une gravure; imprimés sur beau papier. — An XI. — Prix, 9 fr. et 11 fr. 5o c. franc de port — On a tiré un petit nombre d'exemplaires en papier vélin. Prix, cartonné, 21 fr. — La première édition de la *Théorie des Jardins*, a été publiée en un volume; celle-ci contient un volume d'augmentations utiles et nécessaires pour mettre en pratique la théorie développée dans l'ouvrage.

DISSERTATION SUR LE CAFÉ; son Historique, ses propriétés, et le procédé pour en obtenir la boisson la plus agréable, la plus salutaire et la plus économique; par *Antoine-Alexis Cadet-de-Vaux*, membre des Sociétés d'Agriculture de la Seine, de Seine et Oise, etc., etc.; d'Académies et Sociétés savantes étrangères. Suivie de son Analyse; par *Charles-Louis Cadet*, Pharmacien de S. M. L'EMPEREUR, etc. — Brochure in-12. — Prix, 1 fr. 5o c., et 1 fr. 8o c. franc de port.

DE LA RESTAURATION ET DU GOUVERNEMENT DES ARBRES A FRUITS, mutilés et dégradés par la succession annuelle de l'ébourgeonnement et de la taille. Et Réflexions relatives à la marche des découvertes dans les Sciences naturelles, et aux obstacles qu'y apportent les fausses routes précédemment tracées, lues à la séance de la Société Académique des Sciences, du 31 Janvier 1807. Par *A.-A. Cadet-de-Vaux*, membre des Académies Impériale des Curieux de la Nature, Royale des Sciences de Madrid, etc., etc. — Br. in-8°, avec une gravure. — Prix, 1 fr. 25 c., et 1 fr. 3o c. franc de p.

MÉMOIRE SUR QUELQUES INCONVÉNIENS DE LA TAILLE DES ARBRES A FRUITS, et Nouvelle Méthode de les conduire pour assurer la fructification; par le même. — Brochure in-8°, avec une planche gravée. — Prix, 1 fr., et 1 fr. 20 c. franc de port.

DE LA TAUPE, DE SES MOEURS, DE SES HABITUDES ET DES MOYENS DE LA DETRUIRE; par le même. — Un vol. in-12, avec huit gravures. — Prix, 2 fr. 5o c. et 3 fr. franc de port.

ESSAI SUR LA CULTURE DE LA VIGNE, SANS LE CONCOURS D'ÉCHALAS; par le même. — In-8°, avec gravure. — Prix, 75 c., et 1 fr. franc de port.

L'ART DE FAIRE LE VIN, d'après la méthode de *Chaptal*, instruction destinée aux Vignerons; rédigée par *Antoine-Alexis Cadet-de-Vaux.* — Prix, 1 fr., et 1 fr. 25 c. franc de port.

ATLAS HYDROGRAPHIQUE DE L'EMPIRE FRANÇAIS, suivi du Tableau des Départemens dont la nomenclature est étrangère aux rivières, avec les explications de cette nomenclature, terminé par le Tableau des divisions militaires de la France; par *C. Gouy.* — Prix, 3 fr., et 3 fr. 3o c. franc de port.

Ami (l') *des Cultivateurs*, ou moyens simples et mis à la portée de tous les propriétaires, fermiers, laboureurs, vignerons, etc., de tirer le meilleur parti des biens de campagne de toute espèce, avec tout ce qu'il est nécessaire de savoir, pour faire valoir avantageusement un domaine en bétail, volailles, grains, vins, foins, bois, étangs et autres productions utiles, et de tirer un parti quelconque de tous les terrains ; avec le traitement des maladies du bétail, et la manière de faire prospérer les abeilles et les vers-à-soie, avec des gravures en taille-douce. Par *P. G. Poinsot*, auteur de l'*Ami des Jardiniers*. — Deux vol. in-8°. — Prix 10 fr. et 13 fr., franc de port.

Ami (l') *des Jardiniers*, ou Instruction méthodique à la portée des amateurs et des jardiniers de profession, sur tout ce qui concerne les jardins fruitiers et potagers, parcs, jardins anglais, parterres, orangeries et serres chaudes. Par le même. — Deux vol. in-8°, ornés de 20 planches. — Prix, 12 fr., et 15 fr., franc de port.

Art (l') *du Taupier*, ou Méthode amusante et infaillible de prendre les taupes, suivant les procédés d'*Aurignac*. Par M. *Dralet*, conservateur des forêts de l'Arrondissement de Toulouse, *douzième édition*. — Broch. in-8°. — Prix 60 c., et 70 c. franc de port.

Buffon (le) *des Ecoles*, à l'usage de la jeunesse, ou l'Histoire Naturelle, calquée sur la classification des animaux ; par *Linnœus*. — Deux vol. in-12, ornés de 103 fig. en taille-douce. — Prix, 5 fr., et 6 fr. franc de port.

Calendrier de Flore, ou Etudes de fleurs d'après nature. Par Madame *V. D. C.* — Trois vol. in-8°. — Prix, 15 fr., et 20 fr. franc de p.

Catalogue des arbres fruitiers, arbres, arbrisseaux, arbustes, et plantes cultivés dans les pépinières de *J. L. Descemet*, membre de la Société d'Agriculture du Département de la Seine, etc., etc. — Brochure in-8°. — Prix 1 fr., et 1 fr. 25 c. franc de port.

Considérations sur les finances. Par M. *de Guer*. — Un fort vol. in-8°. — Prix, 5 fr., et 7 fr. franc de port.

Cours de Minéralogie, rapporté au tableau méthodique des Minéraux, donné par *Daubenton*, de l'Institut national de France ; ou Démonstrations élémentaires et naturelles de Minéralogie. Par *N. Jolyclerc*, professeur d'Histoire naturelle à l'Ecole centrale du département de la Corrèze, membre de la Société d'Agriculture de ce département ; associé de la Société libre d'agriculture, Arts et Commerce du département des Ardennes, et de plusieurs autres Sociétés Littéraires ou Agronomes. (On a joint à cet ouvrage un tableau analytique des minéraux.)

Avec cette épigraphe :
L'étude de la Nature me consolait de l'injustice des hommes.
J. J. ROUSSEAU.
Un vol. in-8° de 450 pages, imprimé sur beau papier. — Prix, broché, 6 fr., et 7 fr. 50 c. franc de port.

De la pratique de l'Agriculture ; ou Recueil d'essais et d'expériences, dont le succès est constaté par des pièces authentiques : contenant le développement (demandé par la Société d'Agriculture du Département de la Seine) des moyens employés avec économie, dans le desséchement des marais, dans la distribution des eaux, le défrichement des montagnes et des terrains incultes, les pépinières, semis et plantations, et diverses améliorations ; avec des observations sur l'acacia, sur la greffe, sur la coupe des bois, et sur la plantation des bords des routes. Publié par *Nicolas Douette Richardot*, cultivateur à Langres, Département de la Haute-Marne ; et rédigé d'après ses mémoires, par *Richardot* l'aîné, Juge-de-Paix du canton de Verzy, Département de la Marne. — Un volume in-8°, de plus de 650 p. — Prix, 6 fr., et 8 fr. franc de port.

Dictionnaire abrégé et portatif des langues française, latine, ita-

lienne, espagnole et portugaise. Par *C. de la Jonchère.—Seconde édition.* — Un vol. in-8°, format oblong.—Prix, 5 fr., et 6 fr. 50 c. franc de port.

Dictionnaire des expressions vicieuses usitées dans un grand nombre de départemens, et notamment dans la ci-devant province de Lorraine ; accompagnées de leur correction, d'après la cinquième édition du Dictionnaire de l'Académie : à l'usage de toutes les écoles. Par *J.-F. Michel*, ex-directeur du pensionnat établi près l'Ecole centrale du département de la Meurthe, directeur d'une Ecole secondaire, membre de la Société académique de Nancy.—In-8°.—Prix, 1 fr. 50 c., et 2 fr. franc de port.

Dissertation sur l'analyse en philosophie. Mémoire sur la question suivante, proposée par l'Académie de Berlin, pour sujet du concours de l'an 1805 :

    « Déterminer avec précision
» la nature de l'analyse, et de la
» méthode analytique, en philo-
» sophie ; rechercher s'il est des
» moyens d'en assurer et d'en
» faciliter l'usage, et détailler
» ces moyens, s'il y en a. »
Par *J.-B. Maugras*, professeur de philosophie. — Un vol. in-8°. — Prix, 2 fr. 50 c., et 3 fr. franc de port.

Elémens d'Algèbre, à l'usage du Prytanée français ; par *J.-B.-E. Dubourguet*, professeur de mathématiques au Prytanée français, collège de Paris. — Un vol. in-8°. — Prix, 4 fr. 50 c., et 5 fr. 50 c. franc de port.

Essai sur l'art d'observer et de faire des expériences. Seconde édition, considérablement changée et augmentée. Par *Jean Senebier*, membre associé de l'Institut national. — Trois vol. in-8°. — Prix, 10 fr., et 14 fr. franc de p.

Grammaire (Nouvelle) *raisonnée*, à l'usage de la jeunesse. Par *Ch. Panckoucke*, éditeur de l'Encyclopédie méthodique. *Nouvelle édition.* — Un vol. in-8°. — Prix,

broché, 3 fr. 50 c., et 4 fr. 10 c. franc de port.

Histoire de Gustave Vasa, roi de Suède ; par M. *d'Archenholtz*, ancien Capitaine de S. M. le Roi de Prusse.—Deux vol. in-8°, ornés du portrait de *Gustave.* — Prix, 9 fr., et 11 fr. franc de port.

Histoire de l'introduction des Moutons à laines fines d'Espagne, dans les divers Etats de l'Europe, et au Cap de Bonne-Espérance. Etat actuel de ces animaux, leur nombre, les différentes manières dont on les élève, les avantages qu'en retirent l'agriculture, les fabriques et le commerce. Par *C. P. Lasteyrie.* — Un vol. in-8°, orné d'une planche. —Prix, 4 fr. 50 c., et 5 fr. 50 c. franc de port.

Manuel des Goutteux et des Rhumatisans, Recueil des principaux remèdes rationnels, empyriques, curatifs et préservatifs de ces maladies ; par *Alphonse-Leroy*, professeur à l'Ecole spéciale de Médecine, etc. Ouvrage au moyen duquel on peut prévenir les accès de ces maladies et empêcher leur retour.—Un vol. in-18.—Prix, 1 fr., et 1 fr. 25 c. franc de port

Mémoires secrets sur la Russie, et particulièrement sur la fin du règne dé Catherine II, et sur celui de Paul Ier. Nouvelle édition originale, avec portraits. — Quatre vol. in-8°. — Prix, 15 fr., et 20 fr. franc de port.

Mémoire sur la Colonie Française du Sénégal, avec quelques considérations historiques et politiques sur la traite des nègres, sur leur caractère, et les moyens de faire servir la suppression de cette traite à l'accroissement et à la prospérité de cette Colonie, accompagné d'une carte exactement relevée sur les lieux. Par M. *Pelletan*, ancien administrateur et directeur général de la Compagnie du Sénégal.—Prix, 1 fr. 50 c., et 2 fr. franc de port.

Nouveau Dictionnaire portatif, français et anglais ; rédigé d'après les Dictionnaires les plus estimés, et sur-tout d'après ceux de l'Académie française et du docteur *S. Johnson*. Par *Thomas Nugent*, et revu par *J. S. Charrier*. *Nouvelle édition*, augmentée de plus de deux mille mots, par l'éditeur des auteurs Anglais à Bâle. On y a joint un Abrégé de Grammaire anglaise, et une Table des mots homonymes. — Deux vol., format oblong. — Prix, 6 fr., et 7 fr. 5o c. franc de port.

Nouvelles recherches sur les rétentions d'urine, par rétrécissement de l'urètre et par paralysie de la vessie ; suivies de remarques sur la gravelle. Par M. *Nauche. Troisième édition.* — Un vol. in-8°. — Prix, 2 fr. 25 c., et 2 fr. 75 c. franc de port.

Nouvelles récréations physiques et mathématiques, contenant ce qui a été imaginé de plus curieux dans ce genre, et qui se découvre journellement ; auxquelles on a joint les causes, leurs effets, la manière de les construire et l'amusement qu'on en peut tirer pour étonner et surprendre agréablement. Par M. *Guyot. Nouvelle édition.* — Trois vol. in-8°, avec 102 gravures. — Prix, 18 fr., et 23 fr. franc de port.

Observations sur les Bétes à laine, faites dans les environs de Genève pendant vingt ans, par *C. J. M. Lullin*, capitaine.—Un vol. in-8°. — Prix, 2 fr. 5o c., et 3 fr. franc de port.

Pyrétologie méthodique, de Selle, médecin du Roi de Prusse, membre de l'Académie Royale des Sciences de Berlin, etc ; traduite du latin sur la troisième et dernière édition. Par *J. Nauche*, médecin, membre de la Société Académique des Sciences, des Sociétés médicales de Paris, des Sciences et Arts de Toulon, de Douai, etc. Avec des Notes du traducteur et du citoyen *Chaussier*, de l'Institut national, professeur à l'Ecole de Médecine de Paris. — Prix, broché, 4 fr. 5o c., et 6 fr. franc de port.

Tableau chronologique et historique des Ordres de Chevalerie, institués chez les différens Peuples, depuis le commencement du IVe

siècle. Par *J. Lablée*, membre de l'Académie de Lyon. — Un vol. in-12. — Prix, 3 fr., et 3 fr. 75 c. franc de port.

Traité des végétaux qui composent l'Agriculture de l'Empire Français, avec un exposé rapide des caractères les plus saillans qui en indiquent les différences, qualités et usages, et notamment des espèces peu connues et dont la naturalisation présente des avantages. Suivi de considérations sur les semis et les plantations, et de l'indication pour chaque mois des travaux à faire dans les jardins, les prés, les bois et les champs. Par *Tollard*, aîné. — Un fort volume in-12 de 45o pag. — Prix, 3 fr. 5o c., et 4 fr. 5o c. franc de port.

Traité sur les prairies artificielles, extrait des mémoires de la Société d'Agriculture de Paris, et des auteurs modernes les plus estimés ; augmenté de la culture de 10 plantes qui ne se trouvent pas dans *Gilbert*. On y a joint la description d'une machine simple, indispensable dans les grandes exploitations, avec laquelle on coupe facilement soixante boisseaux de racines par heure. Par *Cretté Palluel.* — Un vol. in-8°. — Prix, 4 fr., et 5 fr. 25 c. franc de port.

Vie (la) et les Aventures de Robinson Crusoé, par *Daniel de Foë*, en 3 vol. in-8°, sur papier grand-raisin fin. Edition revue et corrigée d'après le texte anglais de la belle édition donnée par *Stockdale*, à Londres en 1790 ; augmentée d'une Préface par le cit. *Montlinot ;* de la Vie de Daniel de Foë, par le cit. *Labaume ;* de la Préface du premier Traducteur, de l'Avertissement du second Editeur, d'une Table des matières, et d'un Dictionnaire des termes de marine. — Cette édition est enrichie de 15 estampes supérieurement gravées d'après les dessins originaux ; du Portrait de Daniel de Foë ; d'une Mappemonde sur laquelle est tracé le voyage de Robinson et la situation de son île, et de 3 Frontispices gravés. L'impression de cet ouvrage est très-bien exécutée , avec de très-beaux caractères. — Trois vol. in-8°. — Prix, 18 fr. , et 22 fr. franc de p.

Il ne reste plus que quelques exemplaires sur papier vélin, du prix de 42 fr. , et 48 fr. franc de p.

Voyage à Pétersbourg , ou nouveaux Mémoires sur la Russie ; par M. *de la Messelière*. Précédés du Tableau historique de cet Empire ; par *V.-D. Musset-Pathay*. — Un vol. in-8°. — Prix, 3 fr. 50 c. , et 4 fr. 50 c. franc de port.

========

Coup-d'œil physiologique sur la Folie, ou Réflexions et Recherches analytiques qui disposent à cette maladie, et sur celles qui la déterminent et l'entretiennent ; suivies des diverses méthodes qu'il faut employer dans son traitement en raison de ces causes , etc. Par *P.-A. Prost* , docteur en médecine ; de la Société de médecine de Paris, de celle de médecine et d'Agriculture de Lyon , etc. — Brochure in-8°. — Prix, 1 fr. , et 1 fr. 10 c. franc de port.

Deuxième Coup-d'œil sur la Folie, ou *Exposé des causes essentielles de cette maladie* ; suivi de l'indication de divers procédés de guérison. Par le même. — Broch. in-8°, Paris 1807. — Prix, 1 fr. 50 c. , et 1 fr. 65 c. franc de port.

Troisième Coup-d'œil sur la Folie, etc. Par le même. — Broch. in-8°. — Même prix.

Essai physiologique sur la sensibilité ; par le même. — Un vol. in-8°. — Prix, 3 fr. 50 c. , et 4 fr. 50 c. franc de port.

Médecine éclairée par l'observation et l'ouverture des corps ; par le même. — Deux vol. in-8°. — Prix, 10 fr. , et 13 fr. franc de port.

Ouvrages périodiques.

JOURNAL D'ÉCONOMIE RURALE ET DOMESTIQUE , ou Bibliothèque des Propriétaires ruraux. — Publié, le 1er de chaque mois, par cahiers de six feuilles, format grand in-8°, avec des gravures. — Chaque trimestre forme, avec la table des matières, un volume de 300 pages, ce qui donne quatre volumes par an. — Les matières qui entrent dans le plan de cet Ouvrage, sont classées sous les titres suivans : *Economie rurale, Agriculture, Sociétés savantes ; Economie domestique ; Economie animale ; Arts industriels ; Education physique ; Education morale ; Lois rurales ; Variétés.*

Le prix de la souscription, pour recevoir chaque N° franc de port par la poste, est de 24 fr. pour un an ; 12 fr. pour six mois ; et 7 fr. pour trois mois. On ne peut s'abonner qu'à partir d'un trimestre, c'est-à-dire à commencer des 1er Janvier, 1er Avril, 1er Juillet, 1er Octobre. — Ce Journal paraît depuis le 1er Germinal an XI.

La collection de ce Journal se vend, prise à Paris, à raison de 18 fr. par chaque année, qu'on peut demander séparément.

L'opinion publique a placé ce Journal parmi les ouvrages les plus utiles ; le zèle soutenu et les connaissances pratiques de ses Collaborateurs, justifient de plus en plus la confiance des Propriétaires.

========

LE TÉLÉGRAPHE LITTÉRAIRE , *ou* CORRESPONDANT DE LA LIBRAIRIE. Ce Journal, composé d'une demi-feuille in-8°, paraît tous les dix jours, les 5, 15 et 25 de chaque mois. Il annonce tous les Ouvrages de Librairie, Gravures, Musique, etc. — Le prix de l'abonnement est de 7 fr. 50 c. pour un an, et de 4 fr. pour six mois. — On ne peut s'abonner pour moins de six mois, à partir des mois de Janvier, Avril, Juillet et Octobre.

La collection complète des cinq années de ce Journal, dont la sixième a commencé le 1er Avril 1807, se vend, avec les tables méthodiques des Ouvrages et des Libraires, 50 fr. — Il n'en reste qu'un petit nombre d'exemplaires.